학교는 민주시민을 키우는 곳이다

도덕
교과서
무엇이
문제인가?

도덕 교과서 무엇이 문제인가?

초판 1쇄 인쇄 2013년 4월 5일
초판 1쇄 발행 2013년 4월 13일

지은이 김대용
펴낸이 김승희
펴낸곳 도서출판 살림터

기획 정광일
편집 조현주
북디자인 시아

인쇄·제본 (주)현문
종이 월드페이퍼(주)

주소 서울시 마포구 서교동 395-27
전화 02-3141-6553
팩스 02-3141-6555
출판등록 2008년 3월 18일 제313-1990-12호
이메일 gwang80@hanmail.net

ISBN 978-89-94445-42-7 03370

학교는 민주시민을 키우는 곳이다

도덕
교과서
무엇이
문제인가?

김대용 지음

살림터

 (국민)윤리교육과에 20여 년 근무하면서 가장 아쉽고 부끄러운 것은 너무 늦게 도덕과의 문제에 주목하게 되었다는 것이다. 나는 몇 년 전까지만 해도 도덕과와 관련된 학회에 가입하지 않았다. 지레짐작으로 도덕과가 거짓을 조장하고 있다고 생각했기에 의식적으로 거리를 두고 살았던 것이다. 이는 학자로서도 그렇지만 교육자로서 매우 부끄러운 일이었다. 도덕과가 문제가 있다고 생각했다면 도덕과와 정면으로 부딪쳐야 했고, 공부한 내용을 학생들에게 가르쳐야 했다. 나는 수업을 통해 거짓, 불의와 타협하지 말 것을 유난히 강조했다. 그리고 나 스스로도 그렇게 살려고 노력하였다. 그러나 도덕과의 문제에 대해서는 애써 눈을 감고 살았던 이중적인 모습을 가지고 있었던 것이다.

 이런 점에서 이 책은 자아반성의 성격을 띠고 있다. 뒤늦게 도덕과에 주목하다 하니 이 책은 이제는 학교에서 사용되지 않는 제7차 도덕과 교육과정에 의거한 도덕 교과서를 비판한 글을 담게 되었다. 그럼에도 불구하고 이 책은 적어도 두 가지 의미를 지니고 있다고 생각한다.

첫째는 그동안 우리 도덕 교육이 갖고 있었던 수많은 거짓과 오류의 역사를 분명히 드러냈다는 사실이다.

"선생님 제게 가르쳐주신 건 모두 거짓말이었나요. 책에서 본 것과 세상은 모두 달라요. 그때도 알고 계셨었나요."

이는 1998년에 나온 신해철의 「매미의 꿈」 파트 4 가사의 일부이다. 도덕과는 학교에서 거짓말을 가르쳐온 대표적인 교과이다.

둘째는 도덕과 교육과정이 '2007 개정 교육과정'과 '2009 개정 교육과정'으로 바뀌면서 교과서도 국정에서 검인정이 되었고, 내용도 적지 않게 변화되었지만 도덕과 내용의 기본 관점은 이전과 비교할 때 큰 차이가 없을 것이라는 생각을 갖고 있다. 이 책에서 주장했던 것은 현재 도덕 교과서에 거의 그대로 적용할 수 있을 것이다.

나와 수업을 함께했던 많은 선생님들, 학생들은 비판만 있을 뿐 대안이 없다고 지적하였다. 사실 대안이 없는 것은 아니다. 그동안 학계에서 이루어낸 성과를 교과서에 담으면 된다. 그러나 현시점은 대안을 제시할 단계가 아니라고 생각한다. 아무리 좋은 대안을 제시한다 해도 도덕과에서 그것을 수용할 가능성은 높지 않다. 도덕과가 국가주의적 이념에서 벗어나겠다고 여러 차례 주장하였지만 여전히 그렇지 못한 것이 현실이기 때문이다. 따라서 현시점에서는 도덕 교과서의 문제를 강도 높게 비판함으로써 도덕 교과서를 바꾸어야 한다는 인식을 확산하는 것이 더욱 중요하다.

도덕 교과서를 비판하였지만 나는 도덕 교육이 필요 없다고는 생각하지 않는다. 아니 오히려 어떤 방식으로든 도덕 교육을 지금보다 훨씬 강화해야 한다고 확신한다. 우리 사회는 사회 전반적으로 여전히 도덕성이 얼마나 중요한가를 인식하지 못하는 도덕 불감증에 걸려 있는 것으로 보인다. 특히 사회 지도급 인사라는 사람들의 도덕 불감증은 매우 심각하다. 미래의 교사를 양성하는 사범대학에서 보더라도 교실 주변에서 시끄럽게 떠드는 학생, 신발을 질질 끄는 학생, 쓰레기 분리수거를 제대로 하지 않는 학생들을 흔하게 볼 수 있다. 사소한 듯 보이지만 타자를 무시하고 배제하기 때문에 발생하는 일들이다. 결국 자신에게 피해가 돌아올 수밖에 없다. 사회에 봉사하고 기여하는 삶을 살라고 강요하려는 것은 아니다. 자신의 삶을 즐기는 자세는 바람직하다. 다만 타자를 무시해서는 안 된다는 것이다. 타자를 무시하는 것이 사회 전체에 독버섯처럼 확산된 도덕 불감증의 근본 원인이다.

나의 다음 과제는 새 교육과정에 의거해 나올 도덕 교과서를 비판한 책을 내는 것이다. 도덕 교과서를 비판하는 데 목적이 있는 것이 아니라 이 땅의 제대로 된 도덕 교육을 위해 조그마한 기여라고 하고 싶다. 거짓말을 반복하는 교과서는 사라지고, 진실에 바탕을 두고 정말 사람답게 살 수 있는 세상을 만들기 위해 노력하는 교과가 되기를 진심으로 바란다.

이 책은 여기저기에 발표한 글들을 수정해서 모은 것이다. 1장부터 5장은 직접적으로 도덕 교과서를 비판한 것으로서 제목부터 내용까지 수정을 많이 했다. 보론의 글들은 간접적으로 도덕과에 관련되는 것으로 수정한 부분이 많지는 않다. 출처는 다음과 같다. 1장은 「중학교 도덕 교과서 전제들의 비판적 분석」(『교육철학연구』 33권 4호, 2011), 2장은 「도덕 교과서에 나타난 전통 윤리의 문제점」(『윤리연구』 78호, 2010), 3장은 「『윤리와 사상』에 나타난 서양 윤리 사상의 문제」(『윤리연구』 75호, 2009), 4장은 「도덕 교과서에 나타난 성 윤리의 문제」(『현상과 인식』 28권 1/2호, 2004), 5장은 「도덕성과 경제 발전-한국 사회를 중심으로」(제19차 중한윤리학국제학술토론회, 2011년 4월 16일 발표), 보론 1장은 「정보화 사회의 성 윤리 문제」(『현상과 인식』 31권 3호, 2007), 2장은 「현대 사회에 있어서 유교 윤리의 문제점」(충북대출판부 창립 25주년기념 국제학술대회, 2008년 10월 22일 발표)이다.

어려운 상황에서도 흔쾌히 출판을 맡아주신 살림터 정광일 사장님께 감사드린다.

2013년 3월
김대용 합장

보론

한국 도덕 교육에 대한 반성

도덕과에서 집권 정치권력을 옹호하는 체제 지향적 성향이 본격적으로 나타나게 된 것은 제2차 교육과정(1963~1974)에서부터였으며, 제3차 교육과정에서는 그 성향이 더욱 강화되었다. 이후 도덕과는 과목 명칭, 편제, 내용 등이 조금 바뀌었지만 제7차 교육과정(1997~2007)까지 국가주의적 성향을 강조하는 '국책 과목'의 성격을 유지하고 있다.

5·16 군사 쿠데타 후에 공포된 제2차 교육과정에서 사회과의 한 영역으로 위치하였던 도덕과에서는 국가주의적 관점이 크게 강조되었다. 제2차 교육과정에서 가장 특징적인 것은 교과 활동, 특별 활동 외에 '반공·도덕 생활'을 별도로 설치하여 도덕을 '반공'과 묶었다는 것이다(『고등학교 도덕: 교사용 지도서』, 14쪽).

반공은 제1차 교육과정에서도 도덕 교육의 중요한 목표 중 하나였으나, 반공을 위한 별도의 교과과정은 없었다. 반공이 별도로 설치된 것은 쿠데타 세력이 혁명 공약 제1조에서 반공을 국시 國是로 설정하고, 민족적 숙원인 국토 통일을 위하여 공산주의와 대결할 수 있는 실력 배양에 전력을 집중한다는 공약을 교육과정에 반영한 결과였다(한국역사연구회 현대사연구반, 1991: 47쪽).

국가 집권 권력이 도덕과를 주도하면서 정책적 기조에 따라 그 편제와 내용에서 변모가 강요되는 관행이 만들어진 것이다(홍윤기, 2001: 257쪽). 군사 정부의 의도에 따라 반공을 강요하는 독자적인 교과서도 간행하였다. 즉 중학교에서는『중학 도덕』외에 『민주 통일의 길』, 고등학교에서는『고등 도덕』외에『자유 수호의 길』이라는 교과서를 발간하여 반공 영역을 크게 강화하였다. 『민주 통일의 길』은 1966년『승공 통일의 길』로,『고등 도덕』은 1968년부터『국민 윤리』로 바뀌었다(배석원, 2001: 239쪽).

'반공'을 어느 누구도 이의를 제기할 수 없는 절대적인 국시로 내세운 군사 정부는 반공 교육을 강화하여 4·19 혁명 후 사회 전반적으로 고조되고 있었던 통일 운동을 탄압하고, 군사 정부에 순응하는 체제 옹호적 인간을 길러내려고 한 것이다. 반공과 도덕의 결부는 한국 사상사에서 무조건적인 적대감과 투쟁심, 상대방에 대한 그 어떤 관용도 베풀지 않아도 되는 폐쇄적 심성, 특히 증오와 혐오의 인성을 진정 도덕적인 것으로 국가가 인정하고 국민 교육에서 체계적으로 배양하려고 했던 첫 시도였다(홍윤기, 2001: 299쪽).

1968년 '국민교육헌장'(이하 헌장)이 공포된 이후 교육과정이 부분 개정되면서 반공 교육은 더욱 강화되었다. 이 시기 반공 교육은 반공 차원을 넘어 멸공의 각오를 요구하였으며, 멸공의 각오는 인류사의 발전을 위한 것이라는 세계사적인 사명감으로 이어졌다. 즉 공산주의는 격멸해야 한다는 적극적인 신념과 기개가 요구되었으며, 이는 우리 민족 차원을 넘어 세계 인류에 대한 공산주의로부터의 위협과 침략을 막는다는 의미를 갖고 있었다(같은 글, 307~308쪽).

6차례 수정 작업을 거쳐 공포했던 헌장은 국민에게 요구되는 윤리적 자세를 '국민정신'으로 압축하였다.

우리는 민족중흥의 역사적 사명을 띠고 이 땅에 태어났다. 조상의 빛난 얼을 오늘에 되살려, …… 경애와 신의에 뿌리박은 상부상조의 전통을 이어받아, …… 나라의 융성이 나의 발전의 근본임을 깨달아, 자유와 권리에 따르는 책임과 의무를 다하며, 스스로 국가 건설에 참여하고 봉사하는 국민정신을 드높인다. 반공 민주 정신에 투철한 애국 애족이 우리의 삶의 길이며, 자유세계의 이상을 실현하는 기반이다.

헌장에 따르면 우리는 민족중흥의 역사적 사명을 띠고 태어난 국가 발전의 도구로서 국가가 요구하는 책임과 의무를 다하여야 하며, 우리 삶의 길은 반공 민주 정신에 투철한 애국 애족에 있다. 애국 애족이 강조되는 데에서 나타나듯이 국민은 국가에 절대적 · 무조건적으로 충성해야 한다. 이 헌장에서 주목되는 것 중 하나는 조상의 빛난 얼, 상부상조의 전통 등의 표현에서 나타나듯이 민족 고유의 전통을 유달리 강조하고 있다는 점이다. 전통에서 특히 강조된 것은 유교였다. 유교는 임금에 대한 절대적 충성을 강조하는 이념이기 때문에 유교는 독재 정권을 유지하기 위한 중요한 이념적 틀로 작용할 수 있었다.

군사 정부는 학교를 포함하여 관공서, 공공 기관, 국가적 스포츠 행사 등 전국의 모든 행사에서 반드시 헌장을 낭독하도록 요구하였다. 낭독할 경우에도 형식적 측면을 규격화하여 참석자 전원이 모두 기립하여 부동자세로 경청해야 했으며, 낭독자도 헌장을 반드시 양손으로 공손히 들고 낭독하도록 했다(신일섭, 2008: 143쪽).

이 헌장은 각종 공문서와 학교에서 사용하는 모든 교과서의 첫머리에 수록되었고, 초등학생까지 이를 반드시 암송해야 했다. 학교에서는 이 헌장을 암송하지 못하는 학생들에게 물리력까지 행사하였다. 당시 문교부는 헌장의 이념을 각급 학교와 국민 각층에 구현하기 위해 『국민교육헌장 이념의 구현 요강』이란 개괄적이고 체계적인 지침서를 만들어 각급 학교에 배포하기도 하였

국민학생(초등학생)에게 국민교육헌장을 쉽게 이해하고 암기하도록 제작되었다.

16

다(신주백, 2005: 302~303쪽). 게다가 학생들의 일상까지 통제하기 위해 헌장 이념의 생활화를 위한 원칙과 지도 방침인 종합적인 학생생활 지도지침을 마련하였으며, 새마을 운동과 접목시켜 모든 국민에게 이념의 생활화를 강요하였다(같은 글, 308~309쪽).

헌장 이념을 교육과정에 반영하려는 시도는 헌장이 공포된 다음 해인 1969년 9월 제2차 교육과정을 부분 개정하는 것으로 나타났다. 이 개정의 특징은 도덕과를 강화한 것이었다. 이에 따라 중학교에서 '반공·도덕'은 매주 1시간에서 2시간으로 확대되었으며, 고등학교에서 '국민 윤리'는 4단위에서 6단위로 수업이 늘어났을 뿐 아니라 모든 고등학생들이 이수해야 하는 필수 과목이 되었다(신주백, 2005ㄱ: 209쪽).

제3차 교육과정(1973~1981)은 헌장 이념과 내용을 각급 학교의 교육 목표 및 교과 목표로 구체화한 것이었으며, 이는 정치적으로 1972년에 선포된 유신 독재 체제를 지지·강화하려는 목적을 가지고 있었다. 제3차 교육과정 구성의 일반 목표는 총론적으로 "우리는 조국 근대화를 조속히 성취하고 국토를 평화적으로 통일함으로써 민족중흥의 역사적 사명을 완수하기 위하여 거족적으로 유신 사업을 추진하여야 할 역사적 사명에 서 있다."는 기본 방침 위에 서 있었던 것이다(홍윤기, 앞글: 359쪽).

제3차 교육과정에서 국민정신을 위한 전략 과목으로 강조된 도덕과는 사회과로부터 독립한 필수 교과가 되었으며, 전체 교과목 중 수위 과목으로서의 지위를 갖게 되었다. 그 지위는 제7차 교육과정까지 지속되었다. 이 시기 도덕과 강화는 집권 세력을 정당화하는 이데올로기를 학생들에게 내면화시켜 자발적으로 권력에 순응하게 만들려는 의도에서 비롯되었다. 집권 권력이 도덕과를 주도하면서 그 의도에 따라 그 편제와 내용이 바뀌게 되는 좋지 못한 관행이 만들어진 것이다.

유신 말기였던 1978년 6월 전남대학교 교수 11인이 헌장을 공개적으로 비판하는 성명서인 「우리의 교육 지표」를 발표하였다. 이 성명서는 헌장 제정 및 선포 절차가 민주 교육의 근본정신에 어긋나며, 헌장이 일제하의 교육 칙어를 연상시키며, 국가주의, 전체주의, 복고주의의 도구로 떨어질 위험이 있으며, 민주주의 교육이 선행되지 않는 애국 애족 교육은 안보에도 도움이 되지 않는다고 헌장을 정면으로 비판하였다(신일섭, 2008: 141쪽).

「우리의 교육 지표」 사건은 이를 지지한 학생들의 지지 데모에 의해 전국적으로 큰 반향을 일으켰다. 이 사건은 우리 교육 현실의 부당함을 폭로했을 뿐 아니라 헌장이 박정희 정권의 핵심 교육 철학이자 국민 교육의 이념적 지표였다는 점에서 박정희 유신 독재에 대한 전면적인 부정이고 비판이었다. 이 선언문에 헌법, 권력 체제를 비판하는 내용이 없었음에도 불구하고 일부 교수는 '긴급 조치' 9호 위반으로 가혹한 처벌을 받았으며, 다른 교수들도 모두 대학에서 강제 해직되었다(같은 글, 148쪽).

유신 헌법은 국민의 기본권을 크게 축소하였으며, 행정부를 견제할 수 있는 의회와 사법부를 크게 약화시킴으로써 민주주의의 근본인 삼권 분립을 부정하고, 대통령에게 모든 권력을 집중시켜 영구적 집권을 가능케 한 헌법이었다. 유신 체제는 정당성이 결여되어 있고 부도덕하였기 때문에 이에 대항하는 수많은 반독재 민주화 운동이 일어났다. 대통령의 의도에 따라 선포되었던 긴급 조치는 체제를 유지하기 위해 발동할 수밖에 없었던 최후의 수단이었다. 9호까지 선포된 긴급 조치는 집회와 시위를 원천적으로 차단하였으며, 유신 헌법을 부정, 반대, 왜곡, 비방, 개정 및 폐기를 주장하거나 청원, 선동 또는 이를 보도하는 일체의 행위를 금지하고 위반자는 영장 없이 체포할 수 있었다(한국역사연구회 현대사연구반, 앞책: 118쪽).

2010년 12월 대법원은 긴급 조치 1호는 유신 헌법상의 발동 요건조차 갖추지 않고, 한계를 벗어나 국민의 기본권을 침해했기 때문에 위헌이라는 판결을 내렸다. 2010년 2월 '민주화를 위한 변호사 모임'에서는 국민의 기본권을 크게 축소한 유신 헌법과 긴급 조치에 대해 헌법 소원을 청구했으며, 2013년 3월 헌법 재판소는 긴급 조치 1호, 2호, 9호에 대해 위헌이라는 판결을 내렸다.

전두환 정권이 들어선 후 헌장은 표면적으로 크게 약화된 듯이 보였다. 전국 체육 대회 등 각종 행사에서 헌장 낭독이 없어지고, 교실마다 걸려 있던 헌장을 담은 액자가 사라졌다. 교육 현장에서도 헌장 이념을 구현하기 위한 지침이 없어지는 등 헌장은 국정 지표에서 사라진 것이다(신주백, 2005: 315~316쪽). 그러나 실상은 그렇지 않았다. 헌장은 표면에서 사라졌지만 그 이념은 제5공화국 '문교지표'의 첫 번째 항목에 위치한 '국민정신 교육의 강화'를 통해 그대로 유지되었다. 국민정신 교육의 핵심은 국가주의였기 때문에 헌장 이념 또는 정신이라는 말로 대치시킬 수 있을 정도로 거의 같은 내용을 담고 있었던 것이다(같은 글, 318~321쪽).

헌장에 대한 비판은 있었지만 헌장은 노태우 정부까지는 큰 변화가 없었다. 1994년 김영삼 정부에서 비로소 헌장에 대한 기념행사를 폐지하였고, 1995년 1학기부터 모든 교과서와 공문서에서 헌장 삭제가 결정되었다. 헌장이 교육 현장에서 퇴출된 이유는 확실하지 않지만 정치적 결정의 산물일 가능성이 높다(같은 글, 324쪽). 김영삼 정부는 헌장을 공식적으로 폐지하는 절차를 취하지는 않았다. 2003년 노무현 정부에서 선포 기념일마저 없애면서 헌장은 공식적으로 최종 폐기 처분되었다.

도덕과는 제2차 교육과정 이후 민주주의 가치를 부정하고, 반공 또는 승공을 강조함으로써 민족 화합과 통일보다는 분열을 획책하고, 자율적이고 비판적 사고보다는 체제에 순응하는 인간을 양성하는 데에 목표를 둔 교과였다. 도덕과 교육과정과 교과서를 만들었던 사람들은 도덕과에 대한 잘못된 인식과 편견 때문에 도덕과를 체제 옹호적 인간을 만들어내기 위해 개설된 '국책 과목'이라는 생각을 갖고 있다고 항변한다. 그러면서도 도덕과가 권위주의 시대에 독립 교과가 되었기 때문에 그런 비난을 받는 것은 어쩔 수 없는 필연적 아픔이라고 말하고 있다. 이들은 1992년과 1997년에 각각 고시된 제6차와 제7차 교육과정은 문민 시대에 개정되었으며, 이 과정에서 도덕과는 교과의 정당성과 타당성을 두 번에 걸쳐 검증받았기 때문에 과거에 집착할 필요가 없다고 하여 국가주의적 이념 보급과 무관하다고 강변하고 있다(『고등학교 도덕: 교사용 지도서』, 8~9쪽).

심지어 제7차 도덕과 교육과정을 만드는 데 주도적 역할을 담당하였던 정세구는 국가 주체성을 중시하는 국가 지도자들이 매우 적은 한국의 여건에서 도덕과 교육은 바람직한 한국인으로서의 정체성 확립 및 수호를 위한 거의 유일한 공식적 노력이며 마지막 보루라고까지 주장하였다(교육인적자원부, 1999: 180쪽).

제7차 도덕과 교육과정을 개발하면서 도덕과가 강조해왔던 국가주의적 관점에서 벗어났다는 말은 사실일까? 그것은 사실이 아니라고 단호하게 말할 수 있다. 그것은 '2007 개정 도덕과 교육과정'에서도 여전히 기존의 도덕과 교육이 '환골탈태'하여 새로운 모습으로 다시 태어나기를 바라는 주장들이 많았다는 데에서 확연히 드러난다. 과거의 도덕과 지도 내용에서 정치 사회화나 이념적인 내용이 많은 부분을 차지함으로써 도덕과의 내용적 적합성이 떨어졌다는 것이다. 따라서 '도덕과답게 가르치고, 배울 수 있도록' 도덕과 교육과정을 제시하는 것이 중요하다고 강조하였다(교육과학기술부, 2008ㄱ: 8~11쪽).

이렇듯이 도덕과의 국가주의적 관점은 2007 개정 도덕과 교육과정을 연구·개발하는 연구진조차 큰 문제라고 인식하고 있다. 2007 개정 도덕과 교육과정을 구상하면서 제7차 도덕과 교육과정과는 달리 도덕과가 갖고 있던 근본적인 문제를 인식했다는 것 자체는 매우 반가운 일이다. 그러나 과연 도덕과가 환골탈태할 수 있을지에 대해서는 의문의 여지가 있다. 새 교육과정에서도 여전히 국가 윤리와 통일 문제를 중요하게 다루기 때문이다. 새 교육과정에서는 이 문제들을 도덕·윤리적인 관점에서 다룬다는 조건을 달았다(같은 책, 11쪽).

도덕과가 환골탈태하기 위해서는 그동안 국가 윤리와 통일 문제에 대해 어떠한 주장을 해왔는가를 비판적으로 분석하는 작업이 선행되어야 한다. 객관적이고 냉정한 성찰 없이 국가 윤리와 통일 문제를 도덕·윤리적인 관점으로 다루겠다는 말에서는 이러한 반성이 느껴지지 않는다.

또한 도덕과의 국가주의적 관점은 국가 윤리와 통일 문제에 국한되는 것이 아니다. 국가주의적 관점은 교과서에서 제시하는 개인, 가정, 이웃, 사회 윤리는 물론 동서양 윤리 사상에까지 그 저변에 흐르고 있다. 따라서 국가주의적 관점에 대한 근본적인 반성이 반드시 필요하다.

지금까지 도덕과의 내용 자체를 비판하지는 않았다. 그것은 이 책이 제7차 교육과정에 의해 개발된 도덕 교과서의 내용을 비판하는 것을 목적으로 하였기 때문이다. 제7차 도덕과 교육과정에 의거해 도덕 교과서를 집필했던 서울대학교 사범대학 국정도서 편찬위원회는 도덕과가 국가주의적 관점과 무관하다고 강변하였지만 연구한 결과를 보면 전혀 그렇지 않다. 국가주의적 관점은 개인, 가족, 이웃, 사회, 국가는 물론 동서양 윤리 사상에 이르기까지 교과서가 강조하는 모든 윤리의 저류에 흐르고 있었다.

도덕을 바라보는 관점은 다양할 수 있지만 미래 세대에게 도덕 교육을 하자는 것을 부정할 사람은 없을 것이다. 물론 도덕과라는 과목, 아니면 모든 교과목 안에서 자연스럽게 도덕 교육을 실시하는 것이 좋은가에 대해서는 여러 의견이 있을 수 있다. 그러나 현재와 같은 도덕 교과서로 도덕 교육을 실시해서는 결코 안 된다. 현재와 같은 도덕 교육은 우리 학생들에게 도덕에 대한 잘못된 이해와 편견을 제공함으로써 오히려 비도덕적인 인간을 양성할 수 있다. 이 책을 통해 현재와 같은 도덕 교육을 실시해

서는 안 된다는 인식이 확산되고, 더 나아가 올바른 도덕 교육을
실시하는 계기가 되기를 간절히 희망한다.

제1장

도덕 교과서를 비판할 수밖에 없는 이유

도덕 교과서를 비판할 수밖에 없는 근본적인 이유는 도덕 교
과서의 도덕적 관점에서 기인한다. 도덕 교과서는 교과서답게 선
과 악을 철저하게 구분하는 도덕적 관점을 갖고 있다. 1장에서는
중학교 도덕 교과서를 중심으로 교과서가 주장하는 도덕적 관점
을 살펴보려고 한다. 도덕 교과서의 관점은 매우 독특하다. 그러
한 관점은 한 예술가의 말을 인용했다고 하는 다음과 같은 기술
에 잘 나타난다.

> 좋은 사람이 좋은 그림을 그리고 훌륭한 사람이 훌륭한 그림을 그
> 린다. 그림도 옳은 그림이 있고 바른 그림이 있다. 좋은 그림은 옳
> 은 그림이어야 하고, 또 그것은 바른 그림이어야 한다. 그림은 사
> 람이 그리는 것이고, 그 사람의 됨됨이가 그대로 반영된다(『중학교
> 도덕 1』, 12쪽).

　그림은 이 예술가의 말대로 화가의 됨됨이를 반영할 것이
며, 좋은 그림도 있고 나쁜 그림도 있을 것이다. 그러나 좋은

그림은 옳은 그림이어야 하며, 바른 그림이어야 한다는 말은 받아들일 수 없다. 교과서에는 옳은 그림과 바른 그림을 구분하는 기준에 대한 설명은 전혀 없다. 단지 옳은 그림이 있고, 바른 그림이 있다는 말뿐이다.

예술은 작품으로 평가해야지, 도덕이라는 잣대로 평가해서는 안 될 것이다. 만약 도덕이라는 잣대로 예술을 평가한다면 수없이 많은 예술 작품들은 우리의 시야에서 사라질 수밖에 없을 것이다. 이런 점에서 교과서가 인용한 예술가의 말은 일방적이고 편파적인 것에 불과하다.

교과서가 강조하는 도덕도 예술가의 말에서 보이는 일방적이고 편파적인 관점에 의거한 것이 많다. 교과서는 어떠한 도덕적 관점에서 기술되었는지를 명확하게 밝히지 않았다. 이 장에서 검토하는 관점은 교과서를 분석한 결과에서 나온 것이다. 분석한 결과 교과서는 적어도 네 가지 관점을 가지고 있는 것으로 파악되었다. 첫 번째는 개인보다는 타인, 민족, 국가를 위한 삶을 강요하는 것이며, 두 번째는 전통 도덕으로 현대 사회의 도덕적 문제를 해결할 수 있다는 것이며, 세 번째는 물질적인 가치보다 정신적인 가치를 중시한다는 것이다. 이러한 관점들은 모두 학식이 많거나 사회적으로 출세한 사람들은 보다 '도덕적'이라는 네 번째 관점으로 연결된다. 이 네 가지 관점들을 검토해보면 도덕 교과서가 심각한 문제를 안고 있다는 것을 확인할 수 있다. 한마디로 말하면 도덕 교과서 자체가 '병'인 것이다.

1. 개인보다는 타인, 민족, 국가를 위한 삶을 강요한다

한국에서 도덕 교육은 정치권력을 유지하기 위한 수단으로 많이 이용되었다. 예컨대 제3차 교육과정 시기(1974~1981) 교과 활동 밖에 있었던 반공을 포함시킨 중학교 도덕, 고등학교의 '국민 윤리'는 그 대표적인 예이다. 대학에서도 정부의 강요로 1971년부터 국민 윤리를 교양 필수 과목으로 지정하였으며, 그 목적은 유신 독재와 반공을 유지·강화하기 위한 데에 있었다. 민주화가 진전되면서 관제 과목으로 비판받던 국민 윤리는 점차 사라지게 되었다. 현재 고등학교와 대학에서 찾아볼 수 없는 국민 윤리는 독학으로 학사 학위를 취득할 수 있는 시험 제도인 독학사에서는 여전히 교양 과목의 하나로 지정되어 있다.

민주화가 진전되면서 도덕 교과의 내용이 변화되었지만 도덕과 안팎에서는 여전히 권력과 관련한 도덕과의 정체성이 논란이 되고 있다. 도덕 교과가 여전히 논란을 불러일으키는 가장 큰 원인은 개인의 삶보다 타인, 특히 민족과 국가를 위한 희생적인 삶을 강요하는 데에 있다.

제7차 교육과정에서 도덕 교과서는 머리말 앞에 태극기 사진과 "나는 자랑스러운 태극기 앞에 조국과 민족의 무궁한 영광을 위하여 몸과 마음을 바쳐 충성을 다할 것을 굳게 다짐"하는 '국기에 대한 맹세'를 싣고 있다. 국기에 대한 맹세는 1968년 충남 교육위원회가 만들어 보급하던 것을 1972년 문교부가 전국적으로 확대 시행하였다. 현재 국민의례에서 사용하고 있는 국기에 대한 맹세는 2007년에 "나는 자랑스러운 태극기 앞에 자유롭고

정의로운 대한민국의 무궁한 영광을 위하여 충성을 다할 것을 굳게 다짐합니다."라는 내용으로 수정되었다.

그러나 태극기와 국기에 대한 맹세는 도덕과 외의 다른 교과에서는 찾아볼 수 없다. 왜 도덕 교과서에 태극기와 국기에 대한 맹세가 실렸는지는 알 수 없다. 국기에 대한 맹세가 도덕 교과의 특성과 관련된 것인지 아니면 교과서 집필자의 소신에 의해 실린 것인지에 대해 의문을 제기한 연구자도 있다. 교과서에 실린 국기에 대한 맹세는 첫째, 개인의 권리에 대한 언급 없이 국가와 개인의 관계와 의미를 국가 중심적으로 다루고 있으며, 둘째, 몸과 마음을 바쳐 충성한다는 내용이 민주 국가에서 바람직한 표현인가, 셋째, 우리가 충성을 다해야 하는 대상으로 민족을 상정한 것이 타당한가 하는 점에서 문제가 적지 않다는 것이다(이영경, 2006: 33~34쪽). '2007 개정 교육과정'에 의거해 검인정으로 간행되고 있는 도덕 교과서에는 태극기와 국기에 대한 맹세가 사라졌다.

조국과 민족의 무궁한 영광을 위하여 몸과 마음을 바쳐 충성을 다할 것을 굳게 다짐하는 국기에 대한 맹세와 같이 도덕 교과서는 끊임없이 타인, 민족, 국가를 위한 개인의 책임과 희생적인 삶을 강조한다. 타인과 민족, 국가를 위하여 사는 삶이 바람직하며, 이렇게 사는 사람들이 사람다운 사람이라는 것이다. 물론 교과서는 개인에 대해서도 말하고 있다. 예컨대 중학교 1학년 도덕 교과서는 '생명 존중의 출발점은 바로 자기를 존중하는 것'이라고 말한다(91쪽). 그러나 교과서에서 말하는 자기 존중은 대부분 타인, 민족, 국가와 연결되어 있다.

타인을 위한 삶은 자아실현에 대한 정의에서부터 나타난다.

자기가 하고 싶은 일을 하면서, 아울러 많은 사람들에게 필요한 사람, 도움을 주는 사람이 되는 것이 바로 올바른 자아실현이며, 노력하면 누구나 그러한 사람이 될 수 있다(『중학교 도덕 1』, 48쪽).

교과서는 많은 사람들에게 필요한 사람, 도움을 주는 사람들의 사례를 제시하면서 남을 위한 삶을 적극적으로 권장하고 있다. 남을 위한 삶을 권장할 수는 있다. 문제는 교과서에서 예시한 사람들의 경우가 보통 사람들로선 노력한다 해도 불가능하다는 데에 있다.

교과서에서 제시한 몇 가지 예를 살펴보자. '맹인의 등불'이라는 예화는 캄캄한 밤 낯설고 험한 길을 걷고 있던 나그네를 위해 등불을 들고 나온 맹인을 제시하였다. 앞을 보지 못하는 분이 왜 등불을 들고 나왔느냐는 나그네의 질문에 맹인은 자신은 등불이 필요 없지만 다른 사람에게는 도움이 될 것 같아 들고 나왔다고 답한다. 교과서는 자신보다 남을 생각하는 맹인의 마음을 등불보다 밝았다고 예찬하였다(같은 책, 15쪽). 그러나 맹인이 그 지역에 밝은 사람이라고 하더라도 험한 길을 걸어 나그네를 도왔다는 예는 비현실적이다. 교과서의 삽화와 같이 맹인이 한 손으로는 등불, 다른 한 손으로는 지팡이를 짚고 험한 길을 걷기는 쉽지 않다.

다음은 도덕적인 사람의 모습으로 교과서가 제시한 것이다. 여동생이 죽은 오빠를 회고하면서 도덕적인 사람으로 묘사한 내용이다. 오빠는 언청이로 태어났으며, 여동생은 오빠를 종종 놀렸다. 사고가 나기 몇 달 전 수술을 통해 정상적인 얼굴을 되찾은 오빠는 어머니의 생신 전날 무단 횡단하는 어린아이를 구하려고 차도에 뛰어들었다가 트럭에 의한 교통사고로 죽었으며, 여학생은 오빠를 회고하면서 오빠를 도덕적인 사람으로 제시한 것이다 (같은 책, 37쪽). 현실에서도 드물긴 하지만 차도, 지하철, 바다 등에서 다른 사람을 구하려다 희생된 사람들이 있다.

그러나 교과서에 제시된 예는 현실을 지나치게 극화한 감이 있다. 제시된 인물이 언청이며, 사고 나기 몇 달 전 수술로 정상적인 얼굴을 찾았으며, 그리고 사고가 일어난 날이 어머니의 생신 전날이었다는 설정 등이 그렇다. 더구나 교과서에서는 여동생이 오빠의 사고에 대해 '참 오빠다운 최후'였다고 생각하지만 제시된 내용만으로는 왜 그러한 죽음이 오빠다운 최후인지에 대해서는 전혀 알 수 없다.

다음은 생명 존중의 모습을 잘 보여주는 것으로 제시한 예이다. 큰 병에 걸려 공기 좋은 시골에서 요양하고 있는 은퇴 교사를 소재로 다루었다. 어느 겨울 이른 아침 은퇴 교사를 방문한 제자는 추운 방에서 찬 우유와 빵을 먹고 있는 교사를 보고 난롯불을 피워 우유를 데우려고 하지만 교사는 극구 말린다. 교사가 굳이 불을 피우지 못하게 한 것은 자신의 집 굴뚝에 집을 지어 새끼를 기르고 있는 새가 있는데 불을 피워 연기가 나면 새끼들이 다칠까 걱정하는 마음에서 나온 것이다(같은 책, 94~95쪽).

교과서는 이 예에 이어 산에 오르다가 아무런 이유 없이 나뭇가지를 꺾거나 지나가는 개미들을 발로 짓밟는 것은 생명을 존

31

중하는 것이 아니며, 생명 존중의 자세는 바로 가까이에서, 그리고 쉬운 것에서부터 실천에 옮길 수 있다고 한다. 교과서는 학급 친구들 중 나로 인해 괴로워하거나 피해를 본 친구가 있다면 그 친구에게 사과하고 사이좋게 지내자고 말하는 것을 예로 제시하였다(같은 책, 96쪽). 교과서가 예시한 것과 같이 친구에게 사과하는 것은 비교적 쉬운 일이지만 은퇴 교사와 같이 추운 겨울날 새를 위해 추운 방에서 찬 우유를 먹는 것은 누구나 할 수 있는 행위는 아니다.

마지막으로 뇌성 마비 2급 장애인의 예화를 보자. 이 예화는 앞의 예화와는 달리 일간 신문에 실렸던 기사를 요약한 것이라고 한다. 생후 3일 만에 뇌성 마비가 된 장애인은 시장 입구에서 2,500원과 3,500원짜리 휴지를 팔면서 생활하고 있다. 지능도 낮아 거스름돈 계산도 쉽지 않은 이 장애인은 자신보다 더 어려운 장애인을 돕고 싶어 하며, 늘 즐겁고 행복해 보인다는 것이다. 교과서는 이 장애인이 어려운 조건 아래에서도 즐겁고 행복하게 보이는 이유를 바람직한 가치를 추구하면서 의미 있는 삶을 살고자 하기 때문이라고 해석하였다(『중학교 도덕 3』, 22~23쪽).

이 장애인과 같이 극한적인 상황에서도 늘 즐겁고 행복한 삶을 사는 사람도 있을 것이다. 하지만 모든 사람들이 어려운 조건에서 즐겁고 행복하게 살 수는 없다. 교과서의 해석은 즐겁고 행복한 삶을 일방적으로 개인에게 전가할 위험성이 있다. 사람들이 즐겁고 행복하게 살 수 있는 조건을 만들기 위해서는 개인뿐 아니라 국가도 적극적으로 노력해야 한다.

교과서는 타인을 위한 삶은 누구나 쉽게 가까이에서 실천할

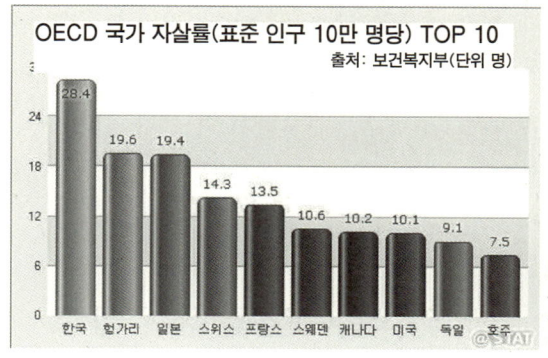

OECD 국가 자살률(표준 인구 10만 명당) TOP 10
출처: 보건복지부(단위 명)

2009년 기준 한국의 자살
사망자는 경제협력기구
평균 11.2명보다 17.2명
이 많다. 출처: 보건복지부.

수 있다고 말하지만, 교과서가 제시한 예화들은 보통 사람으로서
는 실천이 어려운, 거의 불가능한 것이다. 교과서에서는 타인을
위한 삶은 대부분 민족, 국가를 위한 삶으로 연결된다. 교과서는
인간이 이기적이고 자기중심적으로만 살아가면 가정, 학교, 사회
가 무너지게 될 것이라고 판단하고 있다. 이런 점에서 교과서가
끊임없이 강조하는 타인, 민족과 국가를 위한 삶은 가정, 학교,
사회가 무너지는 것을 방지하는 길이다(『중학교 도덕 1』, 97~99쪽).

교과서는 우리는 민족의 일원인 동시에 국가의 구성원이기 때
문에 일상생활에서 국가를 위해 헌신할 수 있는 방안을 모색하
고, 생활화하려는 마음가짐을 지녀야 한다고 말한다(『중학교 도덕
2』, 153쪽; 244쪽). 국가가 나에게 소중한 존재이고 많은 혜택을 주
고 있기 때문에 내가 국가에 대한 도리와 의무를 다해야 국가와
나의 관계가 온전해진다는 것이다(같은 책, 190쪽).

민족, 국가를 위한 삶 자체가 문제는 아니다. 교과서의 가장 큰
문제는 개인보다는 민족, 국가의 이익을 우선시해야 하며, 필요
할 경우 민족과 국가를 위해 개인의 희생을 강요한다는 것이다.

자기 나라와 겨레에 대한 사랑을 '애국·애족'이라고 한다. ……
어떤 판단이나 결정을 내릴 때, 개인이나 집단의 이익에 앞서 나라
와 겨레를 먼저 생각하고, 경우에 따라서는 나라와 겨레를 위해 개
인이나 집단의 희생까지도 감수하는 것이다. 이러한 애국·애족하
는 마음의 본질은 무엇인가? 그것은 나 자신이 국가와 민족에 대
해 애착을 느끼는 마음 상태라고 할 수 있다. 이를테면, 마치 우리
가 어렸을 때에 어머니 품에 안겨서 느꼈던 포근함이나 안도감처
럼 자연스러운 사랑의 느낌과도 같은 것이다. 그리고 우리가 나라
와 겨레라는 것을 생각할 때마다 자신이 어떤 강력하고 절대적인
것에 의해 보호받고 있다는 믿음에서 생겨나는 편안함과, 이처럼
나를 지켜주는 나라와 겨레에 대해 느끼는 자랑스러움 같은 것이
다(『중학교 도덕 2』, 223~224쪽).

교과서는 자신까지 희생하며 애국·애족해야 하는 이유를
논리적으로 설명하는 대신 감정에 호소하고 있다. 애국심을 강
조하기 위해 국가를 어머니의 품에 비유하며, 더 나아가 나를
보호하고 있는 어떤 강력하고 절대적인 존재를 상정하였다.
    교과서가 "과거는 물론 미래에도 우리의 안전과 복지를 책임
질 수 있는 것은 역시 국가 이외에는 없다는 것이 지배적인 견해
이다. 따라서, 나라와 겨레를 지키려는 우리의 의지와 노력만이
우리를 미래 사회에서 사람답게 살게 할 수 있다는 것을 한시라
도 잊어서는 안 된다."고 기술한 것도 국가를 강력하고 절대적인
존재로 보았기에 나온 것이다(같은 책, 226쪽).
    이러한 국가관에서는 국가에 의해 저질러지는 불의와 부정을

기술할 수 없다. 실제로 교과서는 해방 이후 국가가 국민에게 공권력이라는 명분으로 자행한 폭력에 대해서는 일체 언급하지 않았다. 국가를 절대적인 존재로 보면 개인이 국가에 문제를 제기하거나 저항하는 것은 불가능하며, 국가에 일방적으로 예속될 수밖에 없다. 교과서는 국민으로서의 도리와 의무만을 강조할 뿐이다. "결코, 우리는 대한민국 국민으로 살아가면서 각자 나름대로 이행해야 할 역할과 도리가 있다는 것을 잊어서는 안 된다."(같은 책, 191쪽)

애국심을 지나치게 강조 내지 강요한 교과서는 애국심을 강조하는 것에 대해 비판적인 견해가 있다고 말하기도 한다. 애국심이 안으로는 나라 안의 다양한 의견을 무시하는 수단이 되며, 밖으로는 다른 민족이나 나라를 침략하는 도구로 이용될 수 있다는 것이다. 일제나 나치 독일처럼 조작된 애국심이 그러하다는 것이다. 조작된 애국심은 참된 애국심이 아니라고 하면서 참된 애국심은 가족 사랑, 향토 사랑, 직장 사랑 등으로 나타나며, 평화적인 삶을 추구한다고 기술하였다(같은 책, 229쪽).

교과서에서 강조하는 삶은 적어도 세 가지 문제점이 발견된다. 가장 큰 문제는 자기 자신을 위한 삶을 철저히 무시하고 있다는 점이다. 자아실현에 대한 설명에서 나타났듯이 교과서는 자기에 대한 중시보다는 타인에게 필요한 사람, 도움을 주는 사람을 강조하였다. 개인과 민족, 국가와의 관계에서도 교과서는 민족, 국가를 위한 개인의 책임과 희생적인 삶을 강요하였을 뿐 국가에 대한 개인의 권리나 개인에 대한 국가의 책임과 의무는 철저하게 무시하고 있다(김상봉, 2005: 48쪽). 교과서가 제시한 타인, 민족,

국가를 위한 삶이 평범한 사람들로서는 실천하기 어렵거나 불가능한 것도 개인을 무시한 데에서 비롯된 것이다. 교과서는 한 사람의 목숨을 살리기 위해 자신을 희생해야만 생명을 존중하는 것으로 여기는 경우에 대해 우려하기도 하지만(『중학교 도덕 1』, 93쪽), 교과서가 구체적으로 예시한 삶은 이러한 우려와는 거리가 멀다.

두 번째 문제는 민족과 국가를 위한 삶이 타민족, 심지어는 귀화하여 한국인이 된 사람조차도 배제하는 배타성, 심하게 표현하면 극단적인 자민족 중심주의에 입각해 있다는 점이다. "피는 물보다 진하다."(같은 책, 195쪽), "우리 민족은 단일 민족으로서 오랜 세월을 함께 살아왔기 때문에, 엄격하게 따지면 모두 친족이라고 할 수 있다. 즉, 우리 민족은 모두 친족이나 다를 바 없으므로, 온 겨레가 서로 돕고 위하며 정답게 살아가야 한다."(같은 책, 203쪽), "우리가 말하는 조상의 의미는, 나의 부모라고 하는 좁은 범위에서, 우리의 땅과 역사와 문화를 이룩한 조상이라는 넓은 의미로 확대된다. 이런 점에서 볼 때, 우리의 고유한 전통의 한 가지인 조상 섬김은, 가족이 계속 존재함은 물론이고, 민족이 계속하여 존재할 수 있게 한 끈끈한 생명력을 가지고 있다."(같은 책, 211쪽) 등등.

민족 개념은 혈연, 언어, 관습, 공동체 의식 등 자연 발생적·문화적 민족 생성의 배경은 물론 봉건 사회의 붕괴와 자본주의적 생산 관계의 성립이라는 역사적 발전 과정을 고려해야 함에도 불구하고(박호성, 1992: 26~27쪽), 교과서는 민족을 대부분 혈연을 위주로 설명하고 있다. 행정안전부가 2011년 11월에 발표한 조사를 보면 결혼 이민자는 21만 1,458명으로 2010년도 18만 1,671명에 비해 16.4% 증가하였다. 우리 사회에 다문화 가정이 빠르게 증가하고 있는 현실을 고려할 때 혈연에 바탕을 둔 민족관은 사라져야 할 것이다.

현재 우리 사회에는 여전히 혼혈, 한국인으로 귀화한 다른 민족, 외국인 노동자들이 피부 색깔이 다르다는 이유만으로 차별 대우를 받는 경우가 많다. 이들이 받고 있는 차별이 교과서에서 핏줄 또는 단일 민족을 강조한 것과 무관하지는 않을 것이다. 우리 사회는 단일 민족이라는 것을 강조하고 있지만 일본에서 처음 사용된 것으로 보이는 '민족'이라는 개념은 1905년 이전에는 우리 사회에서 거의 사용되지 않았다. 신분 간의 차별을 강조하는 전근대 사회에서 단일 민족은 성립될 수 없는 개념이었다는 것을 상기할 필요가 있다(Schmid, 2007: 409~428쪽).

세 번째 문제는 국가를 비판하고 감시해야 할 국민의 책임과 의무를 간과한 채 맹목적으로 애국을 강조하는 것은 국가에 대한 왜곡된 인식을 초래할 수 있다는 것이다. 맹목적인 애국심은 개인의 삶을 파괴하는 것은 물론 더 나아가 사회의 건전성이나 합리성을 위협하는 요인으로 작용할 수 있다. 맹목적인 애국심을 강조하고 국가 권력을 절대화하는 것은 교과서도 인용한 "모든 국민은 인간으로서의 존엄과 가치를 지니며 행복을 추구할 권리가 있다."는 우리나라 헌법 10조와도 모순된다(『중학교 도덕 2』, 77쪽). 특히 교과서에서 국가의 중요한 기능 중의 하나로 사람들 사이의 협력을 보장하기 위해 비협력자를 가려내어 제재하는 일을 제시한 것은 매우 위험한 생각이다(같은 책, 196쪽).

십자 완장을 찬 위생병마저 페퍼포그 차량 옆에서 저항 의지도 없는 학생을 곤봉으로 내리치고 있다. 출처: 5·18기념재단.

해방 이후 우리 사회는 정부에 대한 비판을 국가 체제에 대한 비판인 것처럼 호도하여 수많은 사람들을 희생시켜온 역사를 가지고 있다. 감시, 미행, 강제 해직, 테러, 암살 그리고 일상생활에 대한 통제와 검열이 공권력이라는 이름으로 자행되었던 것이다. 이것이 민주화가 우리 현대사의 가장 중요한 사회적 과제가 된 근본적인 원인이었다.

민주화 투쟁의 역사적 경험은 국가가 개인의 자유와 평등, 인권의 침해는 물론 생명을 희생시킬 수도 있다는 사실을 잘 보여주고 있다. 현 정부에서 2009년에 발생하였던 용산 참사와 쌍용자동차 사태 등의 비극은 국가의 과도한 공권력 사용으로 발생한 것이었다. 따라서 국가를 견제하고 비판하고 감시하는 것은 국민의 책임이자 의무일 수밖에 없다.

그러나 교과서는 개인이 타인이나 사회에 대해 행할 수 있는 악에 대해서는 너무나 많이 말하면서도 사회 또는 국가가 개인에게 가할 수 있는 악에 저항해야 할 의무에 대해서는 단 한마디도 하지 않았다(김상봉, 앞책: 37쪽).

2. 전통 도덕으로 현대 사회의 (도덕적) 문제를 해결할 수 있다

전통 도덕은 제7차 도덕과 교육과정의 목표인 한국인으로서 정체성과 직결되는 소재로서 교과서에서 큰 비중을 차지하고 있다. 교과서가 전통 도덕을 중시한 것은 한 사회 내에서 대다수의 사람들이 가치 있고 귀중한 것으로 인정하여 오랜 기간에 걸쳐 보존되고 계승되어온 것이라고 보고 있기 때문이다(『중학교 도덕 2』, 15쪽).

교과서는 현대 사회에서 전통 도덕이 필요한 이유를 세 가지로 제시하고 있다(같은 책, 12~14쪽). 첫째, 오늘날과 같은 가치 혼란의 시대에 어느 것이 옳고 그른가에 대한 기준을 제시하며, 둘째, 한국인으로서의 정체성을 알게 하고, 우리 민족이 나아갈 바를 제시하며, 셋째, 현대 사회의 여러 가지 도덕적인 문제들을 해결하는 데에 도움을 준다는 것이다.

교과서는 우리가 전통 도덕을 상실하게 되면 생존 자체가 불가능해질 뿐만 아니라, 삶의 의미마저도 찾기 어렵게 될 것이라고 단언하고 있다(같은 책, 172쪽). 같은 맥락에서 교과서는 역사적으로 자기 민족의 사상이나 문화를 지켜 전통을 가꾸어온 민족들은 민족의 삶을 유지하였으나, 그렇지 못한 경우에는 군사적으로 강대하였더라도 마침내 망하여 역사에서 사라졌다고 말하고 있다(같은 책, 16쪽).

전통 도덕이 가치 혼란의 시대에 옳고 그른가에 대한 올바른 기준을 제시하며, 현대 사회의 여러 가지 도덕적인 문제들을 해결할 수 있다는 교과서의 시각은 서구 도덕과 서구 문화에 대한 비판적인 입장으로 연결된다. 교과서는 근대화되는 과정에서 우리 사회에 수용된 서구 문화를 매우 부정적으로 묘사하고 있다. 주지하는 대로 서양 문물과 가치관이 급격히 유입된 이후 윤리를 포함한 많은 부분에서 전통적 가치와 현대적 가치가 서로 부딪친 것은 사실이다. 교과서는 여기에서 더 나아가 우리를 하나 되게 하던 공동체 의식이 매우 약화되고, 사회 여러 곳에서 사회 병리 현상과 기강 해이 현상이 만연한 것을 서구의 대중문화와 상업주의가 전통 사상과 문화에 치명적인 타격을 가한 결과로 보고 있다(같은 책, 226쪽).

특히 교과서는 민족 정체성과 관련하여 공동체 의식을 매우 중시하고 있다. 우리 민족의 공동체 의식이 약화되어 민족 정체성이 위협받고 있다고 진단한 교과서는 민족 공동체 의식의 확립을 위한 해법으로 전통적인 공동체 정신을 복원하는 일에 앞장서야 한다고 강조한다. 교과서는 전통 사회에서 볼 수 있었던 끈끈하고 소박한 유대를 복원할 수 있는 소규모 지역 공동체를 만들 수 있다고 말하지는 않았다(같은 책, 246쪽).

그러나 교과서는 전통 도덕을 통한 공동체 의식을 강조한다.

제사 절차의 개선이 필요하다는 조건을 달았지만 교과서는 제사 의식은 친족들이 한자리에 모여 서로가 하나임을 느낄 수 있는 공동체 의식을 다질 수 있기 때문에 계속적으로 준수되어야 한다고 말한다. 제사를 통해 공동체 의식을 다질 수 있기에 제사 의식은 우리 민족의 영원한 삶과 발전을 위해서도 뜻깊은 일이 될 수 있다는 것이다(『중학교 도덕 1』, 216쪽).

교과서가 확대 가족의 장점을 강조하는 반면 핵가족 제도는 그 단점을 지나치게 과장해 제시한 것도 전통 도덕의 부활을 위한 의도에서 비롯된 것으로 보인다. 교과서는 가족 제도의 변화를 초래한 요인에 대해서는 전혀 고려하지 않은 채 확대 가족의 장점으로 어른들과 자손들이 함께 살면서 어른들로부터 삶의 지혜를 배우고 따뜻한 보살핌을 받았으며, 또한 집안마다 가풍과 가훈이 있어서 이를 보고 들어 익힐 기회가 많았다는 것을 제시하였다. 반면 핵가족은 가족 구성원들의 역할과 관계를 변화시켰다는 장점이 있지만 가족들이 함께하는 시간과 기회의 부족, 가족 간의 이해와 협동심 습득 기회의 부족, 결혼 후 분가로 인한 노인 문제 발생, 예절 학습 기회의 부족, 아동 학대와 가정 폭력, 청소년의 탈선과 이혼의 증가와 같은 도덕적인 문제들을 발생시켰다는 것이다(같은 책, 158~160쪽;『중학교 도덕 3』, 139~140쪽).

전통 도덕의 파괴로 인해 도덕적 위기가 발생했다고 보는 교과서는 가족 제도에 대한 설명과 마찬가지로 현대 사회의 긍정적 측면보다는 부정적 측면에 초점을 맞춘다. 교과서에 의하면 현대 사회는 교통·통신 수단 발달, 정보화, 생명 공학, 개성 추구 등을 특징으로 하고 있으며, 일상생활의 편리함과 물질적인 풍요로움을 즐길 수 있는 장점이 있다. 그러나 동시에 소중했던 옛 것들을 잃어버리거나, 옛날에는 없었던 새로운 도덕 문제들을 발생시키고 있다. 사람들이 너무 바쁘게 살아가다 보니 삶의 의미나 가치를 잊고 지내는 경우가 많고, 컴퓨터를 통해 이루어지는 인간관계는 익명성 때문에 많은 문제가 발생하며, 현실과 가상 공간을 구별하지 못해 진정한 자기를 잃어버린다. 또한 환경 오염 문제가 발생하기도 하고, 유전자 조작을 통한 생명 연장이나 식량 개발이 오히려 생명에 대한 존엄성을 해치거나 새로운 질병을 발생시킨다. 아울러 황금만능주의 경향도 증가해 사람들이 이기적으로 변하였으며, 정신적인 가치보다는 물질적인 가치를 중시함에 따라 다른 사람들의 생명과 안전에 무관심하며, 때로는 생명을 경시하는 범죄까지 저지르게도 된다는 것이다(『중학교 도덕 2』, 10~11쪽). 교과서가 의도적으로 확대 가족과 핵가족의 장단점을 과장한 바와 같이 현대 사회의 문제에 대한 기술도 지나치게 과장되어 있다.

교과서에 전통 도덕에 대한 부정적인 기술이 전혀 없는 것은 아니다. 교과서에 의하면 '전통 도덕을 살리자'는 주장에 대해 부정적 입장을 가진 사람들도 있으며, 이들은 전통 도덕을 두 가지 이유로 비판한다고 한다. 첫째, 전통 도덕은 혈연 중심의 가족을 바탕으로 하는 신분 사회와 집단 노동력에 의존하는 농경 사회의 문화에서 형성된 것이기 때문에 민주 시민 사회, 개인 중심 사회에는 맞지 않다. 둘째, 일제 강점기, 8·15 광복 후의 혼란과 동족끼리의 전쟁, 급격한 산업화의 추진에 따른 서구화 등으로 인하여 전통 도덕의 맥이 끊어지거나 훼손되었다는 것이다. 그래서 전통 도덕은 명분과 형식에 치중함으로써 실질적이고 자율적이지 못하고, 집단적 성격이 개인의 가치를 과도하게 침해하는 경향이 있으며, 가족이나 소지역 중심이었던 시민 공동체에 맞지 않는다는 것이다(같은 책, 33~35쪽).

그러나 교과서는 전통 도덕을 부정적으로 보는 입장을 전혀 인정하지 않는다. 전통 도덕은 근본적으로 아무런 문제가 없다는 인식을 갖고 있기 때문이다.

전통 도덕을 종종 고리타분한 것으로 생각하거나, 때로는 불필요한 것으로 비판하는 경우도 있지만 그것은 전통 도덕 자체에 문제가 있어서라기보다는 그것을 적용하고 실천하는 과정에서 나타난여러 가지 잘못과 전통 도덕이 현대 사회의 변화에 걸맞은 모습을제대로 갖추지 못했기 때문인 경우가 대부분이다(같은 책, 15쪽).

전통 도덕 자체에 문제가 있는 것이 아니라 적용하고 실천하는 과정에 문제가 있었다고 보는 교과서는 '온고지신'의 자세로 조상들의 지혜를 본받아, 우리 전통 사회가 지녔던 높은 수준의 도덕성을 회복해야 한다고 주장한다(같은 책, 12쪽). 즉 전통 도덕을 오늘에 맞게 되살리기 위해서는 도덕의 기본 정신은 전통 도덕에 두고, 외래문화 중에서 좋은 것을 주체적, 창조적인 자세로 수용해 전통과 현대를 잘 조화시키는 것이 중요하다는 것이다(같은 책, 35쪽; 173쪽).

이와 같이 전통 도덕으로 현대 사회의 도덕적 문제들을 해결할 수 있다고 하였지만 교과서에서 설명한 전통 사회와 현대 사회의 특징을 그대로 따라가게 되면 전통 도덕의 부활을 주장할 수 없다. 교과서에 따르면 전통 사회는 삶의 형태가 비교적 단순하였다(『중학교 도덕 3』, 8쪽). 전통 사회에서 대다수 사람들은 농사를 지으면서 혈연이나 지연 등을 중심으로 공동생활을 하였다. 농사는 가족들의 힘만으로 어느 정도 해결되었으며, 경우에 따라서 어려운 일이나 복잡한 문제가 생기면 마을 사람들이 서로 도와주기도 하였다(『중학교 도덕 2』, 41쪽). 인간관계의 기본 질서인 오륜과 같은 유교 윤리를 바탕으로 우리 조상들은 확대 가족을 이루고 가정을 중심으로 생활하였으며, 가정의 질서와 화목을 유지했던 것이다(『중학교 도덕 3』, 135쪽).

전통 도덕은 이와 같은 소규모 농촌 공동체에서 준수되었던 도덕을 사회 전체로 확장한 것이었으며, 가족 윤리에 그 근간을 두고 있었다. 교과서가 강조하는 전통 도덕은 유교 윤리이며, 따라서 공동체 의식 역시 유교의 가족주의 윤리와 연결되어 있다.

교과서에서 제시하는 전통 사회의 가장 큰 특징은 신분 제도이다. 교과서는 현대 사회와 비교할 때 신분 사회가 갖고 있는 사회적 모순을 전적으로 무시할 수는 없었다. 교과서는 전통 도덕이 아무런 문제가 없다고 강변하였지만, 신분으로 인한 사회적 모순에서 기인하는 적지 않은 도덕 문제들이 있었다는 것을 인정할 수밖에 없었던 것이다. 이러한 내용의 불일치는 교과서의 연구진과 집필진들이 가지고 있는 다양한 견해 차이들을 제대로 조율하지 않은 데에서 비롯된 것으로 보인다.

교과서에서 제시한 전통 사회의 도덕 문제는 주로 신분과 관련되어 있다.

우리 조상들은 신분 제도라는 사회적 배경 때문에 타고난 신분에 따라서 차별 대우를 받는 것을 당연한 것으로 여겼으며, 이에 따라 신분의 차이에 적합하게 예절을 표현하는 것을 올바른 예절로 여겼다(『중학교 도덕 1』, 191쪽).

(전통 사회는) 타고난 신분에 따라 삶이 결정되는 경우가 많았다. 따라서, 각자의 적성이나 능력에 따라 자유롭게 직업을 선택할 수 없었고, 개인의 취미에 따른 개성 있는 삶을 누리기도 어려웠다(『중학교 도덕 3』, 8쪽).

(전통 사회는) 가족 관계나 타인 관계에서는 장유유서가, 국가와 같은 집단에서는 충성심이 강조되는 권위적인 사회였다(같은 책, 41~42쪽).

조상들의 가정생활은 가부장家父長을 중심으로 운영되었는데, 가장은 집안의 중심으로 존경을 받았고, 가족 구성원들은 장유長幼, 남녀의 구별에 따라 각자의 지위와 역할이 엄격하게 구분되었다. …… 그리고 조상들은 혼인을 인륜지대사人倫之大事라고 하여 매우 중요시하였으나, 혼인은 남녀 당사자가 서로 얼굴도 알지 못한 채 집안끼리의 약속에 의해 이루어지는 경우가 많았으며, 신분이 다른 사람들끼리는 서로 혼인을 할 수가 없었다. 또, 가장의 권한이 너무 강해지면서 다른 가족들의 의견이 받아들여지지 않거나, 인격과 개성이 무시되는 경우가 생겨났다. 특히, 여자보다는 남자를 더 중요하게 여긴 관습이 널리 퍼져 있었다. 이에 따라 아내는 남편에게 순종해야 했으며. 아들과 딸의 차별도 있었고, 딸은 출가하면 외인으로 취급받았다. 이와 같이 부모에 대한 자녀의 도리, 남편에 대한 아내의 도리, 어른에 대한 아이의 도리는 강조되었지만, 가족 구성원 상호 간의 존중이나 평등은 강조되지 않았다(같은 책, 135~137쪽).

이 기술들에서 나타나듯이 교과서는 신분 제도의 모순 때문에 전통 사회에서는 사회적으로 신분 차별을 강요받았을 뿐 아니라 가정 내에서조차 가족 구성원 상호 간의 존중이나 평등이 이루어지지 않았다는 것을 인정하고 있다.

신분 차별이 강요되는 전통 사회와는 달리 교과서는 시민 사회를 신분적 구속 없이 자유롭고 평등하게 살아가는 개인들이 모여 사는 사회로 정의하고 있다(『중학교 도덕 2』, 43쪽). 시민 사회는 시민 혁명을 통해 성립되었다. "시민 혁명은 시민이 중심이 되어, 특권을 가진 왕이나 귀족에 의해 모든 것이 이루어지던 정치 제도를 없애고, 모든 사람이 주인이며 자유롭고 평등하다는 신념을 바탕으로 민주 정치를 확립하려는 것이었다."(같은 책, 42~43쪽)

봉건 제도를 타파하고 성립한 시민 사회에서 추구하는 가장 대표적인 민주주의 이념은 인간의 존엄성이다. "시민 사회가 추구하는 가장 대표적인 민주주의의 이념은 인간의 존엄성이다. 인간의 존엄성은 사람을 가장 중요하게 생각할 뿐만 아니라 모든

사람의 인권을 동등하게 존중한다."(같은 책, 43쪽)

모든 사람이 주인이며, 모든 사람의 인권을 동등하게 존중한다는 시민 사회에 관한 설명은 우리 전통 사회가 신분 제도로 인해 적지 않은 도덕적 문제를 안고 있었다는 교과서의 설명과 대비된다. 도덕 교과를 배우는 학생들이 신분 차별이 존재했던 전통 사회와 인간의 존엄성을 존중하는 시민 사회 중 하나를 선택해야 하는 상황에 놓인다면 어떤 사회를 선택할까?

교과서가 강조하는 전통 도덕은 유학이다. 유학은 애민愛民 혹은 위민爲民을 끊임없이 강조하지만 전통 사회에서 민은 지배의 대상에 불과하였을 뿐 스스로 주체가 될 수 있는 존재는 아니었다. 따라서 애민과 위민으로는 교과서가 수없이 강조하는 애국심을 함양할 수 없다. 애국심은 근대적 국민을 대상으로 하는 것인데, 근대적 국민은 봉건적 신분제에서 벗어나야 탄생할 수 있는 것이기 때문이다(고미숙, 2001: 41쪽).

이렇듯이 전통 도덕으로는 애국심을 함양할 수 없지만 교과서는 역사적 사실을 외면한 채 전통 도덕으로 애국심을 키우고, 전통 도덕으로 사회 질서를 유지하고 싶어 한다. 앞에서 보았듯이 국가를 어머니의 품에 비유하는 것은 물론 기업의 가족화를 노사 화합의 가장 이상적인 모습으로 간주하며(『중학교 도덕 2』, 145쪽), 내 부모를 공경하는 효도의 마음에 바탕을 두고 노인을 공경해야 하며(『중학교 도덕 1』, 237쪽), 부모를 대하는 마음가짐으로 교사를 대해야 한다는 것(같은 책, 263쪽) 등은 그 구체적인 예들이다.

교사를 부모로 보게 되면 요즘 논란이 되고 있는 교사 체벌도

교사의 체벌 이미지(영화: 「말죽거리 잔혹사」의 한 장면)

정당화될 수 있다. 교과서는 부모가 자녀를 꾸짖기도 하고, 경우에 따라 자식에게 매를 들기도 하는 것을 부모의 사랑이라고 표현하였다(같은 책, 172쪽). 부모가 체벌할 수 있다면 부모인 교사도 체벌할 수 있다. 실제로 교과서에는 실내화로 갈아 신지 않고 신발을 신고 교실로 갔다는 이유로 교사에게 맞았다는 학생의 예화가 실려 있다(같은 책, 286~287쪽).

만약 부모로 간주될 수 있는 교사의 폭력이 정당화된다면 국가와 기업이 국민과 노동자에게 폭력을 행사하는 것도 정당화될 수 있을 것이다. 교과서가 국가와 기업을 부모, 국민과 노동자를 자식에 비유하기 때문이다. 폭력은 거의 대부분 강자가 약자를 향해 일방적으로 휘두르는 횡포에 불과하다.

최근 논란이 되고 있는 학교 폭력에서 알 수 있듯이 우리 사회에는 폭력이 난무하고 있다. 심지어 국가가 국민, 기업이 노동자, 교사가 학생에게 무자비한 폭력을 행사했던 뼈아픈 고통과 아픔을 경험한 우리 현대사를 생각한다면 어떤 경우라도 폭력은 정당화될 수 없다. 특히 폭력은 학습될 수 있다는 점에서 교과서는 어떠한 경우라도 폭력을 정당화해서는 안 된다.

또한 교과서는 현대 사회가 비도덕적이라고 신랄하게 비판하는 반면, 전통 사회는 도덕적이라는 판단을 근거로 전통 도덕의 부활을 주장하였다. 그러나 교과서의 주장대로 전통 사회는 도덕적이었을까? 전통 사회가 현대 사회보다 도덕적이라는 교과서의 주장은 설득력이 없다. 정약용은 『목민심서』 자서自序를 통해 지배층의 도덕적 타락을 신랄하게 비판하고 있다.

성인의 시대는 이미 멀어졌고 그 말씀도 없어져서 그 도가 점점 어두워졌으니, 오늘날 백성을 다스리는 자들은 오직 거두어들이는 데만 급급하고 백성을 기를 바를 알지 못한다. 이 때문에 하민들은 여위고 시달리고, 시들고 병들어 서로 쓰러져 진구렁을 메우는데, 그들을 기른다는 자는 바야흐로 고운 옷과 맛있는 음식으로 자기만 찌우고 있으니 어찌 슬프지 아니한가(정약용, 1998: 10~11쪽).

유학은 지배층의 도덕성을 강조하지만 지배층의 욕구를 제어할 통제 수단이 없거나 부족할 경우에는 지배층이 도덕성을 유지하기 어렵다. 유교 사회는 정약용의 말과 같이 지배층이 도덕성을 유지하기보다는 타락할 가능성이 많았다. 서로를 감시하는 시스템이 발전한 현대 사회와 달리 전통 사회에는 밑으로부터 지배층을 견제할 수 있는 감시망이 거의 없기 때문이다.

교과서는 전통 도덕이 가치 혼란의 시대에 옳고 그른가에 대한 올바른 기준을 제시하며, 현대 사회가 당면하고 있는 여러 도덕적인 문제들을 해결할 수 있다고 하여 전통 도덕의 필요성을 강조하였다. 그러나 교과서는 전통 도덕에 기반한 가치 기준을 제시하지 않았으며, 사회 구조의 성격이 판이한 현대 사회의 도덕적 문제를 해결하는 방안에 대해 다만 온고지신의 자세만을 강조했을 뿐이다. 전통 도덕이 올바른 가치 기준을 제공하며, 현대 사회의 도덕적 문제들을 해결할 수 있다는 교과서의 주장은 교과서 안에서조차 설득력을 가질 수 없는 근거 없는 과장에 불과했다. 전통 도덕이 현대 사회에서 의미를 가질 수 있는 부분들이 없지는 않겠지만 전통 도덕의 맹목적인 미화는 오히려 전통 도덕을 왜곡할 뿐이다.

3. 물질적인 가치보다 정신적인 가치를 중시한다

도덕 교과서의 중요한 관점 중 하나는 물질적인 가치보다 정신적인 가치를 중시하며, 인간이 추구하는 가치에 서열을 두고 있다는 것이다. 교과서에 의하면 가치에는 서열이 있다. 가치란 사람들이 소중하게 생각하여 얻고자 노력하는 대상이다. 교과서는 높은 차원의 가치 선택을 강조하며, 높은 가치의 기준으로 네 가지를 제시하였다. 첫째, 시간을 초월하여 존재하는 지속적인 가치, 둘째, 여러 사람이 가치를 나누어 가져도 그 본질이 변하지 않는 것, 셋째, 다른 가치에 덜 의존적인 것, 넷째, 만족도가 큰 것이다(『중학교 도덕 3』, 66쪽).

물질적인 가치보다 정신적인 가치를 중시하는 사유는 동서양에서 쉽게 찾아볼 수 있다. 예컨대 공자를 비롯한 유교 사상가들과 소크라테스를 비롯하여 이성을 중시한 서양 철학자들은 대부분 정신적 가치를 중시하였다. 교과서에 의하면 인간다운 삶이란 정신적인 것을 중시하며 그것을 얻고자 노력하는 삶으로, 물질적인 것은 인간다운 삶을 위한 한 부분이고 조건일 뿐이다. 교과서는 가치의 서열화를 통해 정신적인 것과 물질적인 것을 구분 내지 차별한다.

인간의 궁극적 만족 목표로서, 삶의 질을 추구하기 위한 정신적 요건은 가장 높은 수준의 욕구라고 할 수 있다(『중학교 도덕 3』, 116쪽).

가치에도 서열이 있다. …… 일반적으로, 도구적 가치보다는 본래적 가치가 더 중요하고, 물질적 가치보다는 정신적 가치를 더 가치있는 것으로 본다. 인간은 궁극적 가치를 추구하는 삶을 살 때에 자아를 실현할 수 있고 행복을 얻을 수 있으며, 나아가 자신이 속한 사회의 발전에 기여할 수 있다(같은 책, 23쪽) 등등.

교과서는 정신적인 것을 강조하기 위해 "배부른 돼지가 되기보다는 배고픈 인간이 되는 것이 바람직하다."는 밀의 말을 인용하기도 하였다(『중학교 도덕 1』, 85쪽).

　정신적인 것과 물질적인 것을 차별하는 교과서에서는 인간은 항상 정신적 풍요가 경제적인 풍요보다 우위에 있도록 우리 자신을 반성해야 한다고 말한다(『중학교 도덕 2』, 118쪽). 정신적인 가치보다 물질적 가치에 집착하기 때문에 가치 전도 현상이 발생하며, 가치가 전도되면 인간으로서 할 수 없는 행동을 하고도 죄의식을 느끼지 못하는, 상식적으로 이해할 수 없는 일이 발생할 수도 있다는 것이다(『중학교 도덕 3』, 25쪽). 더 나아가 교과서는 인간이 도덕적 가치를 추구하지 않는다면 동물의 세계와 다름없는 약육강식의 세계가 될 것이라고 경고한다(같은 책, 13쪽).

　그러나 인간의 생존을 위해서 물질적 가치를 무시할 수만은 없다. 교과서도 물질을 완전히 무시하지는 않는다.

　사람들이 살아가는 데에는 많은 물질이 필요하다. 예를 들면, 음식, 의복, 주택 등은 우리가 살아가기 위해 반드시 필요한 것들이다. 생활에 필요한 물질들의 결핍은 우리의 생활을 불편하게 만들고, 심지어는 생존을 위협하기도 한다(같은 책, 12쪽).

　교과서는 물질이 삶의 질과 연결되어 있다고도 말한다. 주택, 교육, 의료, 대중 교통 등과 같은 재화와 서비스는 쾌적한 삶의 질을 결정짓는 물리적 요건이라는 것이다(『중학교 도덕 2』, 116쪽).

　이와 같이 교과서는 물질을 생존, 더 나아가 삶의 질과 연결시키기도 하지만 근본적으로는 물질적인 가치를 차별한다. 이러한 교과서의 전제는 사회적 모순, 예컨대 빈곤을 정당화하는 문제점을 갖고 있다. 『논어』를 인용한 "가난하게 되면 세상을 원망하고 다른 사람을 탓하기 쉽다."(『중학교 도덕 1』, 105쪽)는 말과 "자기 자신의 모습과 처지에 대하여 있는 그대로 받아들이고 만족하는 사람이 감사하는 마음을 가지고 생활할 수 있다."(같은 책, 107쪽)는 말을 통해서는 빈곤을 비롯한 사회적 모순을 해결하겠다는 의식을 찾아보기 어렵다.

교과서에 불평등한 사회 구조를 개선해야 하며, 사회적·국가적으로 미비한 법과 제도를 보완하고, 부정과 비리를 근절시킬 수 있는 제도적 장치를 마련해야 한다는 말이 없지는 않다(『중학교 도덕 2』, 53쪽). 그러나 교과서는 근본적으로 불평등한 사회 구조의 원인 규명과 해결책 모색에는 매우 소극적인 입장을 취하고 있다.

이러한 문제는 복지 사회에 대한 기술에서 잘 나타난다.

우리가 바라는 복지 사회는 약자를 도와 누구나 잘 사는 사회가 되어야 한다. 그런데 드문 예이긴 하지만, 사회 보장 제도가 잘 발달된 나라들 가운데에는 그 제도 때문에 오히려 나라가 어려움을 겪는 경우도 있다고 한다. 국가로부터 최저 생계를 보장받는 저소득 계층 사람들이 더 열심히 일을 하기보다는 계속해서 사회 보장의 혜택만을 누리려 하는 반면에, 능력 있는 사람들은 열심히 일해서 얻은 소득의 많은 부분을 세금으로 내야 하므로 일할 의욕을 잃게 된다는 것이다(『중학교 도덕 2』, 133쪽).

복지 사회를 말하면서 교과서는 우리 복지 수준이 OECD 가입국 중 최저라는 사실을 언급하지 않았다. 복지 수준이 형편없으며, 이로 인해 발생하는 사회적 모순들을 알아야 복지 확충이 중요하다는 인식을 가질 수 있다. 교과서는 복지를 확충해야 한다는 말 대신 드문 예라는 단서를 달았지만 복지 제도의 문제를 과장해 기술하였다. 이것은 교과서가 복지에 대한 무관심 내지 복지 제도 확대를 반대하는 것으로 해석할 수 있다.

교과서의 말과는 달리 우리 사회에는 일을 하지 않고 사회 보장의 혜택을 누리려는 사람들은 거의 없다. 오히려 일자리를 갖기 위해 저임금과 장시간 노동을 감수하려고 해도 일자리를 찾지 못하는 사람들이 많은 게 우리 현실이다. 교과서의 기술은 신자유주의의 확산으로 중산층이 무너져 빈곤층으로 전락하는 사회 양극화 현상이 심화되고 있는 현실을 무시하는 것이다. 최근 정치권에서 여야를 막론하고 각론에서는 차이가 있지만 복지를 확대해야 한다는 총론이 주류를 이루고 있는 것은 우리의 복지 제도가 빈약하다는 현실을 인정한 데에서 비롯된 것이다.

교과서가 강조하는 도덕적 인간은 도덕적인 사회와 직간접적으로 연결된다. 니버R. Niebuhr의 『도덕적 인간과 비도덕적 사회』에 의하면 개인은 도덕적일 수 있으며, 사회 교육에 의해 도덕성이 확장될 수 있다. 반면 집단 도덕은 개인 도덕에 비해 훨씬 열등하다고 한다. 집단적 힘이 약자를 착취할 때 그것에 대항할 세력이 형성되지 않는 한 그 힘은 결코 사라지지 않는다는 것이다 (Niebuhr, 1992: 7~8쪽).

그의 말을 따르면 도덕적인 개인보다는 도덕적 사회를 강조하는 것이 더욱 중요하다. 도덕적인 사회가 되어야 도덕적 인간이 될 수 있기 때문이다. 그러나 교과서는 도덕적 인간에 대해서는 수없이 강조하면서도 우리 사회의 구조적 모순이나 부정부패에 대한 구체적인 언급을 거의 하지 않는다. 교과서와 같이 도덕적 개인과 도덕적 사회는 무관할 수 있을까?

4. 학식이 많거나 사회적으로 출세한 사람들은 보다 '도덕적'이다

우리 사회의 구조적 모순을 간과하고 있다는 것은 교과서가 학식이 많거나 사회적으로 출세한 사람들을 보다 도덕적인 존재로 보는 관점과 연결된다. 사실 사회의 구조적 모순은 힘없는 약자가 아니라 사회적 강자들에 의해 조장되고 있다. 따라서 교과서가 사회적 모순을 간과하고 있다는 사실은 사회적 강자들의 시각을 대변하는 것으로 볼 수 있다.

그러나 이 관점은 앞에서 살펴본 다른 관점들과 달리 암묵적이다. 이 관점을 분명하게 드러낼 경우 기득권을 가진 사람들을 옹호한다는 사회적 비판에 직면할 수밖에 없기 때문이다. 감추어져 있는 이 관점을 논리적으로 분석하는 것은 쉽지 않다.

동서양을 막론하고 지행합일 또는 지선행후설을 주장하는 사상가들은 지식 또는 학식이 많은 사람을 도덕적이라고 보아왔다. 아는 것을 실천해야 한다는 것을 강조하는 이 학설들에 의하면 모르는 사람은 실천할 수 없다. 특히 지행합일을 강조하는 유학은 수기치인을 목표로 하기 때문에 사회적으로 출세한 사람들을 도덕적인 존재로 볼 가능성이 높다. 지행의 괴리를 도덕 교육이 극복해야 할 가장 심각한 과제로 인식하고, 도덕 교육의 목적으로 지행합일을 제시하는 연구도 있다(차미란, 2004).

교과서는 도덕적으로 훌륭한 삶을 산다는 것은 누구나 노력하면 가능하다고 한다. 중학교 도덕 교과서는 머리말을 통해 "도덕적으로 훌륭하게 산다는 것은 학식이 많은 사람이나 사회적으로 유명한 사람들만이 할 수 있는 것이 아니고, 누구나 노력하면 할 수 있는 것이다. 나이가 어린 우리도 얼마든지 도덕적으로 훌륭하게 살 수 있다."고 말하고 있다. 교과서의 말대로 누구나 노력하면 도덕적인 삶을 살 수 있을 것이다. 그러나 도덕적으로 훌륭하게 산다는 것은 학식이 많은 사람이나 사회적으로 유명한 사람들만이 할 수 있는 것이 아니라는 교과서의 말은 그러한 사람들이 이미 도덕적으로 살고 있다는 뉘앙스를 물씬 풍긴다.

교과서는 '난 사람'과 '된 사람'을 구분하여 된 사람이 되어야 한다고 강조한다. 교과서에 의하면 난 사람이란 사회적으로 이름난 사람이며, 된 사람이란 항상 인간미가 넘치고 인간으로서 성숙한 사람이다(『중학교 도덕 1』, 12~13쪽). 된 사람은 경제적인 것과는 무관한 반면 난 사람은 대체로 경제적으로 풍요하다.

된 사람 또는 사람다운 사람을 강조하는 교과서는 출세 지향적인 사회 풍토를 비판적으로 보고 있다. 교과서에서 기술하였듯이 우리 사회에는 많은 재산과 높은 지위와 같은 외면적 가치를 소유한 사람이 이른바 '성공한 인물'로 인식되는 풍조가 있으며, 이러한 풍조 속에서 적지 않은 학생이 자신의 소질과 적성, 가치관과는 관계없이 높은 수입과 지위 등과 같은 외면적 가치를 쉽게 얻을 수 있는 직업을 위해 진학을 선택하는 경우도 많다(『중학교 도덕 3』, 126쪽). 직업 선택에서 개인의 적성, 흥미와 같은 내적인 요인보다 '연봉'과 같은 경제적 기준을 가장 중요한 요인으로 고려하는 사람들이 많은 게 현실이다.

출세 지향적인 사회 풍토를 비판하는 교과서는 돈과 권력이 없는 평범한 사람들도 사회적 존경을 받을 수 있다는 예화들을 제시하고 있다. 예컨대 교과서는 존경받는 사람의 예로 날씨가 매우 추운 날 사람들이 마구 버린 쓰레기를 묵묵히 재활용품과 분리하는 할아버지를 제시하였다(『중학교 도덕 1』, 58~59쪽).

출세 지향적인 사회 풍토 비판은 자연스럽게 부도덕한 난 사람에 대한 비판으로 연결될 수 있다. 그러나 교과서는 난 사람을 비판하지 않는다. 도리어 교과서는 암묵적으로 난 사람을 된 사람이라고 제시한다. 교과서에 의하면 "실제로, 깨끗한 마음으로 일하는 사람, 남을 이해하고 포용하는 사람, 포근하고 믿음직한 사람만이 다른 사람들로부터 존경을 받을 수 있으며, 지도자의 위치에 오르는 것을 많이 볼 수 있다. (셋째) 마음가짐이 바르지 못한 사람은 '난 사람'이 되기도 어렵지만, 설령 된다고 해도 그 명성이 오래가지 못한다."고 말하고 있다(같은 책, 12~13쪽).

교과서의 말과 같이 된 사람이 우리 사회에서 지도자의 위치에 올랐다고 할 수 있을까? 우리는 정치계, 경제계, 법조계, 교육계 등 사회 각 분야에서 지도적 지위에 오른 사람들 중에서 비도덕적인 사람들을 너무나 쉽게 찾을 수 있다. 뿐만 아니라 사회적으로 커다란 물의를 야기한 사람들이 여전히 같은 지위, 혹은 더 좋은 지위로 영전하는 것도 쉽게 볼 수 있다. 교과서의 말은 사실에 근거한 것이 아니다.

난 사람을 된 사람이라고 보는 시각은 교과서가 훌륭한 삶의 소유자라고 제시한 예에서도 볼 수 있다. 교과서는 자기가 맡은 일에 충실하며 가정·국가·사회에 기여하는 사람, 국위를 선양한 예술인·연예인·운동선수, 나라를 위해 일하는 경찰·군인, 물에 빠진 아이를 구하기 위해 자신을 희생한 사람, 돈을 많이 벌어 가난한 사람을 돕는 사람, 진정한 깨달음을 얻은 종교인, 우리나라의 과학 발달에 크게 이바지한 과학자 등을 훌륭한 삶의 소유자로 제시하였다(『중학교 도덕 3』, 22쪽).

교과서는 왜 이들이 훌륭한 삶의 소유자인지에 대해서는 설명하지 않았다. 이들을 훌륭한 삶의 소유자라고 한 것은 교과서가 타인, 민족, 국가를 위한 삶을 강조한 것과 연관될 것이다. 그러나 타인, 민족, 국가를 위한 삶을 살았다고 해서 그들을 된 사람이라고 할 수 있는 것은 아니다. 예컨대 국위를 선양한 예술인이라는 것과 된 사람이라는 것은 전혀 다른 수준의 논의인 것이다.

학식이 많거나 사회적으로 출세한 사람들이 보다 도덕적이라는 교과서의 관점은 다음과 같은 문제점이 있다.

첫째, 누가 사람다운 사람과 그렇지 못한 사람을 구분하느냐의 문제이다. 교과서에서 사람다운 사람과 그렇지 못한 사람을 구분하는 객관적인 준거를 제시한 곳은 한 군데도 없다. 교과서는 자의적으로 사람을 평가하고 있다. 예컨대 교과서가 길게 인용한 이솝 우화가 그렇다. 이 우화의 요지는 공중목욕탕 앞에 박혀 있는 뾰족한 큰 돌로 인해 목욕탕에 출입하는 사람 모두가 그 돌에 걸려 넘어질 뻔했지만 그 돌을 뽑고 목욕탕에 들어간 사람은 단한 사람이었으며, 돌을 뽑은 사람만이 사람다운 사람이라는 것이다(『중학교 도덕 1』, 80~82쪽). 돌을 뽑은 사람이 착한 일을 한 것은 분명하지만 돌을 뽑았다는 이유만으로 사람다운 사람과 사람답지 않은 사람을 구분할 수는 없다.

교과서가 사람다운 사람과 그렇지 못한 사람의 구분을 끊임없이 강조하는 것을 보면 누군가가 사람들을 구분하여야 한다. 교과서에 누가 사람들을 구분하느냐에 대해 직접적으로 언급한 곳은 없다. 학생이 선출해야 할 학급 임원을 교사가 임명하는 예화(『중학교 도덕 2』, 94쪽)와 "유교에서는 공부하는 것을 인생 최고의 즐거움으로 생각하고, 교육받은 선비가 정치를 이끌어야 한다고 생각하였다."(같은 책, 167쪽)는 말을 통해 교과서는 난 사람이 사람을 구분할 수 있다는 것을 간접적으로 보여주고 있다.

둘째, 사람다운 사람과 그렇지 못한 사람에 대한 구분은 사회적 차별을 정당화할 수 있는 위험성이 있다. 교과서는 "사람이면 다 사람이냐, 사람이 사람다워야 사람이지."라는 우리 속담을 인용해 도리에 어긋나는 행동을 하면 사람이라고 할 수 없다고 하였으며(『중학교 도덕 3』, 24쪽), 사람답지 않은 사람은 개와 소와 같은 동물과 다를 바가 없다고도 말하였다(『중학교 도덕 1』, 11쪽). 사람답지 않은 사람을 금수라고 표현하는 것은 맹자에게서 유래한다. 맹자는 자신이 주장한 성선의 근거인 4단四端이 없으면 사람이 아니라고 하였으며, 겸애兼愛를 강조했던 묵자의 사상에 아비와 임금이 없다는 이유로 묵자를 금수라고 표현하기도 하였다(『孟子』, 公孫丑上: 6; 文公下: 9). 사람다운 사람은 이솝 우화에서 보이듯이 (극)소수이다. 이렇듯이 소수인 사람다운 사람은 사람답지 못한 사람을 구분하여 사람답지 못한 사람을 사회적으로 차별할 수 있는 힘을 가지게 되는 것이다.

셋째, 사회적 차별의 정당화는 사회적 모순의 책임을 사회적 약자에게 전가하는 것으로 연결될 수 있다. 교과서에는 사회적 모순의 원인을 사회적 약자에게 전가함으로써 책임의 소재를 모호하게 만드는 기술들이 적지 않게 보인다.

우리 사회가 안고 있는 자본주의의 어두운 면을 바로잡고 건실한 자본주의를 정착시키기 위해서는, 정부 차원의 노력에서부터 시민 한 사람 한 사람에 이르기까지 이해와 협력이 필요하다. 아무리 부실 공사를 추방하자는 캠페인을 벌여도, 현장에서 일하는 근로자 자신이 양심적으로 일하겠다는 의지가 없는 한 진정한 효과를 기대하기 어렵다. 과소비를 추방하자는 사회 운동이 시작되어도 소비자 개개인이 각성하지 않으면 절약 풍조의 정착은 멀기만 하다. 또, 기업인들이 새로운 기술 개발과 생산에 투자하기보다는 눈앞의 이익에 급급하여 소비재와 호화 사치품의 수입에만 열중할 때 국가 경제의 발전을 기대하기는 어렵다(『중학교 도덕 2』, 136쪽).

건실한 자본주의를 정착시키기 위해서 정부 차원의 노력에서부터 시민들의 이해와 협조가 필요하다는 것은 공감할 수 있다. 그러나 부실 공사의 원인을 노동자 개인에게 돌리고, 과소비의 문제를 소비자에게 전가시키는 인식으로는 건전한 자본주의를 정착시킬 수 없다. 부실 공사는 근본적으로는 기업의 도덕성과 정부의 관리 정책 부재에서 비롯된 문제이며, 과소비 역시 기업들이 조장하고 있는 것이다.

교과서는 건실한 자본주의 정착을 위해 정부 차원의 노력이 필요하다는 것을 말할 뿐 정부 정책의 문제점을 지적하지는 않았다. 또한 소비재와 호화 사치품을 수입하는 기업의 문제를 지적할 뿐 우리 기업, 특히 재벌 기업들의 근본적인 도덕적 타락 현상에는 눈을 감고 있다. 근본적인 문제는 외면한 채 부실 공사의 원인을 노동자에게, 과소비의 원인을 소비자로 돌리는 것은 사회적 모순의 책임을 사회적 약자에게 전가하는 것에 불과하다.

다음의 기술 역시 경제 정의에 대해 근본적으로 접근하지 않고, 개인에게 책임을 전가시키고 있는 예이다. 교과서는 경제 정의를 훼손한 사람들로서 불로 소득으로 돈을 버는 사람, 돈을 많이 벌고도 세금을 제대로 내지 않는 사람, 가짜 참기름이나 가짜 한우 고기 등 가짜 상품을 파는 사람들을 제시하였다(『중학교 도덕 2』, 210쪽).

이러한 사람들은 모두 경제 정의를 훼손한 사람들이며, 사회적으로 비난의 대상이다. 그러나 이러한 사람들 때문에 경제 정의가 실현되지 않았다고 말하는 것은 지나친 과장이다. 오히려 교과서는 시민들이 나서서 경제 정의를 실천하고, 빈곤층에 대한 배려를 해야 한다고 말한다. 정부가 나서면 강제력이 작용하기 때문에 일부 사람들이 불만을 가질 수도 있다는 것이다(같은 책, 210쪽). 이러한 설명에서는 경제 정의를 훼손하는 정부와 대기업의 문제는 전혀 찾아볼 수 없다.

교과서의 관점에 의하면 난 사람은 도덕적인 사람이다. 난 사람이 도덕적인 사람이 되면 난 사람은 도덕성을 위장하거나 도

이명박 대통령의 친형 이상득 전 의원이 2012년 7월 불법 정치자금 수수 혐의로 구속되었다. 한국투명성기구는 이 사건을 2012년 부패 뉴스 1위로 선정하였다. 출처: 프레시안.

덕성을 무시하는 방식으로 사람들을 구분하고 차별할 수 있게 되며, 사회적 모순의 책임을 개인에게 전가시킬 수도 있다.

이명박 대통령은 2011년 "우리 정부는 도덕적으로 완벽한 정권"(『한겨레』, 2011년 10월 1일)이라고 자랑스럽게 말한 바 있다. 그러나 언론에 보도된 친인척과 측근들의 비리를 볼 때 이명박 정부를 도덕적이라고 할 사람은 거의 없다.

정신분석학에서는 도덕적이라고 위장한 비도덕적인 사람이 정상적인 사람을 비난하면 정상적인 사람은 스스로를 비도덕적인 사람으로 낙인찍고 평생 죄책감에 시달릴 수도 있다고 한다 (Valent, 2011: 265~266쪽). 사회적 강자들은 사회적 모순을 모면하기 위해 다른 사람에게 책임을 전가하는 일이 많다. 온갖 불법과 탈법으로 실형을 선고받았던 이건희 삼성 회장이 2010년 2월 "모든 국민이 정직했으면 좋겠다. 거짓말 없는 세상이 돼야 한다." (『한겨레』, 2010년 2월 6일)고 말한 것은 그 대표적 예이다.

사회적 강자에 의해 자행되는 사회적 모순이 해결되지 않을 경우 사회적 약자는 그 피해를 고스란히 받게 되는 반면 사회적 강자는 오히려 자신들의 권익을 강화한다. 예컨대 우리 재벌 기업들은 사회적 모순을 이용해 그 지배력을 확대해왔으며, 확대된 지배력을 바탕으로 우리 사회를 좌지우지하고 있다. 이런 점에서 사회적 모순의 근본적인 원인을 무시하는 교과서의 시각은 사회적 강자의 입장을 대변하는 것에 불과하다.

5. 맺음말

제7차 교육과정에서 도덕 교과는 그동안 논란이 되어왔던 체제 유지를 위한 국책 과목이라는 오명을 씻어내려고 하였다. 초·중등학교에서 '도덕'은 학생들로 하여금 자신을 이해하고, 일상생활에 필요한 규범과 예절을 익히며, 국가·민족 구성원으로서, 그리고 세계 사회의 일원으로서의 역할과 책임을 파악하게 하여 한국인, 나아가 세계 시민으로서의 바람직한 삶을 살아가는 데 도움을 주기 위한 교과로 설정되었다(교육부, 1998: 28쪽).

그러나 교과서의 관점들을 검토해보면 교과서가 추구하는 목적을 실현하기는 어렵다. 교과서는 타인, 민족, 국가를 위한 삶을 강요하지만 왜 우리가 그러한 삶을 살아야 하는지 그 근거가 명확하지 않다. 이 관점이 갖고 있는 문제는 개인의 삶을 고려하지 않으며, 타민족에 대한 배타성을 강화할 수 있으며, 국가에 대한 왜곡된 인식을 줄 수 있는 것이었다.

전통 도덕으로 현대 사회의 도덕적 문제를 해결할 수 있다는 두 번째 관점 역시 그 근거가 없는 추상적인 주장에 머물렀다. 교과서가 부모와 자식, 국가와 국민, 교사와 학생, 기업과 노동자 등의 사회적 관계를 전통 도덕에 근거해 설명하고 있는 데에서 보이듯이 이 관점은 전통 도덕으로 사회 질서를 유지하려는 의도가 있었다. 따라서 교과서에서 강조한 전통 도덕은 바람직한 한국인의 양성과는 거리가 멀었다.

물질보다 정신적인 가치를 중시하는 세 번째 관점은 사회적 양극화가 심화되고 있는 현실에서 물질에 대한 무시 내지 거부를 강요하고 있으며, 정신적인 가치를 지닌 도덕적인 사람이 사회의 지도자가 되어야 한다는 주장으로 연결될 수 있었다.

이러한 세 관점들은 모두 학식이 많거나 사회적으로 출세한 사람들은 더 도덕적일 수 있다는 네 번째 관점으로 연결되었다. 학식이 많거나 사회적으로 출세한 사람들은 자신을 도덕적이라고 주장함으로써 사람다운 사람과 사람답지 못한 사람을 구분하여 차별하며, 사회적 모순의 책임을 사회적 약자에게 전가할 수 있는 근거를 마련할 수 있었다.

이러한 관점들은 모두 우리 사회의 모순 내지 병폐에 근본적으로 접근할 수 있는 길을 막고 있다. 사회 구성원의 삶의 질을 높이기 위해서는 반드시 사회적 모순을 해결해야 한다. 삶의 질을 높이는 것은 교과서가 강조하는 도덕적인 삶을 가능하게 하는 중요한 요소이다.

도덕 교과서의 관점들을 분석한 결과는 도덕 교과가 탈피하려고 했던 체제 유지를 위한 국책 과목이라는 오명에서 전혀 벗어날 수 없다는 것을 보여주고 있다. 또한 교과서가 제시하고 있는 '도덕'은 인간이 마땅히 지키고 실천해야 할 보편적이고 이상적인 가치, 바람직한 생활의 기준이 되는 도덕규범과 가치가 아니며, 도덕 문제를 합리적으로 해결할 수 있는 도덕적 사고력과 가치 판단 능력을 함양하는 것과도 거리가 멀었다.

도덕 교과는 자신의 판단과 의지에 따라 도덕적 문제를 사고하고 실천하게 하는 것이 아니라 특정한 도덕적 틀에 따라 행동할 것을 강요하고 있다. 이러한 도덕 교과서의 문제는 '2007 개정 교육과정'에서 여전히 도덕과 교육의 정체성 확립이 도덕과 교육과정 개정의 중점 사항 중 하나로 제시될 수밖에 없었던 이유를 잘 보여주고 있다.

사회적 강자와 약자를 구별하고, 사회적 강자에게 도덕성을 부여하는 교과서에는 현재 우리 사회에서 중시되어야 할 자유, 평등, 사회 정의, 인권, 복지 등은 희박하거나 거의 드러나지 않는다. 이러한 가치들은 사람다운 사람이 살기 위해서 반드시 필요한 것이다. 만약 교과서가 앞으로도 사람다운 사람이 살기 위한 사회적 조건을 무시하고, 사회적 강자의 도덕을 가르치고, 사회적 모순을 외면한다면 우리는 도덕 교과를 단호하게 거부해야 할 것이다.

제2장

과거에 매몰된 윤리 [1]

우리가 학교 교육을 통해 우리 삶의 기반으로 작용해왔던 전통 윤리를 배우는 것은 매우 자연스럽고 당연한 일로 보인다. 제7차 도덕과 교육과정에서도 이러한 생각이 나타나고 있다. 즉 전통 윤리에 관한 학습을 통해 청소년들이 우리 조상들의 윤리적 삶을 현대적 시각에서 재음미하여 한국인으로서 지녀야 할 바람직한 윤리적 인식과 자세를 보다 확고히 정립할 수 있기를 희망하였다(교육부, 2000: 83쪽).

　1장에서 보았듯이 중학교 도덕 교과서는 전통 윤리가 필요한 이유를 세 가지로 제시하였다. 전통 윤리는 가치 혼란의 시대에 올바른 기준과 우리 민족이 나아갈 바를 제시하며, 현대 사회의 도덕적 문제들을 해결하는 데에 도움을 준다는 것이었다. 그러나 교과서의 말이 전통 윤리를 현대적 시각에서 재음미한 결과라고 하기는 어렵다.

[1.] 중학교 교육과정에서는 도덕, 고등학교 교육과정에서는 윤리라는 용어를 사용하지만 그 개념 차이에 대해 설명하고 있지 않다. 여기에서는 고등학교 도덕 교과서를 분석하는 것이기 때문에 편의상 윤리라는 개념을 사용하였다.

전통을 가르쳐야 한다면 수많은 전통 가운데 현재의 시점에서 의미가 있는 전통을 명확한 기준을 갖고 선택해야 한다. 그래야 우리 조상들의 윤리적 삶을 현대적 시각에서 재음미할 수 있을 것이다. 그러나 교과서에서는 어떠한 기준에 의해 가르쳐야 할 전통 윤리를 선정했는지 알 수 없다. 전통 윤리를 선정하는 기준을 제시하지 않았기 때문이다.

기준은 내용을 선정하는 가장 기본적이며 핵심적인 사항이다. 내용 선정에 대한 기준 없이 전통 윤리를 현대적 시각에서 재음미할 수는 없다. 이는 거칠게 표현하면 학생들은 학습해야 하는 이유를 알지 못한 채 전통 윤리를 배우는 것이다. 현대라는 시점에서 전통 윤리에 대한 진지한 고민 없이 막연히 전통 윤리를 강조하는 것은 우격다짐이라고 해야 하지 않을까?

고등학교 도덕은 중학교 도덕보다 전통 윤리를 더욱 우격다짐으로 강요하고 있다. 고등학교에서 전통 윤리는 『전통 윤리』라는 독립된 교과서를 갖고 있다. 심화선택과목인 이 교과서는 제7차 교육과정에서 새로 만들어진 것이다. 또한 전통 윤리는 심화선택과목인 『윤리와 사상』의 '한국 윤리'와 '동양 윤리' 단원에서 집중적으로 다루어지고 있으며, 이 외에도 '한국 사회의 바람직한 윤리 사상의 정립', '윤리와 사회 사상의 의의' 단원의 주요 내용이다. 독립된 교과서가 있는 것에서 알 수 있듯이 전통 윤리는 도덕과 고등학교 교육과정에서 더욱 강조되고 있다. 이 장에서는 『전통 윤리』와 『윤리와 사상』을 중심으로 교과서에서 진지한 고민 없이 전통 윤리를 강요하고 있다는 것을 분석하려고 한다.

1. 전통 윤리 개념의 문제

도덕 교과에서 가르치는 전통 윤리의 내용에 대해서는 적지 않은 문제가 있다는 지적들이 있어왔다. 지적된 문제로는 백과사전적인 나열과 내용 중복, 동양 윤리와 한국 윤리의 유기적 연결 부족, 내용 오류, 난이도의 문제, 유교로 편중된 내용, 교과목이 목적하는 바를 성취하기 어려운 교육 내용 등이 있다.

이러한 지적들은 모두 타당하지만 교과서에서 다루어지는 전통 윤리에 대한 가장 큰 문제점을 지적한 것은 아니다. 가장 커다란 문제는 놀랍게도 교과서 간에 전통 윤리에 대한 개념이 일치하지 않는다는 것이다.

『전통 윤리』는 전통 윤리를 다음과 같이 정의한다.

'전통'이란 말에서 '전傳'은 역驛과 같은 말로서 시간적으로 연속한다는 의미를 갖고 있고, '통統'은 본本과 같은 말로 근본이나 본질을 뜻한다. 따라서, '전통'은 근본이 단절되지 않고 계속해서 이어진다는 의미이다. 그리하여 '전통 윤리'는 과거로부터 존재하여 현재에 이르렀고, 미래로 이어져야 할 사람으로서 마땅히 지켜야 할 도리를 말하는 것이다(11~12쪽).

『전통 윤리』가 전통을 근본이나 본질이라는 측면에서 접근하는 것과는 달리『윤리와 사상』은 전통 윤리를 당위적이며 고정불변한 것으로 보지 않는다.『윤리와 사상』은 전통 윤리 사상을 다음과 같이 규정하고 있다.

전통 윤리 사상은 조상들이 남긴 어떤 보편적이고 당위적이며 고
정불변의 생활 원리를 가리키는 것이 아니라, 시대와 생활 환경의
변화에 따라 새로운 모습을 지니면서 우리의 생활 양식과 가치관
을 지배해온 총체를 가리킨다. 즉, 어느 특정한 시대를 살았던 우
리 조상들의 정신과 가치관을 형성하는 데 영향을 끼친 원시 신앙
과 유·불·도 3교를 말한다. 따라서, 전통 윤리 사상을 재인식한
다는 것은 곧 우리 삶을 근원적으로 이해하려는 노력이자, 정확
한 자기 인식에 한 발 더 다가서는 실천적인 자세라고 할 수 있다
(216쪽).

『전통 윤리』와 『윤리와 사상』에서 나타난 전통 윤리 개념은 커
다란 차이가 있다. 『전통 윤리』는 전통을 근본이나 본질을 뜻하
는 '통'이 이어져야 한다는 의미로 이해하며, 이러한 이해에 따르
면 전통 윤리는 사람으로서 마땅히 지켜야 할 도리로서 과거, 현
재는 물론 미래에도 이어져야 한다. 반면 『윤리와 사상』은 전통
윤리 사상을 보편적이고 당위적이며 고정불변한 것으로 보지 않
으며, 시대와 생활 환경의 변화에 따라 새로운 모습을 지닌다고
한다.

『전통 윤리』는 전통 윤리를 시공간을 초월하여 사람이 지켜
야 할 도리라고 정의하였지만 이러한 전통에 대한 규정은 교과
서 안에서도 유지되기 어렵다. 『고등학교 도덕』에 따르면 현대는
다원화 사회로 규정되고 있으며, "다원화 사회에서는 서로의 '다

름'을 기본적으로 인정하고 존중한다. 그래서 다원화 사회에서는 특정한 가치관에 기초한 견해, 또는 특정 개인이나 집단의 입장이 무조건 수용되어야 한다고 주장할 수 없게 되었다. 여러 견해들이 나타나서 서로 경쟁하고 조정되는 가운데 올바른 문제 해결책이 모색된다."고 기술하고 있다(16쪽).

『고등학교 도덕』과 같이 다원화 사회를 다름을 기본적으로 인정하고 존중하는 사회로 규정하게 되면 시공간을 초월한 보편성과 당위성을 강조하는 전통 윤리에 대한 정의는 유지될 수 없다. 보편성과 당위성을 강조하는 윤리에서는 다름을 인정하기 어렵기 때문이다.

현대 사회는 다름을 인정하고 존중하면서 공존을 모색하고 있다. 차이를 인정하고 존중할 때는 타자를 관용과 배려로 껴안을 수 있지만, 차이를 인정하지 않고 하나의 '같음'만을 강요할 때는 타자를 배제·거부하며, 심할 경우 폭력과 살상의 원인으로 작용할 수 있다. 사람들 간의 크고 작은 다툼과 국가 간의 전쟁도 하나의 가치만을 강요하는 데에서 발생하는 경우가 적지 않다. 예컨대 9·11 테러와 그에 기인해 발생하였던 미국의 아프가니스탄과 이라크 침략은 복합적으로 해석되어야 하지만 기독교와 이슬람 가치 간의 충돌도 그 원인으로 작용하였다.

따라서 『윤리와 사상』에 제시된 전통 윤리의 개념이 보다 타당성이 있다. 하지만 전통 윤리를 시대와 생활 환경의 변화에 따라 새로운 모습을 갖는다고 하면서도 전통 윤리를 원시 신앙과 유·불·도 3교라고 한정한 후 전통 윤리 사상을 재인식한다는 것은 곧 우리 삶을 근원적으로 이해하려는 노력이며, 정확한 자기 인식에 한 발 더 다가서는 실천적인 자세라고 한 말은 앞뒤가 맞지 않는다.

원시 신앙과 유·불·도의 시대가 끝났다는 것에 이의를 제기할 사람은 아마도 없을 것이다. 『윤리와 사상』은 3교의 시대가 끝난 근대 이후의 전통 윤리에 대해서는 전혀 언급하지 않았다. 근대 이후에는 전통 윤리는 없는 것인가? 시대와 생활 환경의 변화에 따라 전통 윤리가 새로운 모습을 지닌다는 『윤리와 사상』의 기술에 따르면 근대 이후에도 전통 윤리는 있어야 한다. 이런 점에서 근대 이후를 배제하고 접근하는 전통 윤리는 우리 삶을 근원적으로 이해하고 자기 인식에 다가서는 실천적인 자세와는 거리가 멀다.

전통 윤리를 대단히 강조하면서도 전통 윤리에 대한 개념이 고등학교 도덕 교과서 간에 큰 차이가 있는 것은 납득하기 어렵다. 교과서의 집필자가 많다고 해도 국정 교과서가 핵심 개념을 정리하지 않고 교과 내용을 기술했다고 하는 것은 누가 보아도 이해할 수 없는 일이다. 핵심 개념의 상이한 규정에 대해서 문제조차 제기된 적도 없었다는 사실도 놀랍기만 하다.

이러한 개념 차이가 논란이 되지 않은 이유는 『윤리와 사상』이 전통 윤리를 고정불변의 생활 원리가 아니라고 했음에도 불구하고 실제로는 근본이나 본질이라는 관점을 갖고 전통 윤리를 기술한 것과 관련이 없지는 않을 것이다. 예컨대 『윤리와 사상』의 전통 윤리에 대한 실제적인 관점은 '단군의 건국 이야기'에 대한 기술에서 단적으로 드러나고 있다. 단군 신화 대신 제7차 교육과정에서 처음 사용된 단군의 건국 이야기라는 표현에 대해 신화의 생명력과 가치를 약화시킨다는 지적도 있었다(이영경, 2005: 336쪽).

『윤리와 사상』은 단군의 건국 이야기에서 그것이 지닌 신화의 상징성에 주목하여 인간 존중과 생명 존중 정신, 자연과의 친화를 통한 천인합일 사상, 인간을 위한 복지와 정의, 평화와 도덕적 가치의 실현을 추구하는 사상이 내재해 있다고 설명하였다.

단군 이야기에 내재한 윤리적 사상은 한민족의 삶을 지탱하는 뿌리였으며, 각 시대가 요구하는 현실 문제에 대한 적절한 답을 주는 근거가 되어오면서 한국 사회의 정체성을 형성해왔다고 그 의미를 부여하였다(92쪽).

이러한 기술과는 달리 『전통 윤리』는 "경천애인 사상과 원시 신앙은 단군의 건국 이야기를 통해 좀 더 심화되고 다듬어져 우리 민족의 내면 깊이 스며들었으며, 한민족의 윤리 의식을 싹 틔우는 정신적 씨앗이 되었다."고만 말하였다(43쪽). 정신적 씨앗이란 말과 각 시대가 요구하는 현실 문제에 대한 적절한 답을 주는 근거라는 말은 큰 차이가 있다.

『윤리와 사상』은 단군 신화에서 찾아볼 수 있는 사상을 시공간을 초월한 근본 내지 본질로 승화시키고 있다는 점에서 전통 윤리를 고정불변의 생활 원리가 아니라고 한 규정과 적지 않은 차이가 있다. 어떤 사상이나 이념을 근본 내지 본질로 승화시키려면 사실과는 다르게 거기에 온갖 선하고, 아름답고, 좋은 것을 덧붙일 수밖에 없게 된다. 교과서에서 볼 수 있는 단군 신화에 대한 기술이 바로 그것이다.

단군 신화에 대한 교과서의 이해는 학계의 통설과는 차이가 있다. 신화에는 그것이 만들어졌던 당시 인간의 역사적 경험과 사회관, 세계관 등이 담겨 있다. 단군 신화가 고조선 사회의 운영 원리와 지배 이념이면서 역사적 경험을 담고 있다는 점에 대해서는 모든 학문 분야에서 견해가 일치되고 있다. 즉 단군 신화가 주인공의 신성성을 부각시키면서 지배자의 정치권력에 정당성을 부여하는 역할을 하였다는 해석은 거의 통설이다. 『고등학교 국사』 역시 이러한 통설에 의거하여 기술하고 있다.

『윤리와 사상』에 나온 단군은 신채호가 국난을 극복하고 민족 주체성 형성을 강조하기 위해 제시한 단군에서 나온 것으로 보인다. 조선 시대에는 대체로 단군보다는 기자를 정통에 놓고 있었다. 그러한 기술은 역사적 정통성을 유교와 연관시키고 있었기 때문이었다. 조선 후기 단군에 대한 관심이 커지고는 있었으나, 단군에 대한 관점은 국난의 위기에 놓여 있었던 1905년을 전후하여 근본적으로 변화하였다.

당시 『대한매일신보』의 주필이었던 신채호는 '민족'이라는 신조어와 단군을 결합시켜 민족사를 확대하는 작업을 하였다. 그는 민족의 탄생을 선언하는 부분에서 단군을 창시자로 서술하였으며, 모든 조선 역사의 기원이 단군에서 흘러나왔다고 주장하였다. 그에게 있어서 '역사'와 '민족'은 단 하나의 인물, 즉 단군을 통해 규정되었다. 신채호의 새로운 역사 서술을 통일시킨 것은 바로 혈통, 즉 민족 국가의 계보였다. 그는 단군으로부터 현재에 이르기까지 민족의 역사를 상세히 기술하는 수단을 '족보'라 불리는 가족 또는 씨족의 계보에서 찾았다. 그에게 있어 민족의 계보에서 중요한 것은 혈통의 순수성이었으며, 가족과 가문에 대한 의식을 애국심을 가르치는 수단으로 삼았다. 우리가 단군으로부터 민족 혈통의 순수성을 찾는 의식은 이때부터 시작된 것이다. 그는 독립적인 민족의 주체성을 창조할 것을 요구했으며, 단군을 통해 새롭게 정의된 한민족은 외부의 위험과 내적인 위기로 인해 끊임없이 위협받았음에도 불구하고, 그 어떤 외부의 강압에도 굴하지 않고 역경을 극복해냈다는 역사 서술의 구조를 만들어냈다(Schmid, 2002: 409~442쪽).

전통 윤리를 근본 내지 본질로 인식하는 교과서에서 말하는 전통 윤리의 내용은 무엇인가? 교과서에서 중시하는 전통 윤리의 내용은 유·불·도 사상이다. 이 외에 원시 신앙을 포함한 단군 신화, 동학(천도교), 개화사상, 증산교, 원불교, 그리스도교 등이 언급되지만 그것들이 차지하는 비중은 매우 작다. 유교 윤리는 유·불·도 사상 중에서도 가장 큰 비중을 차지하고 있다. 『윤리와 사상』에서도 유교 윤리에 대한 설명이 가장 많지만 『전통 윤리』에서 제시하고 있는 내용은 거의 대부분 유교 윤리에 바탕을 두고 있다. 어떤 경우에는 유·불·도 사상의 차이를 무시하고 뭉뚱그려 유교적인 시각으로 설명하기도 한다.

그러나 도덕 교과서는 유교를 중심으로 전통 윤리를 기술하는 이유를 논리적으로 설명하지 않았다. 『전통 윤리』는 조선 시대에 유교는 일반 서민들의 의식 구조와 가치관을 형성하는 데 결정적인 영향을 미쳤으며, 현재 우리의 삶 속에 유교의 규범과 관습의 영향을 받는 경우가 많다는 이유를 들어 특히 중요한 전통이라고 설명하였을 뿐이다(43쪽). 현재 우리 사회에서 유교의 규범과 관습의 영향을 받는 사람들도 있지만 그 영향에서 벗어난 사람들도 많다. 이는 불교의 경우도 마찬가지이다. 따라서 이러한 이유만으로 유교를 가장 중요한 전통 윤리라고 설명하는 것은 비논리적이다.

아마도 교과서가 유교를 강조한 것은 전통 윤리를 시공간을 초월하여 사람이 지켜야 할 도리라고 규정한 것과도 관련될 것이다. 유교는 불교와 도교 사상에 비해 윤리의 불변성을 강조하는 사상이기 때문이다. 여하튼 유·불·도 사상을 중심으로 전통 윤리를 설명하는 교과서의 내용은 크게 달라져야 한다. 근대 이후 유·불·도 사상의 영향력은 급격하게 약화되었으며, 현재 우리의 생활 양식과 가치관을 지배하고 있다고 말할 수는 없기 때문이다. 따라서 유·불·도를 중심으로 전통 윤리를 설명하면 근대 이후 급변한 사유와 생활 양식에 바탕을 둔 윤리 의식은 전혀 반영할 수 없다.

2. 전통 윤리에 대한 반성 결여

교과서가 갖고 있는 전통 윤리의 문제는 상당 부분 개념 정의로부터 비롯된다. 근본이나 본질로 인식하고 있기 때문에 도덕 교과서는 전통 윤리를 대체로 긍정적으로 바라볼 뿐 전통 윤리의 문제점을 비판적으로 볼 수 있는 시각이 근본적으로 결여되어 있다.

전통 윤리에 대한 무비판적 시각을 도덕 교과서가 강조하고 있는 현대 한국 사회가 당면한 사상적 과제 중의 하나인 전통적 가치와 근대성의 부조화 문제에 초점을 맞추어 논의해보자.

이렇듯 근대적인 가치관이 급격하게 유입됨으로써 우리의 전통적
인 가치관과 충돌하게 되었다. 권위에의 존중과 복종, 위계질서를
강조하는 전통적인 가치관을 견지하는 사람들은 자유와 평등을 방
종과 무질서, 무례한 행동을 가져오는 바람직하지 못한 사상으로
몰아세웠다. 또한, 협동과 공동체를 강조하는 전통적 가치관의 입
장에서 볼 때, 개인의 행복을 위하여 경쟁을 당연시하는 태도는 결
코 용납할 수 없는 것이었다(『윤리와 사상』, 208쪽).

『윤리와 사상』은 이러한 가치관 갈등의 해결 방향을 다음과 같
이 제시하고 있다.

전통적 가치와 근대성의 부조화를 해결하기 위해서 근대적 가치관
과 전통적 가치관의 적절한 조화를 추구해야 한다. 성급한 근대화
의 추진과 근대화에 대한 진지한 반성의 부족은 서구의 자유와 평
등, 경쟁과 같은 가치관에 관한 긍정적 수용보다 방종과 무질서,
무례한 행동을 가져오는 결과를 낳았다. 이제, 우리의 전통적 가치
관이 가지고 있는 협동과 공동체 정신에 대한 정당한 평가를 기초
로, 옳은 것은 계승·발전시키고 부족하고 잘못된 점은 과감하게
탈피하고 개선하려는 노력을 기울여야 하겠다(213쪽).

이 진술에 문제가 없지는 않지만 『윤리와 사상』이 말하려고 하
는 핵심에 대해서만 논의하자. 교과서는 전통적 가치 중에서 옳

은 것은 계승·발전시키고, 부족하고 잘못된 것은 과감하게 탈
피하고 개선해야 한다고 하였다. 그러나 교과서에는 계승해야 할
전통적인 가치는 있지만 탈피해야 할 요소는 거의 찾아볼 수 없
다. 교과서가 계승해야 할 것이라고 제시한 것을 살펴보자.

그렇다면 미래 사회에서 계승·발전시켜야 할 우리의 전통적인 덕
목에는 어떤 것들이 있을까? 예나 지금이나 불변하는 덕성인 경천
애인과 홍익인간, 오상과 무위, 자연의 이치에 따르고 물욕物慾을
절제하는 순천 절물順天節物 등을 들 수 있다(37쪽).

이러한 구체적인 덕목 외에 교과서는 계승·발전시켜야 할 전
통 윤리의 정신으로 세 가지를 제시하고 있다.

그렇다면 우리가 계승·발전시켜야 할 한국의 전통 윤리에는 어떤
것이 있을까? 첫째, 인본주의 윤리를 되살려 기계 문명에 의해 소
외된 인간성을 회복하도록 해야 한다. 한국의 윤리는 건국 이래로
인간 존중 사상을 지니고 있다. …… 둘째, 살아 있는 생명을 귀
하게 여기는 생명 존중의 윤리를 되살려 생명 경시 풍토를 일
소해야 한다. …… 셋째, 자연을 두려워하고 신성하게 여기는
지혜를 되살려 환경 오염·자연 파괴를 방지해야 한다. 자연을
파괴하거나 오염시키는 것은 하늘의 뜻을 거스르는 행동으로
인식하는 전통 윤리의 정신을 되살려, 자연에 대하여 '적대자'
혹은 '지배자'로서 인식하지 않고 '동반자' 혹은 '형제' 관계로
인식하여 항상 자연과 조화를 추구해야 한다……(102쪽).

이 교과서는 구체적인 덕목 몇 가지와 인본주의, 생명 존중, 자연 존중 사상 외에 절제와 검약 정신, 자식을 위한 희생 정신 등을 긍정적인 요소로 파악하고 있다.

> 한국은 전통적인 절제와 검약 정신, 그리고 자손들을 위하여 자신을 바치는 희생 정신을 바탕으로 자본의 축적을 이루었다. 이러한 '유교 윤리'는 '프로테스탄트 윤리' 못지않게 실로 눈부신 경제 발전의 기본 정신을 제공하여왔다(224쪽).

사족을 붙인다면 자손을 위한 조상의 희생은 유교적인 것이라고 하기는 어렵다. 부위자강父爲子綱에서 명확히 나타나듯이 유교는 부모에 대한 효를 무엇보다 강조하는 사상이기 때문이다.

『윤리와 사상』에는 전통 또는 동양적인 것이 갖고 있는 부정적인 측면에 대한 진술은 거의 없다. 구체적인 내용에 대한 설명 없이 다만 전통적인 것을 부정적인 것으로 보는 시각이 있으며, 유교 윤리의 관점과 역할에 대하여 여러 가지 견해가 있다는 기술이 있을 뿐이다. 교과서는 유교 윤리에 대한 여러 가지 견해에 대한 설명 대신 최근 동아시아 유교권 국가의 눈부신 경제 성장과 더불어 '아시아적 가치'로서 유교를 긍정적으로 재평가하는 새로운 현상이 나타나고 있다고 하면서 전통적인 한국 사상이나 동양 사상에 대한 이해와 창조적인 활용이 적극적으로 요구된다고 기술하고 있다. 예컨대 유교 윤리를 세계화 시대에 접목할 수 있는 방안을 탐색하는 자세가 필요하다고 한다(49~50쪽; 218쪽).

이 교과서에서 전통에 대한 부정적 기술은 억지로 찾아본다고 해도 한 곳밖에 없다. 그것은 세계 윤리를 언급하면서 한국인이 공동체 의식, 즉 연대 의식과 공동선 내지 공익을 추구하는 정신이 빈약하다는 비판적인 견해가 있지만 이는 급속한 산업화에 따른 전통 윤리의 붕괴 현상과 관련되는 것으로서 세계 윤리와 조화되기 힘들지만 미래 지향적으로 우리를 바라본다면 세계 윤리에 동참할 수 있는 여지가 충분하다고 기술한 부분 정도이다 (131~132쪽).

이 세상에 존재했거나 존재하는 모든 사상은 긍정적 측면과 부정적 측면을 갖고 있다. 전통 윤리의 현대적 의미를 고민하기 위해서는 그것이 터해 있는 사회 기반이 크게 변화되었다는 점에서 현대 사회에 맞지 않거나 부조화될 수 있는 요소를 반드시 검토하여야 한다. 이것은 전통 윤리를 폄하하기 위한 것이 아니라 오히려 현대 사회에서 전통 윤리의 의미를 재해석하는 데 있어서 반드시 거쳐야 할 과정이다. 그러나 『윤리와 사상』은 전통이나 동양 윤리에는 부정적인 측면이 거의 없기 때문에 보편적인 가치와 쉽게 융화될 수 있을 뿐만 아니라 심지어는 각 시대가 요구하는 현실 문제에 적절한 해답을 주는 근거가 될 수 있다고 기술하고 있을 뿐이다.

소아에 집착하는 이기주의에 기초한 서양의 합리주의는 동양의 인仁, 무위無爲 또는 해탈과 조화를 이루기 힘들 것이다. 또한 동양의 인정人情이 가족주의적 편협 속에 갇혀 있는 동안에는 현대 문명의 위기를 극복하는 지혜로서의 구실을 하기는 어려울 것이다. 그러

81

나 합리적 정신이 개인적 이익을 위해서 사용되지 않고 사회 전체를 위해 발휘된다면, 서양의 합리주의는 동양적인 인仁, 예禮와도 쉽게 융합될 수 있을 것이다. 이러한 위대한 합리주의를 갖게 된다면, 우리는 현대 한국 사회가 안고 있는 난제들을 해결할 수 있으며, 더 나아가 현대의 위기를 극복할 수도 있을 것이다(228~229쪽).

『전통 윤리』는 『윤리와 사상』과는 달리 부정적인 내용들이 조금 더 언급되어 있다. 하지만 전통 윤리를 바라보는 시각은 근본적으로 동일하다. 긍정적인 내용은 『윤리와 사상』과 거의 동일하기 때문에 이에 대한 언급은 생략하고, 『전통 윤리』에서 언급한 전통 윤리의 부정적인 측면만 살펴보려고 한다. 이 교과서에 의하면 전통 윤리의 문제는 내용적인 측면이 아니라 주로 형식적인 측면에서 발견되며, 이는 변화된 사회에 적응하지 못하는 데에서 비롯된 것이다. 이러한 문제로 교과서는 다섯 가지를 제시하고 있다.

첫째, 정서적 유대감을 중시하는 인간관계로서 정情의 윤리는 능력이나 노력보다 혈연, 지연, 학연 등 연줄을 중시함으로써 합리적 결정을 저해하는 경우가 많으며, 우리 사회의 부패 고리와도 연결된다. 둘째, '우리 의식'이 가지는 문제점으로 이는 정의 윤리가 확대되어 나타난 결과이다. '우리 의식'은 긍정적인 측면이 있지만 '우리'라는 집단의식을 지나치게 강조하다 보면 그 집단의 결속은 강화되겠지만 다른 공동체에는 배타적이 될 수 있다. 셋째, 수직적 인간관계 중심의 유교 윤리에서 나타나는 문제점이다. 예컨대 효는 나쁘지는 않지만 실천 과정에서 조선 시대의 통치 이념으로 이용되어 가부장제 사회를 유지하는 데 정치적으로 이용되었다는 것이고, 또한 폐쇄적 가족주의를 형성하는 원인으로 작용하였다. 넷째, 대인 관계에서 합리적 계약보다는 체면과 눈치를 더 중시하기 때문에 합리성을 존중하는 현대 문화에 부정적 영향을 미칠 수 있다는 점이다. 다섯째, 남성 위주의 사회 구조와 윤리 문제이다(36~37쪽).

이 외에『전통 윤리』에서 지적하는 전통 윤리의 문제들을 살펴보면 다음과 같다.

'남아 선호' 의식으로 인한 성비의 불균형과 해외 입양(35쪽), 인간과 자연의 합일을 추구하는 무속의 본질이 왜곡되어 나타나는 개인적인 복과 물질적 이익 추구(43쪽), 인간의 내면만을 지나치게 중시하는 경향(66쪽), 인간의 욕망을 지나치게 억압한 금욕주의적 유교 문화(69쪽), 조상 섬김을 위한 묘지의 확대로 발생하는 녹지의 축소, 빈번한 제사와 관련한 사회적 비용의 문제와 남성 위주의 제사로 인한 남녀 불평등 문제, 족보와 종친회를 중시하는 데에서 나타나는 배타성의 문제(104~105쪽), 노동력을 중시할 수밖에 없었던 농경 사회의 특성과 일원적인 지배 질서를 구축해가는 과정에서 발생한 성차별 현상(112쪽; 119쪽), 전통적인 가족 제도가 지녔던 비민주성, 남성 우월주의와 여성 권익의 침해, 그리고 장자 우대로 요약되는 전통적인 형제자매의 문제점(133쪽) 등이다.

두 교과서는 모두 서구적 가치와 전통적 가치 간의 갈등 해소를 위해서는 전통 윤리 중 옳은 것은 계승·발전시키고, 부족하고 잘못된 점은 과감하게 탈피하고 개선하려는 노력을 해야 한다고 강조하였다. 그러나 교과서는 계승·발전시켜야 할 긍정적 요소에 대한 설명도 충실하게 한 것으로 보이지는 않는다. 단지 전통 윤리는 좋다고 강요할 뿐이다. 때문에 교과서에서 제시한 전통 윤리가 한국인들에게 필요한 덕목과 규범적 내용들을 현대적 의미에서 재해석하고 적용하려는 자세를 갖도록 하려는 목적을 달성하기는 어렵다는 지적도 있었다(이영경, 2005: 339쪽).

교과서는 전통 윤리의 긍정적 측면만을 부각시키려는 강박 관념을 가지고 있는 것으로 보인다. 실제로 『전통 윤리』의 연구진이었으며, 『전통 윤리: 교사용 지도서』 집필에 참여하였던 한 연구자는 전통적인 가치에 대한 긍정적 가치 지향성에 크게 비중을 둔 결과 전통 윤리는 좋은 것, 혹은 전통 윤리는 잃어서는 안 될 것이라는 강박이 교과서 전체 서술 방향으로 작용하고 있었다고 말하였다(장승희, 2005: 443쪽).

만약 교과서가 주장하는 대로 전통 윤리에 부정적 요소가 거의 없으며, 설사 부정적 요소가 있다 해도 그것은 내용이 아니라 형식적인 측면에서 발견되는 것이라고 한다면 다음 몇 가지 문제에 적절한 대답을 해야 한다.

첫째, 서구 문물을 수용하기 이전에 우리 사회에는 폐해가 없었는가? 어느 누구도 서구 문물을 수용하기 이전의 우리 사회가 폐해가 없었다고 주장할 수는 없을 것이다. 유교가 아무리 민본 또는 위민을 강조한다 하더라도 전근대 사회에서 위정자의 비리와 부패는 수없이 발견할 수 있다. 도덕 교과서에 여러 차례 언급된 정약용이 『목민심서牧民心書』를 저술한 근본적 목적은 지방 관리들의 부패와 행정의 문란상을 바로잡아 민생의 궁핍을 해결

공자와 유교 문화에 대한 비판을 제기해
큰 논쟁을 야기한 책_왼쪽
『공자가 죽어야 나라가 산다』를 반박하
고, 유교에서 미래 문명을 찾은 책_오른쪽

하기 위한 데에 있었다.

전통 윤리에 부정적 요소가 없다고 한다면 유교를 통치 이념
으로 삼았던 조선 사회에서 수없이 발견할 수 있는 위정자들의
부패와 비리는 어떻게 설명할 수 있을 것인가? 유교가 이상적으
로 강조하는 위민 정치 또는 민본주의는 결단코 민주주의가 아
니다. 위민 정치도 인민의 행복을 추구하지만 유교에서 인민은
주체가 아니라 객체이다. 따라서 위민에서 행복은 나에 의해 실
현될 수 있는 것이 아니라 위정자에게 의존해야만 가능하다(이동
희, 2003: 66~73쪽).

둘째, 전통 윤리에서 부정적 요소를 발견할 수 없다면 동서 교
섭이 본격화된 이후 한국을 비롯한 아시아 사회에서 수많은 지식
인들이 전통 사상을 비판하고 서구 사상을 적극적으로 수용한 이
유는 어떻게 설명할 것인가? 일제에 의한 강제 개항 이후 개화론
자들은 대부분 유교를 신랄하게 비판하였다. 예컨대 윤치호 같은
사람은 유교나 불교를 조선 민족의 진보와 생존의 방해물로 생각
했다. "유교는 무력하다. …… 유교에는 인간을 개선시키거나 진

보시킬 아무런 생명력이 없다. …… 우리의 몸을 아편이 망치듯이, 우리 동양의 정신을 망친 중국 고전이 차라리 한국에 알려지지 않았기를 하늘에 빌고 싶다!"(박노자, 2005: 257쪽에서 재인용)

한말 지식인 사회에 커다란 영향력을 갖고 있었던 『대한매일신보』는 윤치호와는 달리 표피적으로는 유교에 친근성을 보이고는 있었지만, 국수의 존립이 위협받고 국가의 독립을 거의 빼앗긴 험난한 상황에서 유교는 '전혀 부적절'한 것이라고 선언하기도 하였다. 즉 이 신문은 형이상학적 윤리 체계로서의 유교는 조건부 인정하되, 계몽·구국 과업을 수행하기에는 역부족이라고 판단한 국가 종교 내지 이데올로기로서의 유교는 거부하였다(같은 책, 375쪽).

유교를 신봉하였던 유학자들 가운데에도 유교의 개조가 필요하다고 인식했던 유교 개조론자들도 적지 않았다. 박은식의 경우 일제의 침략에 대한 대응책으로서의 척사 위정 노선의 한계를 절감하고, 그때까지 신봉하던 주자학의 폐단을 비판하면서 유교 구신의 길을 성리학이 아니라 양명학에서 찾았다(송영배, 1999: 48~50쪽).

셋째, 전통 윤리에서 부정적 요소를 찾기 어렵다고 한다면 현대 사회에서 대중, 특히 젊은 세대들이 현재 대부분 전통과 무관한 삶을 살아가는 것에 대해서는 무어라고 말할 것인가? 우리의 사회 제도, 법 제도, 교육 제도 등은 이미 전통과 현저한 차이가 있으며, 우리의 의식이나 행위 양식도 전통과는 상당히 거리가 있다. 출산율의 현저한 감소와 높은 이혼율, 1인 가구의 빠른 증가, 결혼하지 않는 싱글족의 급속한 증가, 남아 선호 사상의 급속한 쇠락 등은 우리 사회가 전통 윤리가 지배하는 사회가 아니라는 것을 보여주는 객관적 사실들이다.

3. 전통 윤리는 만병통치, 서양 윤리는 병?

『전통 윤리』에 의하면 현대 사회는 물질적으로 괄목할 만한 성장을 이룩하였으나 그 과정에서 인간의 가치와 사회적 이상은 심각한 타격을 받았다고 한다. 풍요로움과 편리함에 대한 인간의 욕망은 자연을 황폐화하고, 과학 지상주의의 범람으로 인하여 생명의 신비마저 조작하고 변형시키는 지경에까지 이르렀을 뿐만 아니라, 개개인의 삶에 의미를 부여하고, 공동체 및 사회관계를 질서 있게 해주던 도덕 정신이 붕괴하고 있다는 것이다(10쪽).

전통 윤리는 이러한 정신적·도덕적 위기 상황을 타개할 수 있는 사상적 원천이며, 이러한 이유 때문에 전통에 대한 재인식이 세계적으로 일어나고 있다고 한다. 세계 각국이 간직하고자 했던 전통적인 가치는 그들만의 독특한 문화이며 가치이지만, 이러한 특수성 속에는 공동체적 가치, 초월자에 대한 경외 등 인류가 보편적으로 추구해온 가치들이 공통적으로 들어 있다는 것이다 (17~21쪽).

『전통 윤리』는 표면적으로는 "전통 윤리와 서양 윤리 사이에서 어느 한쪽을 고집해야 할 것이 아니라, 현실적 적합성과 합리성을 찾아가는 열린 지성을 가지고 전통 윤리와 서양 윤리 사이에 활발한 교류를 촉진시켜야 한다."고 기술하고 있다(25쪽). 그

러나 내면적으로는 서양 윤리로는 현대 사회에서 나타나는 정신
적·도덕적 위기 현상을 극복할 수 없지만 전통으로는 가능하다
는 인식을 갖고 있다.

　이러한 인식은 『전통 윤리』의 1단원 '전통 윤리의 의의와 기본
정신'의 소단원인 '전통 윤리의 현대적 계승'에서 찾아볼 수 있
다. 이 소단원에서 교과서는 우리에게 이미 서양 문화가 내재화
되어 있기 때문에 우리 자신을 이해하기 위해서라도 서양을 확
실히 알아야 할 필요가 있다고 말한다. 그러나 곧이어 서양 문화 *
를 제대로 파악하는 것은 쉬운 일이 아니며, 더 나아가서 서양
문화에 포함되어 있는 윤리의 한계를 밝혀내는 일은 자칫하면
겉만 보는 것으로 끝날 수 있기 때문에 이를 염두에 두면서 서구
문명이 세계를 주도하면서 나타나는 문제점들을 지적하겠다고
하였다(58쪽).

　15쪽으로 이루어진 이 단원을 요약하기는 쉽지 않다. 비논리
적이어서 단락 간의 내용이 잘 연결되지 않기 때문이다. 이 단원
에는 서양 윤리에 대한 교과서의 인식이 잘 드러나 있다. 교과서
에서 첫 번째로 지적하는 서구 문화의 특징은 개인주의 문화이
다. 개인주의 문화는 개인을 지나치게 강조하여 개인의 소외 현
상이 발생할 수 있으며, 이기주의로 전락하여 사회적인 문제가
대두될 수 있다. 사회적으로 가장 문제가 되는 것은 가정 붕괴이
다. 개인주의적 사고 경향이 강한 사람들은 이혼을 선택하기 쉬
우며, 서양, 특히 미국에서 가장 문제가 되고 있는 마약 문제나
총기 남발 사고 등은 가정 위기와 결코 무관하지 않다. 개인주의
문화의 또 다른 폐해는 노부모 봉양이다. 고령화 사회에서 노년

을 어떻게 살아갈 것인가는 중요한 문제이지만 개인주의 문화로는 해결하기 쉽지 않다.[2]

서구 문화의 두 번째 특징은 외부 지향적인 성격이다. 서양 문화는 음양에서 양陽적인 것만 강조했을 뿐만 아니라 이 두 요소를 서로 대립적인 관계로 보았다. 예컨대 우주를 이루는 두 요소인 인간과 자연의 관계를 대립적 관계로 보았기 때문에 자연을 인간의 정복 대상으로 간주하였다. 현재 나타나고 있는 생태학적 위기는 정복 지향적인 자연관으로부터 비롯된 것이다.

이에 비해 집단주의에 바탕을 둔 우리의 문화, 특히 '공동체를 위한 개인의 헌신'과 같은 가치는 우리 사회가 비약적인 성장을 이루는 바탕이다. 또한 외부 지향적인 서구 문화와는 달리 내면을 중시하는 전통 윤리는 외물에 매달리고 있는 겉치레 마음에서 벗어날 수 있는 근거이다.

개인의 자율성을 억압하는 측면에서 비판되어왔던 유교의 가족주의적 공동체 의식은 개인의 고립감과 개인 간의 긴장을 해소하고 공동체의 유대감을 강화해주는 원리이다. 아울러 지식과 교육의 중요성을 강조한 유교 문화는 자본주의 사회와 산업화를 실현하는 장애 요인이 아니라 원동력이다.

물질적 욕망을 자제하고 도덕적 가치를 중시하는 유교 문화는 우리 시대에 발생하는 다양한 사회 문제나 현대 문명의 폐단을

---

2. 『윤리와 사상』은 개인주의가 모든 사람들이 각자 나름대로의 품성을 갖고 있다는 것과 개인적 권리의 불가침성을 인정하기 때문에 근대 서구의 평등사상이 가능하였다고 그 가치를 인정하였다. 그러나 곧이어 오늘날 개인주의는 물질문명 속에서 인간을 소아小我로 만들면서 위기를 맞게 되었으며, 자기를 상실한 현대인이 그 본래의 모습을 회복하기 위해서는 소아의 굴레에서 벗어나 대아를 지향하는 동양의 공동체성을 확립하는 것이 필요하다고 기술하였다는 점에서 『전통 윤리』와 큰 차이는 없다(223쪽).

극복하는 지혜이며, 인간과 자연의 조화를 이상으로 삼는 자연관
은 생태계의 위기를 극복할 수 있는 사상적 원천이라는 것이다
(58~72쪽).

　이와 같이 교과서는 서양 문화 또는 서양 윤리의 단점을 제시
할 뿐 장점을 거의 인정하지 않는다. 이는 교과서의 말과는 달
리 서구 문화의 겉만 본 것이다. 아니 겉도 제대로 보지 못한 것
이다. 교과서는 개인주의 문화가 문제만 있는 것은 아니라고 하
였지만 장점은 언급하고 있지 않으며, 또한 물질적 풍요는 인정
하지만 우리 미래가 밝아지고 후손들에게 잘 보존된 지구를 물
려주기 위해서는 서구적 세계관을 대폭 수정해야 한다고 주장할
뿐이다.

　매우 편향적인 서양에 대한 부정적 인식은 『윤리와 사상』의 다
음과 같은 기술에 특히 잘 드러난다.

　　근대 경험론자인 베이컨Bacon, F.은 '지식은 힘이다.'라는 선언을 통
　　해 인간 삶의 풍요로움을 위해 자연을 정복할 수 있는 도구로서
　　의 지식을 강조하였다. 또, 근대 합리론자인 데카르트Descartes, R.는
　　'생각하는 나만이 확실하다.'고 선언하였다. 이로써 인간이 자연을
　　일방적으로 이용할 수 있다는 생각이 만연되어 서구의 자연관은
　　인간과 자연의 관계를 왜곡시키기 시작하였다(125쪽).

　『전통 윤리』는 이를 부연하여 서양의 근대적 사유 구조로 인해
현대 사회의 수많은 문제가 야기되었다고 기술하였다.

서양의 근대적 사유 구조에서는 인간-자연의 이분법과 함께, 남성-여성, 이성-감성, 정신-육체, 문명-야만, 진보-미개 등의 이분법이 생겨나게 되었고, 근대인들은 이러한 이분법의 구성 요소들 중에서 철저하게 전자에 우위를 부여하였다. 근대적 사유 구조의 특징인 인간-자연의 이분법적 사유 방식에는 남성-여성의 우열 관계를 반영하는 성차별적 시각이 담겨 있는 것은 물론이고, 자연을 남획하고 지배하려는 인간 중심주의적 시각이 담겨 있었다. 근대 서구의 이분법적 사유 방식은 지속적으로 다른 영역에까지 확장되어 사실과 가치의 분리, 경제와 윤리의 분리, 과학과 도덕의 분리 등으로 이어지게 되었다. 근대 서구에서 진행된 이러한 분리는 사회 제반 영역의 끝없는 분화로 이어지면서, 결국은 수많은 문제점과 한계를 드러내게 되었다(254쪽).

이러한 기술에 따르면 현대 사회가 처해 있는 정신적 · 도덕적 위기 상황이나 생태학적인 위기는 모두 서구 문화 또는 윤리에 근원을 두고 있으며, 이를 해결하는 길은 전통 윤리에 있다는 것이다. 이러한 교과서의 인식에 대해 환경 문제의 복잡성을 지나치게 단순화, 환경 문제의 원인이 동양이 아닌 서양에 있다는 의식적인 이분법, 환경 문제를 극복하기 위한 서양의 노력을 무시하거나 배제하는 옥시덴탈리즘적 사유의 문제 등이 있다는 비판이 있었다(문종길, 2006).

한마디로 말해 교과서에 의하면 서구 사상 또는 윤리는 병이며, 전통 윤리는 만병통치약이다. 이러한 시각은 제6차 교육과정에서도 있었다. 제6차 교육과정의 『고등학교 윤리』를 분석한 한 연구에 따르면 윤리 교과서는 전통 윤리를 선, 서구 윤리를 악으로 간주하는 이분법의 논리에 입각해 있으며, 전통 윤리의 계승 실패에서 오늘날 도덕 문제의 원인을 찾고, 전통 윤리의 복구를 통해 도덕 문제를 해결하려는 소명 의식을 지나치게 강조하였다고 비판하였다(이영경, 1999: 313~314쪽).

객관적으로 공정하게 생각해보아도 서구 윤리는 병이며, 전통 윤리는 만병통치약이라는 주장은 지나치게 과장된 것이다. 이러한 인식은 유교를 전공하는 철학자가 서구 중심적 '보편'을 '보편적'이라고 인식하는 한국 학계의 병폐를 지적하면서 한탄한 것과 전혀 다르다.

> 근대화의 과정에서 '보편'은 항상 서구에 있었고, 우리의 전통·역사·문화는 시급히 척결되어야 하는 미개의 것으로 여겨졌다. 이에 따라, 서구적 시각의 내재화, 자기 비하의 현실 인식, 자신의 문화와 전통에 대한 혐오, 친미적 사대주의와 같은 종속적 사고의 패턴은 자연스럽게 지식인들에게 전염되었다(이승환, 2003: 45쪽).

그에 따르면 현대 한국 학계에서 보편은 서구이며, 우리의 전통·역사·문화는 척결되어야 할 미개의 것이라고 인식되고 있다는 것인데, 도덕 교과서는 이와 반대로 서구는 타개되어야 할 근대이며, 전통이 밝은 미래를 약속한다고 보고 있다. 이 철학자는 근대성에 수반된 수많은 문제들을 해결하기 위해 근대성을 성취하는 동시에 극복해야 할 이중의 과제를 떠안고 있다고 하면서 "우리는 아직 성취되지 못한 근대성의 완성을 위해서 근대 서구의 성취를 적극 참고해야 하겠지만, 근대성의 극복이라는 또 하나의 과제를 위해서 '근대가 아닌 시기'의 경험과 전통에도 겸허하게 귀를 기울일 필요가 있다."고 하였다(같은 글, 57쪽).

이 철학자가 말한 대로 근대성의 완성을 위해서는 근대 서구의 성취를 적극적으로 참고하고, 전통에도 겸허하게 귀를 기울여야 한다. 적어도 이러한 자세를 가져야 동양 또는 한국 사상과 서양 사상이 대화할 수 있을 것이다.

우리 사회에서 전통이 약화된 가장 큰 원인은 사회 경제적 기반의 변화에 있었다. 유교적인 전통은 자연 경제에 기반을 두고 있기 때문에 공동체적 유대를 강조하고 있으며, 사회적 차별을 자연에 의한 객관적 법칙에 의해 부여된 것으로 간주하고 있었다. 생산력의 변혁이 없는 전통 사회에서는 개인은 숙명적으로 그 사회에서 부여한 지위와 역할에 복종할 수밖에 없었으며, 이러한 정체 사회를 유기적으로 묶고 있는 '질서'와 '도덕'이 절대적인 권위와 영향력을 행사할 수 있었던 것이다(송영배, 1990: 121~122쪽).

자본주의 경제 체제에서는 자연 경제와는 달리 시장의 무한한 확대를 추구하며, 이에 따라 공동체보다는 시장에서의 자유로운 경쟁과 계약을 중시하고 있다. 정치의 측면에서도 신분적 예속에서 해방되어 평등한 권리를 강조하는 민주주의로 바뀌었다. 이와 같이 사회의 경제적 기반이 근본적으로 변화하면서 전통 사회에서 절대적 영향력을 갖고 있던 질서와 도덕은 힘을 상실할 수밖에 없었고, 사람들의 사고와 행동 양식도 근본적으로 변화하게 된 것이다.

물론 사회 구조가 근본적으로 변화했다고 해서 전통이 불필요한 것은 아니다. 한 민족으로서 정체성을 확립하기 위해 전통은 중요한 의미를 갖고 있다. 또한 많은 현대 동양 철학자들과 도덕 교과서가 주장하는 바와 같이 근대성의 위기를 타개하기 위해 동양 또는 한국 사상이 의미를 가질 수도 있다. 그러나 교과서가 주장하는 바와 같이 서양은 근대 위기의 원인이며, 전통은 이를 치료할 수 있는 만병통치라는 인식은 적절하지 않다.

　　근대성의 위기는 서구에서 근대 이후 발생한 문제들을 보는 과정에서 자신들의 문제를 인식한 것이며, 이를 극복하기 위해 서구인들은 그들 나름대로 문제 해결 방안을 강구하고 있다.

　　단적으로 말해 동양이 먼저 근대성의 위기를 발견하고 대안을 제시한 것이 아니다. 서구인들이 근대성의 위기를 극복하기 위해 여러 가지 대안을 모색하는 가운데 동양 철학을 참조하는 사람들도 있었던 것이며, 또 서구인들이 동양 사상과 특별한 관계없이 제시한 대안 중에서 동양 철학과 비슷한 내용이 발견되기도 했던 것이다. 즉 교과서에서 거론된 아시아적 가치, 유교 자본주의, 근대성의 질병에 대한 동양적 대안론, 서구의 개인주의 한계 극복을 위한 동양적 공동체주의 등은 우리 스스로의 주체적 반성에 의한 것이라기보다는 서구의 연구 성과에서 비롯된 경우가 많았다(서유석, 2009: 140쪽).

　　또한 전통 윤리가 현대의 정신적·도덕적 위기를 극복할 수 있는 사상적 요소를 갖고 있다고 하더라도 그것만을 강조하는 것은 큰 의미가 없다는 것을 지적하고 싶다. 현대의 정신적·도덕적 위기는 자본주의 경제 체제와 밀접한 관계가 있기 때문이다.

『윤리와 사상』도 이 점을 지적하고 있다. 예컨대 자본주의는 빈부 격차 심화 등의 문제를 갖고 있으며(174쪽), 1980년을 전후로 대두된 신자유주의에 긍정적 요소가 없지는 않지만 경제의 불안정, 불황과 실업, 빈부 격차의 확대, 환경 파괴, 선진국과 후진국 간의 갈등 등과 같은 심각한 부작용을 초래할 수 있다고 보고 있다(156쪽). 아울러 무한 경쟁이 전개되는 세계화 시대에 편승하지 못한 사회·경제적 약자들, 즉 환경 변화에 실패한 중소기업이나 농어민, 저숙련 노동자 등의 삶은 더욱 어려워질 것이며(161쪽), 부국과 빈국의 관계도 더욱 악화될 것으로 보고 있다(252쪽).

『윤리와 사상』은 이에 대한 대안으로 '자유주의적 공동체주의' 내지 '복지 자본주의'를 제시하고 있지만(176쪽), 서구의 선진 복지 국가들도 사회 복지 프로그램을 줄이고, 시장 경제 원리에 따른 사회 체제로 전환하는 추세에 있다고 기술하였다(『전통 윤리』, 229쪽).

무한 경쟁으로 인해 사회적 약자들의 삶이 악화되고 있음에도 불구하고 교과서는 우리나라가 헌법 제10조에서 행복 추구권을 규정하고 있으며, 제34조에서 복지주의를 추구하고 있다고 하거나(『윤리와 사상』, 196쪽), 대동 사회를 교훈 삼아 부의 편중을 해소하고, 공정한 거래 질서를 보장하는 경제 민주화를 실현해야 한다는 공허한 논의를 하고 있다(『전통 윤리』, 231~232쪽).

자본주의가 갖고 있는 문제를 직시하지 않고, 그 원인을 규명하지 않는 상태에서 전통 윤리로 현대 사회의 모든 문제를 해결할 수 있다는 인식은 매우 공허할 뿐이다. 예컨대 우리 사회는

OECD 가입국 중 복지 수준이 최저일 정도로 복지가 취약하다. 복지가 취약한 원인을 살피지 않고 우리가 복지주의를 추구하고 있다는 말을 해서는 안 된다. 유교는 사회 문제의 해결을 위해 인간 특히 지식인들의 윤리적 자각을 강조하지만 객관적인 사회 제도를 제대로 고찰하지 못하는 근본적인 문제점이 있는데(송영배, 1990: 124쪽), 이러한 유교의 문제점이 교과서에 그대로 나타나고 있다.

이러한 교과서의 기술은 정치·경제적 강자들의 입장에 서 있기 때문인 것으로 보인다. 일례로『전통 윤리』는 우리 기업의 노사 관계에서 매우 극단적인 대립과 투쟁의 모습이 자주 나타나고 있다고 하면서 기업도 하나의 공동체라는 인식이 필요하다고 한다. 노사 관계를 피지배와 지배의 관계 또는 대립과 갈등의 관계가 아니라 기업이라는 공동체 안에서의 공생 관계로 본다면, 우리 조상들이 보여준 협동과 유대의 모습은 얼마든지 실현 가능할 것이라는 것이다(247쪽). 예컨대 기업체에서 직원 공동체의 결속을 강조하여 '한 가족'이라 하거나 회사 이름을 붙여 '○○가족'이라고 일컫는 가족적 유대 의식은 계약 관계로 맺어진 현대 사회에서 집단의 내부적 긴장을 완화시켜주고, 상호 신뢰와 의존을 통한 결합을 강화시킬 수 있다는 것이다(16쪽).

그러나 기업이 원하면 종업원의 귀책사유 없이도 해고할 수 있는 정리 해고제가 시행되고 있으며, 비정규직이 급증하고 있는 등 고용의 불안정성이 커진 현실에서 기업을 가족 공동체라고 생각하기는 어려울 것이다.

또한 복지 제도가 취약한 상태에서 심화되고 있는 양극화 현상의 대안에 대해서는 외면한 채 교과서가 끊임없이 국가에 대한 충성, 멸사봉공, 공동체 의식 등을 강조하는 것은 정치적·경제적 강자의 이익만을 대변한다는 비판을 받을 여지가 크다. 교과서에서 전통 문화와 전통 윤리를 국가 이미지 제고 및 경쟁력 확보의 필수적인 요소로 보는 것도 이러한 입장에서 나온 것으로 보인다(『전통 윤리』, 39쪽).

4. 오리엔탈리즘 또는 옥시덴탈리즘의 문제

서양을 병, 전통을 만병통치약으로 인식하는 교과서의 인식은 옥시덴탈리즘적 경향을 보여주고 있다. 옥시덴탈리즘 Occidentalism은 서양은 비인간적이고 천박하며 물질적이지만, 동양은 인간적이며 고상하고 정신적이라는 식의 이분법적인 사고이다. 이는 서양에 대한 적대적인 태도를 낳으며, 동양의 전통에 대한 지나친 강조와 예찬으로 나타난다. 교과서는 현대 사회의 문제들에 대한 책임을 서양 문화와 사상에 떠넘기고, 전통적인 동양의 문화와 사상으로 거의 모든 문제를 해결할 수 있다고 강조한다.

그러나 『전통 윤리』는 서양의 병폐와 폐단을 수없이 지적하면서도 전통의 중요성을 서양을 끌어들여 정당화하는 경우가 많다. 선진 복지 사회에서 노인 문제는 복지 정책 즉 합리적 체제와 제도를 통해 미래의 안정된 삶을 보장하지만 그럼에도 불구하고 서구인들은 효의 가치를 높이 평가한다는 기술이나(33쪽), 서구 사회가 자유 민주주의에 대한 반성과 그 대안을 모색하는 과정에서, 유교에 내포된 민본주의에 대해 많은 관심을 기울이고 있다는 기술 등이 그것이다(208쪽).

근대성의 위기와 관련하여 특히 전통 윤리의 가치를 높이 평가하는 것은 환경 문제이다. 교과서에서는 서양의 지식인들이 동양 사상에서 환경 오염의 탈출구를 찾으려고 시도하고 있다고 기술하고 있다(49~50쪽). 그 예로서 캐프라Capra를 제시하였다. 캐프라는 서구적 자연관에 내포된 한계를 지적하고, 유·불·도로 대표되는 동양적 세계관을 통해 문명사적 위기에서 벗어날 수 있는 생태학적인 사상을 발견했다는 것이다. 캐프라와 같이 서양 학자들이 동양 사상에 눈을 돌리는 이유는 서구적 근대성의 한계를 극복하고 좀 더 환경 친화적이고 인간과 자연이 이룰 수 있는 사유 체계를 모색하기 위해서라는 것이다(256쪽).

또한 가이아 이론을 빌려 인간을 포함한 자연 전체를 하나의 살아 있는 생명체로 보려는 동양적 자연관이 현대 과학의 발전과 더불어 그 진리성이 날로 입증되고 있다고 한다. 가이아 이론이란 생물, 대기권, 대양, 토양 등까지를 포함하여 지구 전체를 하나의 살아 있는 유기체로 보려는 입장이다(258쪽).

그러나 서양에서 발전해온 과학 이론으로 동양적 세계관을 정당화하려는 인식은 서양의 과학과 형이상학의 역사를 무시하는 것이다. 베르그송Bergson에 의하면 서양에서 과학과 형이상학은 대립적이면서도 상보적이라는 이중적 관계를 갖고 있으며, 과학과 형이상학을 가르는 경계선은 계속 이동한다고 한다. 과학과 형이상학은 합치될 수는 없지만 형이상학은 과학사를 따라가면서 과학의 한계점을 적시하며, 과학은 이러한 한계를 받아들여 형이상학에 점점 더 가까이 다가가는 것이다. 즉 과학과 형이상학은 정태적으로 머물러 있는 것이 아니라 자신들의 한계를 극복하면서 계속 새롭게 발전하는 것이다(이정우, 2008: 252쪽; 306쪽). 이러한 역사를 무시한 채 현대 물리학에서 동양적 자연관과 비슷한 점을 들어 그것을 등치하려고 하는 것은 서양 과학의 역사에 대한 몰이해에서 나온 것이다.

서양을 신랄하게 비판함에도 불구하고 동양적 우월성의 근거를 서양에서 찾는 교과서의 모순은 오리엔탈리즘orientalism으로 설명할 수 있다. 오리엔탈리즘은 서양인들이 서양 이외 지역에 대한 서양의 문화적 우월성을 과시함과 동시에 그 지역에 대한 지배력 행사를 정당화하기 위해 만든 것이다. 간단히 말하자면 오리엔탈리즘은 동양을 지배하고 재구성하며 위압하기 위한 서양의 스타일이다(Said, 2003: 18쪽). 오리엔탈리즘은 서양과 동양을 이분법적으로 구분하여 서양의 우월성을 강조하고 동양을 열등하게 보도록 만든다. 따라서 오리엔탈리즘에 빠지면 서양의 우월성을 인정할 수밖에 없다.

교과서가 전통을 대하는 자세조차 동양이 서양에 비해 열등하다고 기술하는 것도 여기에서 비롯된 것이다. 교과서는 근대성의 위기를 극복할 수 있는 사상이 전통 속에 있지만 동양인들은 서양인들의 물질 중심의 문화를 있는 그대로 받아들여 자신들의 정신적 전통을 많이 상실한 반면, 오히려 서양인들은 자신들이 부족한 정신적인 요소를 동양에서 많이 받아들여 그들의 전통을 매우 풍부하게 만들었다고 기술하고 있다(『전통 윤리』, 67쪽). 이런 점에서 동양을 지나치게 예찬하고 강조하는 옥시덴탈리즘은 오리엔탈리즘을 뒤집어놓은 것에 불과하며, 동양과 서양을 구별하고 대립시킨다는 점에서 동일한 특징을 지닌다.

도덕 교과서가 전통 윤리의 중핵에 놓고 기술하고 있는 유교도 오리엔탈리즘과 무관하지는 않다. 유교는 중화주의를 이론적으로 뒷받침하고 있다. 중화주의의 핵심은 '화華'인 중국의 '이夷'에 대한 절대적 우월성 및 그 지배의 정당성을 용인하는 관념이다. 당연하게도 화의 인적人的 실체는 화를 중심으로 확대 발전한 한족이며, 이는 역대 만이융적蠻夷戎狄으로 불리는 주변의 모든 비한족 집단이다(이성규, 1992: 32쪽). 한족 중심주의라 할 수 있는 중화주의는 전근대 시기 한족의 자기주장의 논리에 그치고 있지 않고 보편적인 세계 질서의 원리로 작용하였다.

우리 역사에서는 중화주의에 매몰된 사례들을 무수하게 발견할 수 있다. 특히 선진 유교보다 훨씬 강한 한족 중심주의적 성향이 있는 주자학을 정치 이념으로 채택했던 조선에서 중화주의적 사유는 더욱 심화하였다. 조선의 주자학자들은 명이 멸망한 이후 청을 인정할 수 없었으며, 명의 원수를 갚아야 한다고 생각하기도 하였다. 청은 한족이 아닌 만주족이 세웠기 때문이다. 명이 멸망한 후 조선이 중화 문화를 계승한다는 소중화 의식이 확산되었다. 조선에서 『송사宋史』와 『명사明史』를 다시 편찬한 것은 중화주의적 사유의 절정을 보여주는 좋은 사례이다. 주자학자들은 이적 국가인 원이 편찬한 『송사』와 청이 편찬한 『명사』는 사실의 기록과 정통의 파악에 오류가 있기 때문에 송과 명의 역사를 바로잡는 것을 중화를 계승한 자신들의 권리이자 의무라고 생각하였다(김문식, 3004: 130쪽).

전근대 시기 중화는 세계 문명이며 보편 문명이었다. 중화주의에 의하면 변방은 유교 문화를 수용할 수는 있어도 중심이 될 수는 없다. 서양이 만든 오리엔탈리즘이 그렇듯이 중화주의도 중국 외에 별개의 독자적 문명권을 인정하지 않았다. 조선의 대표적 주자학자라고 평가받고 있는 이황은 주희를 전거로 했지만 주희의 관점에서 상당히 벗어난 이기론을 갖고 있었다. 그럼에도 불구하고 이황은 자신의 주장을 주희의 논거를 통해 입증하려고 하였다(김영식, 1994: 73~75쪽).

거의 모든 조선의 주자학자들에게 주희는 학문적 권위와 정통의 근거였다. 주희는 이단 사상인 '노불老佛' 제거를 사명으로 생각하였지만 자신과 차별성을 갖고 있는 다른 유교 이론까지도 신랄하게 비판하였다(이용주, 2003: 116~117쪽). 만약 주희라는 학문적 권위와 정통을 인정하지 않았더라면 이황은 독자적인 사유 체계를 더욱 확장해나갈 수 있었을 것이다. 이런 점에서 보면 조선의 지식인들은 대부분 일종의 오리엔탈리즘에 매몰되어 있었다고 할 수 있을 것이다.

최근 중국 사회 전역에 유교 열풍이 불고 있다. 중국에서는 1989년에 발생한 '6·4 천안문 사태'의 사상적 배경을 부르주아 자유주의 이념으로 지목하고, 이러한 사조에 대응하면서 중국의 정체성을 지속적으로 유지할 수 있는 새로운 사상 조류를 필요로 하였다(이철승, 2006: 132쪽). 중국 정부는 인권보다는 국권이 더 중요하다는 점을 역설하며, 전통 사상에 대한 연구를 강화하는 방향으로 나아갔으며, 유교 열풍은 그 결과 중 하나이다. 중국의 유교 열풍은 중국 정부가 적극적으로 지원하고 있다는 특징이 있다. 그것은 중국 정부가 초·중·고 학생들에게 유교의 중요성을 강조하면서 경전 교육에 심혈을 기울이고 있는 데에서도 나타난다.

이와 같이 중국 정부가 유교를 지원하는 것은 아시아적 가치로 포장된 유교의 가족주의에 근거하여 국가적 차원에서 인민을 대단결하고, 대단결이 토대가 될 때 근대화로의 이행이 용이하다는 판단에 근거하고 있다(조경란, 2003: 223쪽). 아울러 유교 강조는 현대 사회의 현안들에 대한 대안으로 유교를 제시함으로써 중화 민족의 긍지와 자존심을 세계에 과시하고, 동아시아 공동체 의식에 관한 담론의 주도권을 확보하여 동아시아의 대표성을 확립함과 아울러 새롭게 전개되는 세계 질서 구축의 대열에 능동적으로 참여하고자 하는 의도를 갖고 있는 것이다(이철승, 2006: 139쪽).

21세기에 접어들어서도 중국에서는 유교 윤리를 토대로 하는 동아시아 공동체 의식에 대한 논의가 활발하게 전개되고 있다. 이런 점 때문에 유학열로 대표되는 중국학 열풍은 전통적인 중화주의를 재현하고 있다는 점에서 '신중화주의'라고 이해되기도 한다. 중국이 유교를 수단으로 이용하여 세계 중심 국가가 되려고 할 때 과연 중국 사회 내부적으로는 차별을 지양하고, 외부적으로는 서구의 일원적 자유주의가 갖는 폭력성과 확장성을 비판하고 다른 대안을 제시할 수 있는 담론이 될 수 있을까? 현재 중국에서 자유와 독립이라는 진보적 가치는 상실한 지 오래되었으며, 보수 세력이 주도권을 갖게 되면서 시간이 갈수록 전통을 강조하고, 국익을 강조하고, 사명감을 강조하는 형태를 띠게 되었다는 점에서 이러한 의문은 더욱 커질 수밖에 없다(조경란, 2009: 226쪽).

중국의 유교 열풍은 '세계 속의 중국'이 아닌 '중국 속의 세계'라는 인식을 강화하는 쪽으로 흐를 가능성이 크며, 그것은 은밀한 방식으로 중국의 제국주의화를 부추기게 될 소지를 갖고 있는 것이다(조경란, 2010: 457쪽 참고).

이와 같이 중국에서 불고 있는 유교 열풍의 배경에 정치적 의도가 깔려 있다는 것을 고려할 때 우리의 유교 연구도 변화가 있어야 한다고 생각한다. 즉 우리의 유교 연구는 인륜과 주자학의 이기론을 중심으로 하고 있어 우리가 살고 있는 현재와 동떨어진 경우가 적지 않았다. 또한 실현 가능성도 없이 교과서와 같이 유교로 현대 사회의 거의 모든 병을 치료할 수 있다고 주장하는 것은 유교와 유교의 한계가 가지고 있었던 모순과 한계를 은폐하는 것이며, 또 급변하고 있는 세계의 변화를 제대로 바라볼 수 없게 만드는 원인으로도 작용할 수 있다. 유교가 가질 수 있는 의미를 세계사적 시각에서 진지하게 고민하고 성찰해야만 할 시점이다.

5. 맺음말

지금까지 고등학교 도덕 교과서에 나타난 전통 윤리의 문제점을 검토하였다. 전통 윤리 내용의 문제점을 지적하는 여러 연구들이 있었지만 이 연구에서는 더욱 근본적인 문제를 짚어보려고 하였다. 이 연구에서는 전통 윤리의 문제를 크게 네 가지로 제시하였다. 첫째, 전통 윤리 개념의 문제, 둘째, 전통에 대한 반성 결여, 셋째, 전통 윤리는 만병통치약이며 서양을 병으로 보는 인식, 넷째, 오리엔탈리즘의 문제였다. 이러한 문제들은 근본적으로는 전통 윤리에 대한 개념 정의로부터 비롯된 것이다.

도덕 교과서가 말하는 대로 전통이 민족의 주체성을 형성하는 중요한 의미를 갖고 있다는 것을 부인할 사람은 없다. 그러나 도덕 교과서와 같이 전통 윤리의 내용을 대부분 유교로 구성하고, 현재에 대한 정확한 진단과 성찰 없이 막연하게 현대의 문제를 전통 윤리로 해결할 수 있다고 주장한다면 그러한 전통 윤리는 우리 청소년들이 배워야 할 만큼 의미가 있다고 하기는 어려울 것이다. 따라서 문제가 되는 것은 교과서에 담아야 할 전통 윤리의 내용이지만 어떠한 내용을 담아야 하는지에 대해 명확한 답을 하기는 매우 어렵다. 하지만 우리의 현재적인 삶과 연결성을 갖고 의미를 지닐 수 있는 전통을 담아야 한다는 것만은 분명하다.

우리에게 중요한 것은 과거가 아니라 현재이며 미래이기 때문이다. 현재가 끊임없이 과거로 흘러들어 과거를 풍부하게 하고 있다는 것을 생각한다면 오히려 전통을 풍부하게 만드는 것은 현재이며, 미래이다. 전통의 의미를 살리기 위해서는 이런 점에서 오히려 현실의 문제에 보다 냉철하게 접근해야 한다.

우리 사회가 안고 있는 문제는 매우 복합적이다. 우리가 극복하여야 할 과제는 한편으로는 서양으로부터, 다른 한편으로는 우리 사회가 안고 있었던 전통의 문제로부터 기인하는 것이다. 탈근대의 근본 물음은 서양의 외부에 대한 물음이지만 탈근대는 그 외부를 서양 자체의 내부에서 찾으려고 하고 있다는 점에서 우리는 서양을 철저하게 공부해야 한다(김상환, 2005: 39쪽). 또한 우리의 전통에서 비롯되는 문제를 해결하고, 중국에서 불고 있는 유교 열풍이 갖는 현실적 의미에 대해 생각하기 위해서는 유교를 비롯한 전통도 열심히 탐구해야 한다.

우리가 서양과 동양을 공부할 때 가장 중요한 것은 우리의 주체성이다. 우리는 전근대에는 중국을, 근대 이후에는 서양을 보편으로 생각하며 살아왔다. 이러한 자세는 선진 문명을 효과적으로 수용하는 데에는 효과적이지만 이들 문명을 보편으로만 내면화할 때에는 자기 정체성을 상실하게 되는 결과를 초래한다. 주체성 없이 선진 문명에 매몰되면 그 문명의 한계를 비판적으로 극복하여 주체적인 세계관과 성찰에 입각한 발전을 모색할 수 있는 잠재력을 박탈당할 수 있는 것이다(강정인·안외순, 2000: 121쪽).

새로운 교육과정에 따라 '전통 윤리' 교과목은 폐지되지만 전통 윤리는 '윤리와 사상'이라는 교과목에서 여전히 중요한 비중을 차지할 것이며, 다른 교과목들에서도 다루어질 것이다. 새로운 교과서에서는 여기에서 지적했던 여러 가지 문제들이 해결되어 우리 청소년들의 삶에 중요한 의미를 가질 수 있는 전통 윤리를 배울 수 있기를 바라는 마음 간절하다.

제3장

사상 또는 내용 없는 서양 윤리

현재 중등학교에서는 2010년부터 '2007 개정 교육과정'에 따른 도덕 교과서가 사용되고 있다. 2013년부터는 학교 급별, 학년별로 점차적으로 '2009 개정 교육과정'이 적용될 예정이다. 현 정부에서 두 차례 시행된 교육과정 개정, 특히 '2009 개정 교육과정'은 철저한 연구와 준비 없이 성급하게 시행된 것으로 보인다.

여하튼 교육과학기술부가 2007 개정 교육과정에 의거하여 간행한 『중학교 교육과정 해설II-국어, 도덕, 사회』를 보면 도덕과 교육과정을 개정하면서 기존 도덕과 교육을 환골탈태하여 새로운 모습으로 다시 태어나기를 바라는 주장이 많았다고 한다. 도덕 교과가 새 모습을 가져야 한다는 것은 도덕 교과의 성립이 권위주의 정권과 연결되어 있으며, 교과 내용에서도 정치 사회화나 이념적인 부분이 많은 비중을 차지함으로써 사회적 적합성이 떨어진다는 문제 제기와 맞물려 있는 것이었다(교육과학기술부, 2008: 158~159쪽).

교육과정은 학문의 발전과 국가·사회적 요구의 변화 등에 따라 얼마든지 변화될 수 있다. 개정 교육과정이 시행되고 새로운 교과서가 집필되면 예전 교과서보다 좋을 것이라고 대부분 생각하지만 실제로는 그렇지 않을 수도 있다. 3장의 주제인 '서양 윤리 사상'은 제6차에서 제7차 교육과정으로 바뀌면서 양적·질적으로 오히려 나빠졌다.

여기에서 말하는 서양 윤리 사상은 제6차 교육과정에 의해 집필된 『고등학교 윤리』의 4단원 '윤리 사상의 흐름과 특징'의 소단원인 '서양의 윤리 사상'에서 다룬 내용을 말하는 것이다. 이 단원의 내용은 제7차 교육과정에서는 『윤리와 사상』 2단원 '윤리의 흐름과 특징'의 소단원인 '서양 윤리'에서 다루어지고 있다. 이 단원들에서는 고대로부터 현대에 이르기까지 주요한 서양 윤리 사상들을 윤리 사상가들을 중심으로 살펴보고 있다. 서양 윤리 사상은 교과 전체로 보면 분량은 많지 않지만 대입 수학 능력 시험과 교원 임용 고시에서는 매우 큰 비중을 차지하고 있다.

이 두 소단원을 비교해보면 서양 윤리 사상은 제7차 교육과정으로 개정되면서 제6차 교육과정과 대비해 교과 내용이 30% 정도 감축되었다(윤현진 외, 2004: 1쪽). 필요에 따라 양이 줄어들 수는 있지만 질적인 면에서도 후퇴했다. 질적으로 나빠졌다고 할 수 있는 이유는 두 가지로 지적할 수 있다.

첫째, 『고등학교 윤리』에는 특정한 윤리 사상이 나타난 사회적 배경이 간략하게나마 설명된 반면 『윤리와 사상』에는 그러한 기술이 대부분 배제되었다. 윤리 사상이 출현한 사회적 배경은 그 사상을 이해하는 중요한 요소이다. 둘째, 제6차 교육과정에는 서양 윤리 사상을 서술하는 관점이 인간 본성에 대한 인식의 차이라고 분명하게 제시되어 있는 반면 제7차 교육과정은 같은 관점을 갖고 있지만 내용을 서술할 때 그 관점을 분명하게 드러내지 않았다. 관점은 전체 내용을 서술하는 틀인 만큼 그것을 분명하게 드러낸 것과 그렇지 않은 것은 상당한 차이가 있다.

3장에서는 첫째, 제7차 교육과정에 의거하여 집필된 『윤리와 사상』의 '서양 윤리' 단원을 분석하여 그 문제점을 제시하고, 둘째, 2009 개정 교육과정이 제시하고 있는 '서양 윤리 사상'의 내용 체계와 주제에서 발견할 수 있는 문제점을 검토하며, 셋째, 검토한 내용을 바탕으로 보다 나은 서양 윤리 사상 기술을 위한 몇 가지 제언을 하려고 한다.

1. 서양 윤리 사상의 내용 분석

제6차 교육과정에서 서양 윤리는 국판으로 간행된 『고등학교 윤리』에서 차례와 찾아보기 등을 제외할 때 302쪽 가운데 26쪽의 비중을 차지하고 있었다. 제7차 교육과정에서 교과서는 4×6 배판으로 바뀌었으며, 서양 윤리가 차지하는 비중이 크게 줄어들었다. 서양 윤리는 254쪽으로 간행된 『윤리와 사상』 가운데 16쪽에 불과하다. 더구나 토론 자료들을 수록함에 따라 서양 윤리를 다룬 교과서 본문 내용이 전체의 3분의 2 정도라는 점을 고려한다면 서양 윤리 사상의 비중은 대폭적으로 축소된 것이다.

다만 『고등학교 윤리』에서 기술하지 않았거나 비중이 작았던 세계 윤리와 사회 사상을 『윤리와 사상』에서는 별도로 제시하고 있다. 서양 윤리 사상이 대폭 축소된 것은 제7차 교육과정에 의거한 새 교과서를 개발하는 과정에서 수렴된 의견, 즉 윤리의 흐름과 특징에서 너무 많은 사상가들을 소개하는 대신 핵심적인 윤리 이론만을 소개하여야 하며, 수업 시수에 맞추어 내용을 대폭 축소하여 전체 내용을 수업 시간에 충분히 소화할 수 있어야 한다는 의견 등을 반영한 것이다(『고등학교 윤리와 사상: 교사용 지도서』, 14쪽).

그러나 『고등학교 윤리』와 『윤리와 사상』에서는 사상가를 중심으로 서양 윤리를 기술하고 있는데, 제시된 사상가의 수는 거의 대동소이하다. 『윤리와 사상』에서는 마르크스와 하이데거를 제외하는 대신 로크, 사르트르, 간디가 추가되었다. 마르크스는 서양 윤리에서 제외된 반면 사회 사상에서 다루어지고 있다. 따라서 서양 윤리의 축소는 사상가의 수가 아니라 내용이 줄어들었을 뿐이다. 이는 새 교과서를 개발하면서 분량만 줄였을 뿐 수렴된 의견을 제대로 수용한 것이라고 하기는 어렵다.

다음은 『윤리와 사상』에 설명된 사상가와 내용, 그리고 분량을 정리한 것이다.

〈표 1〉에 나타나듯이 『윤리와 사상』은 각 시대별로 시대를 대표하는 철학자들의 윤리 사상을 제시하고 있다. 교과서에 거론된 사상가는 모두 24명이며, 스토아학파와 에피쿠로스학파의 경우에는 그것을 주장한 사상가의 이름을 제시하지 않았다. 『고등학교 윤리』에서 다루었던 시대적 배경은 상당 부분 생략되었지만 헬레니즘 시대, 중세 그리스도교, 근대의 윤리 사상을 설명할 때는 간략하게 역사적 또는 사회적 배경을 다루었다. 사족이지만

표 1_'서양 윤리' 단원의 내용

단원	시대	윤리 사상(철학자)		주요 내용	분량
서양 윤리	고대 그리스	소피스트 (프로타고라스)		상대론적 진리관, 상대론적 윤리관, 경험주의와 실용주의, 또는 상대주의와 쾌락주의의 선구	11줄
		소크라테스		보편적 진리, 지행합일설, 무지에 대한 자각	10줄
		플라톤		이데아, 선의 이데아, 철인 정치, 이상 국가	10줄
		아리스토텔레스		행복론, 덕, 습관, 중용, 주지주의적 태고와 주의주의적 태도 통합	16줄
	헬레니즘	사회적 배경		안심입명 추구, 세계 시민주의 윤리 대두, 불안정한 사회	4줄
		스토아학파(제논)		금욕주의, 이성 중시, 아파테이아, 만민 평등 사상, 스피노자와 칸트에 영향	15줄
		에피쿠로스학파		감각적 경험, 아타락시아, 경험론과 공리주의로 계승	15줄
	중세	역사적 배경		유대교, 로마의 지배, 예수	10줄
		교부철학 (아우구스티누스)		그리스도교의 체계화, 인격적 존재인 신에게 귀의	14줄
		스콜라 철학 (토마스 아퀴나스)		그리스도교 교리의 철학적 논증, 아리스토텔레스 철학과의 관계, 믿음·소망·사랑론	14줄
	근대	역사적 배경		자연 과학의 발달. 자연 과학의 방법론	9줄
		경험론	베이컨	보편적 진리, 지행합일설, 무지에 대한 자각	9줄
			홉스	인간의 이기성, 사회 계약설, 근대 시민 국가	10줄
			(로크)흄	도덕 감정설, 공리주의 윤리의 모태	10줄
		합리론	데카르트	방법적 회의, 이성 신뢰	10줄
			스피노자	이성적 삶, 기계론적 우주론	9줄
		이상 주의	칸트	동기 중시, 정언 명령, 보편주의	13줄
			헤겔	인륜의 변증법적 발전	8줄
		공리 주의	역사적 배경	개인의 이익과 사회 전체의 조화	3줄
			벤담	쾌락, 최대 다수의 최대 행복	7줄
			존 스튜어트 밀	질적 쾌락주의	7줄
			칸트 윤리와 공리주의의 장단점	칸트주의:도덕의 정언적 성격과 인간 존엄성 중시, 구체적 삶의 지침 제공 못 함 공리주의:사회적 존재로서 인간의 길 제시, 동기의 문제 소홀	10줄

현대	생철학(쇼펜하우어)	감정·의지·직관·체험 중시, 금욕적 삶	6줄
	실존주의(키에르 케고르·사르트르)	인간 실존 중시, 비인간화 고발, 주체적 삶	8줄
	실용주의(존 듀이)	유용성 중시, 상대주의 윤리	4줄
	생명 존중 사상 (간디·슈바이처)	생명의 신비와 존엄성 강조, 모든 존재에 대 한 사랑과 자비 중시	7줄
서양 윤리의 현대적 의의	서양 윤리의 특징	이성과 사유를 중시하는 윤리와 감각과 경 험을 중시하는 윤리, 의무론적 윤리와 목적 론적 윤리, 윤리·도덕적 실천을 사회·국가 적 차원으로 확대	38줄
	서양 윤리의 교훈	인간의 평등과 존엄성 중시, 사회적 차원의 윤리 중시	18줄

서양 윤리에 간디를 포함시킨 것은 인도를 동양으로 보는 우리
의 통념과는 차이가 있다.

　윤리 사상을 제시할 때 대부분 사상가 또는 학파의 윤리 사상
만을 소개하였지만 소피스트와 스토아학파, 에피쿠로스학파 등
의 경우에는 그 윤리 사상들이 후대에 영향을 준 철학 내지 윤리
사상을 언급하였다. 또한『윤리와 사상』은 윤리 사상들의 장단점
을 거의 언급하지 않지만 칸트와 공리주의 윤리의 경우에는 그
장단점을 간략하게 설명하고 있다. 시대별로 윤리 사상을 제시한
후『윤리와 사상』은 결론으로 서양 윤리 사상의 특징과 교훈을
제시하였다.

　『윤리와 사상』에서 제시한 서양 윤리 사상의 특징은 첫째, 서
양 윤리 사상은 이성과 사유 또는 감각과 경험의 측면 중 어느
것을 인간의 본성으로 중시하느냐에 따라 크게 두 가지 흐름으
로 나타나며, 둘째, 서양 윤리 사상의 흐름은 의무론적 윤리와 목
적론적 윤리로 나누어 볼 수 있으며, 셋째, 서양 윤리 사상은 지

식의 이해에 못지않게 실제 생활에서의 실천을 강조하였다는 것으로 정리되어 있다. 서양 윤리 사상의 교훈으로는 첫째, 인간의 평등과 존엄성을 중시하였으며, 둘째, 개인 윤리뿐만 아니라 사회적 차원의 윤리도 중요하다는 것을 일깨워주었다는 것을 제시하였다. 이러한 내용 기술은 『고등학교 윤리』와 거의 동일하다.

애링턴Arrington에 의하면 윤리학 이론 서술에는 크게 두 가지 접근 방식이 있다고 한다. 윤리학의 역사를 탐구하는 역사 중심의 접근 방식과 구조적 또는 주제 중심의 접근 방식이 그것이다. 이에 따르면 교과서의 기술 방식은 역사 중심의 접근이다. 역사적 접근 방식은 구조적 접근 방식에 비해 여러 윤리적 문제들이 서로 관련되는 방식을 밝힐 수 있으며, 이런 문제들에 대한 대답이 한 철학자의 철학 전체의 관점 안에서 어떻게 정합적으로 조직화될 수 있는지를 추론해볼 수 있으며, 각 시대를 대표하는 구체적인 철학자들의 철학 전반을 소개하면서 그들의 윤리적 문제를 소개하기 때문에 구조적 접근 방식보다 훨씬 이해하기 쉽다는 것이다(Arrington, 1998: 5쪽). 그러나 교과서에 제시된 서양 윤리 사상은 애링턴이 설명한 역사 중심 접근 방식의 장점을 거의 갖고 있지 않다.

2. 사상 또는 내용 없는 서양 윤리

『윤리와 사상』에서 제시한 서양 윤리의 가장 큰 문제점은 사상 또는 내용이 없다는 것이다. 역사적 접근 방식으로 기술하였지만 내용을 지나치게 압축하다 보니 사상 또는 내용이 없어져버린 것이다. 서양 윤리의 결론 부분을 제외하면 서양 윤리에 대한 설명은 12쪽이다. 게다가 12쪽 안에 사진과 탐구 과제 등이 포함되어 있어 실제 본문은 9쪽 정도에 불과하다.

교과서의 분량만으로 보아도 서양 윤리 사상은 전통 윤리가 『전통 윤리』라는 독립된 교과서를 가지고 있는 데에 비해 매우 홀대를 받고 있는 형편이다. 9쪽 정도의 분량에서 24명 사상가의 윤리 사상을 소개하였으니 내용이 부실할 수밖에 없다. 제일 길게 설명되어 있는 사상가도 16줄 정도이며, 대부분 사상가는 10줄 이내로 소개되고 있다. 로크 같은 경우에는 이름만 있을 뿐이며, 사르트르는 2줄, 생명 존중 사상가로 소개된 간디와 슈바이처에 대한 설명은 3줄 정도에 그친 것도 지나치게 압축한 결과이다. 이런 경향은 특히 현대의 윤리 사상을 소개할 때 더욱 심하다. 교과서의 설명은 지나치게 간략해 요약이라고 말할 수조차 없다. 아무리 요약을 잘하는 전문가라도 서양 윤리 사상사에서 큰 획을 긋고 있는 사상가들을 10줄 정도로 압축할 수는 없을 것이다. 도덕 교과서는 불가능한 일을 한 셈이다.

불가능한 일을 하게 되면 무리가 따를 수밖에 없다. 지나친 압축은 사상이 발생한 역사적·사상적 배경, 사상의 전체적인 특성, 사상의 한계와 영향 등은 물론 심지어 그 사상의 핵심적인 개념조차 제대로 볼 수 없게 만든다. 지나친 압축은 가르쳐야 한다고 생각되는 것만을 골라 선택할 수 있기 때문에 사상을 왜곡할 가능성도 크다. 내용이 지나치게 압축되어 있기 때문에 『윤리와 사상』은 예전부터 교사와 학생 모두에게 어렵다는 지적이 있어왔다(윤현진 외, 2006: 58쪽; 74쪽).

『고등학교 윤리와 사상: 교사용 지도서』의 연간 지도 계획에 따르면 서양 윤리를 포함해 4개의 소단원으로 구성되어 있는 '윤리의 흐름과 특징'에는 14~17시간이 배당되어 있어 서양 윤리는 4시간 정도에 다루어야 한다(46쪽). 불과 4시간 수업으로 교과서에 제시된 수많은 서양 윤리 사상을 다룰 수는 없다. 불가능한 내용을 압축한 교과서로 불가능한 수업 시간 안에 다루어야 하는 서양 윤리 사상이라면 차라리 없는 것이 좋을 것이다.

이는 앞 장에서 보았듯이 서양 윤리 사상을 무시하는 데에서 비롯된 것으로 생각된다. 그러나 아이러니하게도 수학 능력 시험과 교원 임용 시험에서 차지하는 비중은 매우 크다. 특히 교원 임용 시험에서 차지하는 비중은 25% 정도이다. 결국 서양 윤리 사상은 암기해야만 하는 내용으로 전락할 수밖에 없다.

교과서에 설명된 서양 윤리를 내용 또는 사상이 없다고 할 수 있는 두 번째 이유는 비판적인 사유를 키울 수 없기 때문이다. 교과서에는 칸트와 공리주의 윤리의 장단점만이 간략하게 제시되었을 뿐이다. 그러나 제시된 장단점을 교과서에서 설명한 내용만으로는 이해하기 어렵다. 그나마 다른 사상에 대해서는 장단점조차 언급하지 않았다. 이는 교과서에서 창의적 사고방식의 중요성을 강조한 것과는 전혀 다르다. 교과서는 창의적 사고방식을 키워야 한다고 하면서, 이미 주어진 대답 이외에 다른 대답과 방법을 찾아보고, 좀 더 색다르게 생각해보는 습관을 키워나가야 한다고 강조하였다(33쪽).

창의적 사고를 키우기 위해서는 서양 윤리를 단편적이고 맹목적으로 학습하는 것이 중요한 것이 아니라 그 사상들이 갖고 있는 장단점에 대해 비판적으로 사고할 수 있어야 한다. 비판적 사고의 가장 핵심적이고 최종적인 행위는 판단으로서 텍스트에 대하여 적절한 기준에 따라, 참이다/거짓이다, 옳다/그르다, 좋다/나쁘다 등에 대해 결정을 내리는 것으로 도덕 교육의 핵심적 영역에 속한다(홍윤기, 2002: 97쪽).

교과서는 "그러나 우리가 윤리를 공부하면, 적어도 어떤 행동이 바르고 바람직한지를 판단할 수 있는 기준을 알 수 있고, 올바른 가치 판단을 할 수 있는 능력을 기를 수 있다. 그러므로 우리는 윤리를 공부하지 않을 수 없다."(22쪽)고 말하고 있지만, '서양 윤리' 단원에는 도덕적 가치의 기준에 대한 고민과 가치 판단을 하기 위해 필요한 비판적 사고력을 함양할 수 있는 내용들이 담겨 있지 않은 것이다.

교과서에는 서양 윤리를 왜곡되게 설명하고 있는 부분도 있다. '서양 윤리' 단원에서 다루었던 베이컨Bacon과 데카르트Descartes를 '세계 윤리'라는 단원에서 비판한 내용이 그것이다. 베이컨에 대해서는 "지식은 힘이다."라는 선언을 통해 인간 삶의 풍요로움을 위해 자연을 정복할 수 있는 도구로서의 지식을 강조하였다고 기술하였다. 또한 "생각하는 나만이 확실하다."고 한 데카르트로부터 인간이 자연을 일방적으로 이용할 수 있다는 생각이 만연하였다고 한다. 이와 같이 서구의 자연관이 인간과 자연의 관계를 왜곡했던 것과는 달리 동양의 산수화에는 자연을 인간 중심적 관점에서 하나의 대상으로 바라본 것이 아니라, 겸손하게 우리가 거기에 의지하여 함께 살아가야 할 대상으로 여겼다고 하여 서양과 동양을 대비시키고 있다(125~126쪽).

물론 베이컨과 데카르트로부터 자연을 정복할 수 있는 도구로 서의 지식관이 비롯되었다고 할 수는 있다. 그러나 생태학적인 위기 발생은 다양한 시각으로 심층적으로 분석되어야 할 문제로 서 이들에게 일방적으로 책임을 전가할 수 있는 것은 아니다. 이 들 사상이 갖는 근대적 의의에 대한 설명이 전혀 없이 단지 몇 줄의 기술을 통해 생태계 파괴의 이념적 원인이 이들에게 있었 다고 하는 것은 지나친 과장이다. 이들이 살았던 시대에는 동양 의 산수화가 그려졌던 시대와 마찬가지로 생태학적인 위기는 없 었다.

우리가 말하는 생태학적인 위기는 1972년에 출간된 로마클럽 의 『성장의 한계』에서 본격적으로 제기된 사안이다. 이 보고서에 서는 생태계를 제약하는 요소들과 싸우느라 많은 자본과 인력을 쓸 수밖에 없을 것이며, 따라서 21세기 어느 시점에 가서는 인류 의 평균적 삶의 질이 저하될 가능성이 매우 크다고 경고했다. 따 라서 인간의 생태 발자국ecological footprint이 지구의 수용력을 초 과할 정도로 커지는 것을 막기 위해 모든 기술과 문화, 제도의 변화를 통해 지구의 미래를 생각하는 매우 근본적인 사회 변혁 을 추구해야 한다고 주장했다(Meadows 외, 2011: 13쪽).

이렇듯이 현대적 자연 파괴의 문제를 논의함에 있어서 역사 적 상황을 무시하고, 특정 시대의 특정 사상의 경향과 몇몇 구절 에서 생태 위기의 단서를 찾아 그 사상적 경향과 구절에 대한 전 역사적 조감 없이 모든 위기의 책임을 돌려버리는 것은 형식적 이고 관념적인 해석에 불과하다(김병환, 2000: 383쪽).

교과서에 철학적·윤리학적으로 매우 중요한 니체 Nietzsche가 배제된 것도 납득하기 어렵다. 역사적 접근 방식으로 기술된 서양 윤리에서 니체가 제외된 이유는 무엇일까? 거의 모든 철학사와 윤리학사에서 니체는 매우 중요한 인물로 평가받고 있다. 그것은 니체가 전통적인 도덕관과는 다른 새로운 도

'약자의 도덕'이 아닌 '강자의 도덕'으로 살아야 한다는 것을 강조한 니체

덕을 제기하였기 때문이다. 니체는 모든 가치의 재평가를 요구한 철학자로서 전통적 도덕적 가치들을 전복하고 새로운 도덕의 정립을 주장하였다(Sahakian, 1968: 296쪽; Hirschberger, 1981: 681~682쪽).

니체는 유럽 문명이 전 지구적 지배력을 확보하기 시작하였던 당시 유럽 문명의 폭력성과 함께 그 빈곤성을 질타하였고, 새로운 문명의 도래를 예언하였다. 그는 모더니즘이 정점에 도달하는 시점에서 모더니즘의 극복을 외쳤고, 그리스-기독교적 사유의 기본 전제들을 가차 없이 뒤집어놓았다. 서양의 도덕을 떠받쳐 왔던 유럽의 도시에 이미 번지기 시작한 허무주의와 역사적 아류 의식이 이 문명의 기원으로부터 귀결되는 필연적 질곡임을 간파하였고, 그 질곡에서부터 벗어나기 위해 감당해야 할 서양 형이상학의 극복이라는 과제를 제기하였다(김상환, 2000: 5~6쪽). 현재 그의 철학과 윤리관은 현대 철학에서 집중적으로 재조명받

고 있다.

교과서는 또한 20세기 도덕 철학의 본격적인 출발을 알리는 이정표이자 그 이후 현대 윤리학에 가장 큰 영향을 주었다고 평가받는 무어Moore의 메타 윤리학도 다루지 않았다. 분석 철학을 근거로 무어는 선을 정의하려는 시도를 불가능하다고 생각하였으며, 이를 통해 전통적인 형이상학적 윤리설을 배격하였다(황경식, 1996: 138쪽). 1960년대에 이르러 메타 윤리학이 다소 퇴조하기는 하였으나 무어의 영향으로 그 이후의 윤리학적 논의는 보다 겸손, 온건해야 할 뿐만 아니라 정밀, 정확해야 한다는 요구를 안게 되었던 것이다(같은 글, 145~146쪽).

전통적 도덕에 대한 근본적인 의문을 제기한 니체, 20세기 현대 윤리학에 가장 큰 영향을 주었다고 평가받는 무어 등과 같은 인물들이 배제된 것은 교과서가 보수적 도덕관을 중시하기 때문이다. 그것은 다음과 같은 기술에서 확인할 수 있다.

> 물론, 모든 사회의 윤리 규범이 항상 옳은 것은 아니며, 불변하는 것도 아니다. 그러나 대부분의 윤리 규범에는 그 사회의 질서를 유지하고 사회 성원들의 기본권을 보장하기 위한 내용이 포함되어 있기 때문에, 그에 따라 행동하면 큰 문제가 생기지 않는다(25쪽).

이와 같이 교과서는 기본적으로 윤리 규범을 통해 사회 질서를 유지·강화하려는 관점을 가지고 있다. 그것은 교과서가 윤리 사상을 학습하는 의의를 한국인에게 필요한 윤리 덕목과 규범적 내용들을 중시하고 있는 것에서도 확인할 수 있다(교육부, 1998: 63

쪽). 이러한 관점 때문에 교과서는 사회의 모순을 직시하고 그것을 극복할 수 있는 윤리 사상에 대한 관심이 근본적으로 결여되어 있는 것이다. 교과서가 시민이 능동적으로 사회의 도덕적 문제들을 해결하는 데 참여할 수 있도록 반사회화시키는 것에 중점을 둔다고 하면서도 실제로는 반사회화 내지는 비판적 재구성주의의 아이디어를 담고 있지 않다는 비판이 있는 것도 여기에서 연유한다(조난심 외, 2005: 55쪽).

서양 윤리에 사상이 없다고 하는 것은『윤리와 사상』이 제시하고 있는 서양 윤리 학습을 통해 얻을 수 있는 현대적 의의 내지 교훈에서도 확인할 수 있다. 교과서는 서양 윤리가 우리 삶에 던져주는 의미로 첫째, 인간의 평등과 존엄성을 중시하였으며, 둘째, 개인 윤리뿐만 아니라 사회적 차원의 윤리도 강조하였다는 두 가지 점을 제시하였다(117~118쪽).

이러한 서양 윤리의 교훈은 교과서에서 제시하고 있는 동양과 한국 윤리의 현대적 의의와 대비된다. 교과서는 동양 윤리와 한국 전통 윤리의 현대적 의의를 각각 여섯 가지, 세 가지로 제시하고 있으며, 이들 윤리를 통해 특히 현대 사회가 당면하고 있는 모순을 극복할 수 있는 역동적인 힘을 부각시키고 있다(86~87쪽; 102쪽). 예컨대 교과서는 동양 윤리를 통해서 그동안 소홀히 해왔던 소중한 인간됨의 가치를 회복하고, 새로운 삶의 방향과 함께 미래 사회의 바람직한 윤리적 지침이 될 지혜를 얻을 수 있도록 노력해야겠다고 결론을 내리고 있다(87쪽). 한국의 전통 윤리에서도 이와 비슷하게 소외된 인간성의 회복, 생명 경시 풍조의 일신, 환경 오염과 자연 파괴 방지를 그 의의로 제시하고 있다(102쪽).

이렇듯이 전통 윤리가 현대 사회에서 가질 수 있는 역동성을 부각하고 있는 것과는 달리 서양 윤리에서 인간의 평등과 존엄성 중시, 사회적 차원의 윤리만을 강조했다는 것을 의의로 제시한 것은 도덕과 교육과정에서 서양 윤리가 무시되고 있다는 근본적인 문제와 교과서에 서술된 서양 윤리 사상이 빈곤한 데에서 기인한 것이다. 교과서에서 제시하는 서양 윤리의 의의는 표현을 조금 바꾸면 한국 또는 동양 윤리 부분에 그대로 기술될 수 있을 것이다.

3. 2009 개정 교육과정에서 예상되는 서양 윤리 사상의 문제

2009 개정 교육과정에서 서양 윤리는 어떻게 변화될까? 아직 새 교육과정에 근거한 교과서가 나오지 않았기 때문에 여기에서의 논의는 2011년 교육과학기술부에서 고시한 『도덕과 교육과정』에 근거한 것이다.

개정 교육과정에서 서양 윤리는 크게 강화될 것으로 보인다. 제7차 교육과정에서 소단원에 불과하였던 서양 윤리는 개정 교육과정에서는 대단원으로 독립된다. 개정될 『윤리와 사상』은 크게 4개의 대단원, 즉 '윤리 사상과 사회 사상의 의의', '동양과 한국 윤리 사상', '서양 윤리 사상', '사회 사상'으로 구성될 예정이다. 대단원으로 바뀐 서양 윤리 사상은 질적·양적으로 크게 변화될 것이다.

개정 『윤리와 사상』은 제7차 교육과정의 『윤리와 사상』과 교육 목표에서부터 차이가 있다. 개정 『윤리와 사상』의 학습 목표는 "동·서양 및 한국의 윤리 사상 및 사회 사상이 오늘을 살아가는 우리에게 주는 소중한 지혜를 체득하여 현대 사회 생활의 여러 영역에서 발생하는 다양한 윤리적 문제들을 깊이 성찰하고, 이를 도덕적으로 해결할 수 있는 능력과 태도를 지닌다."는 것이다(48쪽). 제7차 교육과정에서 『윤리와 사상』의 학습 목표는 "윤리 및 사상의 중요성과 그 내용에 대한 올바른 이해를 바탕으로, 한국인으로서 올바른 삶을 살아가는 데 필요한 주체적이고 종합적인 윤리관과 사회 사상적 틀을 확립한다."는 것이었다(교육부, 1998: 61~62쪽).

새 교육과정은 서양 윤리 사상에서 성취해야 할 기준을 "서양의 다양한 윤리 사상을 성찰하고 재음미하여 서양 윤리 사상에 대한 깊은 이해와 더불어 현대 한국인의 삶에서 나타나는 윤리적 문제를 파악하고, 이를 해결할 수 있는 윤리적 사유의 틀을 형성한다."라고 제시하였다(50쪽). 제7차 교육과정에서는 "서양 윤리의 연원과 전개 과정에 대한 이해를 통하여 한국인에게 필요한 서양 윤리 덕목과 규범적 내용들을 현대적 의미에서 재해석하고 적용할 수 있는 능력과 태도를 지닌다."는 것이었다(교육부, 같은 책: 63~64쪽).

새 교육과정에서는 제7차 교육과정과는 달리 한국인이 덜 강조되고 있으며, 현대 사회에서 발생하고 있는 윤리 문제들을 성찰하고 해결해야 한다는 데에 강조점을 두고 있다는 특징이 있다. 이는 대다수 전국 초·중등학교 도덕 교사들이 도덕과 교육에

123

서 한국인으로서의 특수 윤리보다는 세계 시민으로서의 보편 윤리를 강조하는 것이 바람직하다는 의견을 반영한 것으로 보인다 (조난심 외, 2005: 61쪽).

　목표뿐 아니라 서양 윤리 사상의 내용에도 적지 않은 변화가 나타났다. 먼저 개정『윤리와 사상』중 서양 윤리 사상의 내용 체계를 표를 통해 살펴보자.

표 2_개정『윤리와 사상』중 서양 윤리 사상의 내용 체계

영역	주제	비고
서양 윤리 사상	○서양 윤리 사상의 특징과 흐름	서양 윤리 사상의 흐름
	○상대주의 윤리와 보편주의 윤리 ○이상주의 윤리와 현실주의 윤리 ○쾌락주의 윤리와 금용주의 윤리	행복과 윤리
	○그리스도교 윤리	신앙과 윤리
	○경험주의와 이성주의 ○결과론적 윤리와 공리주의 ○의무론적 윤리와 칸트주의	공리·의무와 윤리
	○실용주의 윤리와 실존주의 윤리 ○현대의 덕 윤리와 배려 윤리	현대의 윤리 사상

(교육과학기술부, 2012: 49쪽)

　개정『윤리와 사상』의 주제를 보면 제7차 교육과정과 적지 않은 차이가 드러난다. 가장 큰 차이는 서술 방식에서 나타난다. 제7차 교육과정에서 서양 윤리가 역사적 접근 방법으로 기술된 것과 달리 개정『윤리와 사상』은 대비할 수 있는 사상들을 묶는 등 주제별 접근 방법을 채택한 것이다. 주제별 접근 방법을 채택하다 보니 그 사상들의 장단점이 비교되고, 이 사상들이 가지고 있는 윤리적 의의와 이 사상들이 후세에 끼친 영향들이 강조되고

있다. 그리고 현대의 덕 윤리와 배려 윤리 등 새로운 내용들이 추가되었다. 이러한 변화는 개정된 교육과정이 현대 사회에서 발생하는 다양한 도덕 문제를 성찰하고 이를 도덕적으로 해결할 수 있는 능력과 태도를 강조한 것과 관련이 있을 것이다.

이러한 차이점을 보면 서양 윤리 사상은 제7차 교육과정과 비교할 때 질적·양적인 면에서 크게 진일보할 것으로 기대된다. 학습 목표에서 한국인으로서의 특수 윤리보다는 보편 윤리, 도덕적 사고력과 판단력의 함양이 강조되며, 교육 내용 면에서도 서양 윤리 사상의 비중이 커지고, 여러 윤리 사상들 간의 장단점, 이들 사상의 영향 등을 중시하는 등 긍정적인 변화가 예상되고 있기 때문이다.

그러나 개정 교육과정의 내용 체계와 주제만으로 판단할 때 서양 윤리에서 적지 않은 문제점이 발견된다.

첫째, 개정 교육과정이 주제별 접근 방식을 채택하고 있어 내용에 큰 변화가 있을 것으로 보이지만 실제 내용을 보면 제7차 교육과정과 차이점이 거의 없다. 상대주의 윤리와 보편주의 윤리에서는 소피스트와 소크라테스, 이상주의 윤리와 현실주의 윤리에서는 플라톤과 아리스토텔레스, 쾌락주의 윤리와 금욕주의 윤리에서는 에피쿠로스학파와 스토아학파, 경험주의와 이성주의에서는 베이컨·홉스·흄과 데카르트·스피노자, 결과론적 윤리와 공리주의에서는 벤담과 밀, 의무론적 윤리에서는 칸트 등이 제시되어 있다(54~56쪽). 주제별 접근 방식을 취했기 때문에 서술되는 내용에는 차이가 있겠지만 제시된 사상가는 역사적 접근 방식을 취했던 제7차 교육과정에서 제시되었던 사상가와 거의 차이가 없다. 수업 시수가 얼마나 확대될지는 모르겠지만 실제 내용에 있어서 큰 차이가 없다면 교사와 학생들은 제7차 교육과정에서 겪었던 어려움을 벗어나기 힘들 것이다.

둘째, 윤리 사상의 사회적 또는 역사적 배경에 대한 설명은 여전히 부족할 것으로 예상된다. 어떠한 윤리 사상도 역사적 시간과 사회적 공간으로부터 자유로울 수 없기 때문에 윤리 사상을 설명할 경우에는 반드시 그것의 배경이 되는 시간과 공간의 변화를 제시하여야 할 것이다(김원열·서유석, 2008: 162쪽).

셋째, 니체와 무어 등 서양 윤리학사에서 중요한 비중을 차지하고 있는 윤리 사상들이 여전히 배제되어 있다는 점이다. 이들의 윤리 사상은 그동안 강조되어온 도덕 덕목과 규범들을 새롭게 볼 수 있는 시각을 제공할 뿐 아니라 현대 사회에서 발생할 수 있는 도덕적 문제들을 주체적으로 성찰하고 해결하는 데에 도움이 될 수 있다.

넷째, 그리스도교 윤리가 소단원으로 독립되는 것을 볼 때 그 비중이 지나치게 커질 수 있을 것이라는 점이다. 그리스도교 윤리가 서양의 중요한 지적 근원이라는 것은 분명하지만, 서양 윤리 사상의 소단원 하나를 차지할 정도로 비중을 높이는 것은 타당하게 보이지 않는다. 그리스도교 윤리는 서양 철학사와 윤리학사에서 일반적으로 차지하고 있는 위치와 비중 정도로 맞추어야 할 것이다.

4. 보다 나은 서양 윤리 사상을 위한 제언

제7차 교육과정에서 서양 윤리 사상은 지나치게 압축된 내용을 몇 시간 안 되는 짧은 수업 시간 안에 다루다 보니 사상 소개가 제대로 되지 않고, 교사와 학생 모두에게 어렵게만 느껴지는 문제점이 있었다. 지나치게 압축된 내용도 도덕 덕목과 규범에 초점을 두어 기술하다 보니 서양 윤리 사상은 단지 시험을 위해 필요하다고 생각할 뿐 공부를 해야 하는 이유가 절실하게 다가오지 않았다. 개정 교육과정에서 서양 윤리 사상은 학습 목표는 물론 내용적인 면에서도 진일보한 것으로 보인다. 그러나 보다 나은 교과서가 되기 위해서는 적어도 다음과 같은 세 가지 사항을 고려해야 한다.

첫째, 서양 윤리 사상의 특징과 이 사상들이 오늘의 삶에서 지니는 의미를 깊이 성찰할 필요가 있다. 제6차와 제7차 교육과정에서 서양 윤리 사상의 현대적 의의에 대해 기술한 것을 보면 서양 윤리를 학습해야 할 이유가 명확하게 드러나지 않았다. 서양 윤리 사상을 공부해야 하는 이유가 명확하게 제시되지 않을 때 학생들은 학습 의욕을 상실할 가능성이 높다. 근대화 이후 우리의 사고방식과 행동 양식은 물론 사회의 각종 장치와 제도, 규범 등이 상당 부분 서양의 빚을 지고 있다는 점을 고려할 때 서양 윤리 사상에 대한 올바른 이해와 그 한계를 비판적으로 볼 수 있는 시각을 제공하는 것이 반드시 필요하다.

그러기 위해서는 서양 윤리 사상에서 차지하는 현대의 비중을 지금보다 훨씬 강화하고 현대 윤리 사상에 관한 내용을 수정

해야 한다. 현대 철학 또는 윤리학은 현대 사회가 당면하고 있는 모순들을 극복하기 위한 사상 또는 윤리적 투쟁의 성격을 띠고 있기 때문에 현대를 살아가는 우리들에게는 고대와 중세 사상 또는 윤리보다 훨씬 중요한 의미를 갖고 있다. 개정 『윤리와 사상』에 현대의 덕 윤리와 배려 윤리 등이 추가됨으로써 현대 부분이 강화된 것은 바람직하지만, 추가된 내용들이 대체로 규범 윤리학에 속한다는 점에서 문제가 있다(윤현진 외, 2006: 8쪽).

현대 사회는 급변하고 있다. '디지털'이라는 용어는 현대 사회의 변화의 급진성을 잘 보여주고 있다. 우리는 첨단 테크놀러지, 이를 부추기는 자본주의, 그 경쟁의 중심에 있는 원격 통신 기술과 컴퓨터 공학, 그로부터 확장되어가는 가상 현실과 사이버 공간, 이런 기술적 하부 구조에 기초한 새로운 사회 조직과 문화, 그 안에서 변화될 수밖에 없는 인간의 사고방식과 경험의 양태, 그리고 사물이 겪어야 하는 존재론적 격변 등을 경험하고 있다 (김상환, 1999: 181쪽). 디지털 언어에 의한 번역과 재생의 과정 안에서 아날로그적 정체성을 상실한 사물은 자신이 원래 놓여 있던 역사적 시간성과 국지적 장소성을 잃어버리게 되었다. 시공간적 중심과 위계의 소멸, 사물 자체의 탈장소화와 탈시간화, 사물의 탈실재화는 디지털 시대의 존재론적 동요를 반영한다(같은 글, 202~203쪽).

현대는 컴퓨터와 영상이 사람들의 일상을 지배하고 있는 시뮬라크르의 시대이다. 플라톤에게 있어서 시뮬라크르들은 진실재로부터 두/세 단계 떨어져 있는 흐릿한 가짜에 불과하였으나 현대에서 이데아는 시뮬라크르의 바다 위에서 형성되고 변형되고 또 사라지기도 하는 이차적인 존재로 화하고 있다(이정우, 2008: 327쪽). 시뮬라크르의 대두는 윤리학에 있어서도 새로운 사유를 요청하고 있으며, 새로운 윤리관들을 제시하고 있다는 점에서 이러한 새로운 윤리관을 교과서에 반드시 반영해야 한다(같은 책, 62쪽).

둘째, 서양 윤리 사상을 서술하는 방식에 대한 근본적인 수정이 필요하다는 점이다. 중등학교 도덕과의 내용 체계를 구성할 때 주제 중심법이 중심적 기능을 수행하고, 필요할 경우 이를 보완하면 된다는 입장을 여러 이해 집단들이 어느 정도 수용하고 있다고 한다(조난심 외, 2005: 111쪽). 개정 『윤리와 사상』을 얼핏 볼 때 주제 접근 방식을 채택하고 있는 것도 이를 수용한 것으로 보인다. 그러나 다루어지는 내용을 보면 형식만 다를 뿐 실제로는 역사적 접근 방식을 취했던 것과 차이가 있는 것으로 보이지 않는다. 개정 교육과정은 주제 중심적 접근 방식을 채택하면서도 역사적 접근 방식에서 다루었던 사상가와 윤리 사상을 대부분 포함시키다 보니 주제 중심적 접근 방식과 역사 중심적 접근 방식이 어중간하게 결합된 모습으로 제시되었다.

개정 교육과정이 서양 윤리 사상을 통해 추구하는 것은 서양 윤리 사상에 대한 깊은 이해와 현대 한국인의 삶에 나타나는 윤리적 문제를 파악하고, 이를 해결하는 윤리적 사유의 틀을 형성하는 것이다. 목표가 이렇다고 한다면 학생들에게 굳이 서양 철학사 또는 윤리학사를 가르칠 필요는 없다고 생각된다. 현대 사회에서 나타나는 윤리적 문제와 직간접적으로 연결될 수 있고, 이를 해결하는 데 시사점을 제공할 수 있는 사상가 내지 윤리 사상을 중심으로 교과의 내용을 전면적으로 수정할 필요가 있다.

고정된 틀에 머물러 있기 때문에 교육과정이 바뀌면서도 교과 내용이 변화하지 않는 것이다. 예컨대 개정 교육과정에서 제시한 상대주의 윤리와 보편주의 윤리는 많은 사람들이 관심을 가지고 있는 주제이다. 이러한 주제를 굳이 소피스트와 소크라테스로 제한할 것이 아니라 현대인들이 관심을 가지고 있는 소재를 중심으로 설명하면 여러 측면에서 좋은 결과를 낳을 것이다. 즉 현대인들이 많은 관심을 갖고 있거나 아니면 논쟁이 되고 있는 주제를 중심으로 내용을 기술할 때 학생들이 필요로 하는 서양 윤리 사상을 가르칠 수 있으며, 이는 창의적 또는 비판적 사유를 형성하는 것으로 이어질 것이다. 주제 중심 방식으로 교과서를 기술하게 되면 동·서양 윤리 사상을 굳이 분리하지 않아도 될 것이다(박병기, 2006: 30~32쪽 참고). 주제 중심으로 내용을 기술하게 되면 부수적으로 수업 시수와 교과서 분량이 맞지 않는 문제도 해결될 수 있다.

셋째, 윤리 또는 서양 윤리 사상을 인식하는 관점에 대한 근본적인 변화가 필요하다는 점이다. 앞에서도 말했듯이 제7차 교육과정에서는 니체와 무어 등이 전혀 다루어지지 않았다. 니체는 플라톤으로 대변되는 서구 존재론사에 근본적인 의문을 제기하였으며, 이는 도덕성의 근원과 가치에 대한 근본적인 의문으로 이어졌다. 무어는 인간이 마땅히 해야 할 행위 원리 내지 도덕법칙의 탐구를 윤리학의 주된 임무로 생각하고 그러한 원리와 법칙의 보편적 근거를 제시하려고 하였던 규범 윤리학을 비판하고, 규범을 진술하는 언어적 표현과 그 언어적 표현과 관련된 개념을 분석하는 메타 윤리학을 본격화한 인물로서 20세기 중반까지 전통 윤리학의 기반 자체를 흔들었다.

이들을 다루지 않는 이유는 확실하지 않지만 교과서가 규범 윤리학만을 윤리학으로 인식하고 있는 것이 아닌가 하는 추측을 갖게 한다. 그것은 그동안 도덕 교과서가 덕 또는 덕목 중심의 도덕 교육을 중시해온 것에서도 간접적으로 확인된다. 덕목 중심의 내용 체계화는 사회화 측면에 치중하는 나머지, 도덕적 행위자의 필수 요건이라고 할 수 있는 자율성, 독립성, 비판적인 도덕적 안목의 계발에 대해서는 소홀할 수 있다는 지적이 있어왔다 (조난심 외, 2005: 110쪽 주). 도덕 교과서가 덕 또는 덕목을 중시하는 것은 이해할 수 있지만 규범 윤리학만을 윤리학이라고 한다면 학생들이 규범 윤리를 비판·반대하는 윤리 사상은 배제한 반쪽만의 윤리를 배우는 결과를 초래하게 될 것이다.

덕 윤리의 대표자라고 할 수 있는 아리스토텔레스도 애초부터 윤리학은 엄밀한 학이 될 수 없음을 강조하였다. 구체적인 실천에서 무엇이 적당한 행위인지를 일반화할 수 없기 때문이었다(김대오, 2007: 217~218쪽). 우리들이 살고 있는 현대 사회가 매우 빠르게 변화함에 따라 가치관도 급변하고 있다는 점에서 규범 윤리학만을 강조하는 관점에는 변화가 필요하다.

현대의 도덕 문화가 가치관적 혼란 상태에 빠져 있는 것은 도덕 이론이 부재해서가 아니라 다양한 전통들 간에 합리적으로 공인되거나 합의된 덕의 목록을 제시할 수 없기 때문이다. 중세 이전의 사회에서 덕의 윤리가 도덕적 기준이 될 수 있었던 것은 공동체와 전통이 일치한 사회였기 때문이라는 것이다. 이때까지는 각각의 윤리 이론은 그것이 속한 공동체 너머에까지 타당한 도덕적 원리가 아니었다. 현대 사회는 급속한 사회적 변동과 문화적, 정치경제적 통합으로 인해 공동체의 경계선도 불분명하거니와 공동체의 전통을 일관적으로 형성할 만한 역사를 공유하지 못하고 있다. 이런 상황에서 전통에 종속하는 덕의 기준을 단일한 목록으로 만들어내는 것은 쉽지 않다(같은 글, 219쪽).

제4장

청소년을 배제한 성 윤리

성性은 청소년들이 매우 민감하게 반응하고 고민하는 핵심적인 문제로서 20세기를 규정하는 키워드 중의 하나이다. 우리말에서 성은 다양한 의미를 갖고 있다. 우리말 사전에 보면 성은 세 가지 의미로 사용되고 있다. 첫째, 타고난 성질이나 본성, 둘째, 생물의 암수나 사람의 남녀 구별, 셋째, 남자와 여자가 주로 생식기를 중심으로 하여 몸에 즐거움을 느끼게 하는 행위나 그러한 느낌이다(연세대학교 언어정보개발원, 1999). 영어의 sex라는 단어도 성별 구분, 성교나 성행위를 의미하는 개념으로 사용된다. 4장에서 성은 성교 등 구체적 성 행동을 포함하면서도 보다 넓고 다양한 성적 욕망과 실천의 의미가 있는 영어의 sexuality와 비슷한 의미로 사용하였다.

20세기 중반 이후 성에 대한 논의는 폭발적으로 증대하였으며, 성은 혁명이라고 할 수 있을 만큼 변화가 빨랐다. 성의 변화는 단지 성 영역의 변화뿐 아니라 일상적인 차원에서 사유 체계와 삶의 방식, 규율과 습속은 물론 신체까지도 변화시킨 사회 혁명이었으며, 문화 혁명이었다.

유교 윤리 아래에서 성적인 욕망을 표출하는 것이 무시 내지 부정되었던 우리 사회도 성 윤리와 성과 관련된 생활 양식 등이 크게 변화하고 있다. 이혼율이 급증하고, 출산율이 세계 최저 수준으로 추락하였다. 또한 성적인 권리를 주장하는 여성들과 동성애자, 양성애자, 성전환자 등 성적 소수자들의 목소리가 높아지고 있는 현실은 이러한 변화를 잘 보여주고 있다. 성 논의의 활성화는 성 윤리는 물론 가치관과 생활 양식 등을 근본적으로 변화시키고 있다.

청소년들의 성 의식도 크게 변화하고 있다. 청소년들의 성관계와 관련된 연구들을 보면 청소년들의 연령이 높아질수록, 그리고 최근 연구일수록 성관계 경험 비율이 높아지고 있다는 데에 의견이 일치하고 있다(이창식, 2005: 349쪽). 2007년 9월을 기준으로 중·고등학교에 재학 중인 13~18세의 재학생 7만 8,834명을 대상으로 온라인으로 조사한 한 연구에 따르면 성관계 시작 연령은 남학생 14.0세, 여학생 14.6세, 성관계 경험률은 남학생 7.1%, 여학생 3.0%라고 한다(이임순 외, 2010: 515쪽). 결혼에 대한 의식도 크게 변화하였다. 만 9세부터 24세까지의 청소년 1,971명을 대상으로 한 조사에 의하면 70% 이상이 결혼하겠다고 응답하였으나, 결혼을 꼭 해야 하는 통과 의례(22.4%)보다는 선택(77.6%)의 문제로 여기는 것으로 나타났다(방은령·신효영, 2006: 326~327쪽).

성에 관한 청소년들의 의식이 빠르게 바뀜에 따라 학교에서도 성교육의 필요성이 더욱 높아지게 되었다. 교육부는 1997년에 성폭력으로부터 학생들을 보호하고, 올바른 성 윤리관 확립을 위해 성교육을 강화하겠다는 방침을 발표하였다. 이 방침에 따라

제7차 교육과정에서 성교육은 범교과학습으로서 관련 교과와 창의적 재량 활동, 특별 활동 등 교육 활동 전반에 걸쳐 통합적으로 다루어지고 있다. 그러나 성교육을 활성화하겠다는 교육부의 의지와는 달리 성교육을 실시할 수 있는 시수 확보도 어렵고, 성교육을 담당할 전담 교사도 부족한 실정이어서 성교육은 여전히 초보적인 단계에 머물러 있다(김대용, 2003: 30~32쪽).

이 장에서는 중등학교 도덕 교과서에 나타난 성 윤리에 관한 몇 가지 명시적 그리고 암묵적 전제들을 비판적으로 검토하려고 한다. 도덕 교과는 학생들로 하여금 자신을 이해하고, 일상생활에 필요한 규범과 예절을 익히는 것을 목표로 하고 있기 때문에 성 윤리와 직간접적으로 연관을 맺고 있다. 이런 점에서 도덕 교과서의 성 윤리관을 검토하는 작업은 현재 학교에서 이루어지고 있는 성교육의 현실과 그 문제점을 드러냄으로써 보다 바람직한 성교육 내지 성 윤리 교육을 위한 시금석이 될 수 있을 것이다.

1. 성에 대한 잘못된 인식

성 문제와 관련해 도덕 교과서의 가장 큰 문제점은 성에 대한 잘못된 인식이다. 교과서에서 성을 직간접적으로 다루고 있는 내용들은 적지 않다. 특히 『시민 윤리』의 '성性·약물 문제와 윤리'는 성을 직접적으로 다루고 있는 단원이다.

『시민 윤리』는 성을 '자연적 성', '문화적 성', 사회적 성'으로 나누면서 사회적 성을 남녀의 성차에 의한 사회적 역할 구분이라고 설명하고 있다(102~103쪽). 이러한 설명은 "사랑하는 과정에서 남녀의 생물학적·사회적 차이는 명백하다. 이러한 차이를 능력, 지위, 역할에 따른 차이로 이해해서는 안 된다. 왜냐하면, 다르다는 이유로 차별하는 것은 옳지 않기 때문이다."(107쪽)라는 기술로 이어지고 있다. 그러나 교과서는 남녀의 성차를 설명하지도 않았을 뿐 아니라, 명백하다고 한 남녀의 생물학적·사회적 차이도 설명하지 않았다.

교과서는 생물학적 성에 바탕한 전통적인 성별 고정 관념을 가지고 있는 것으로 보인다. 교과서의 설명은 사회적 성gender에 대한 오해에서 비롯된 것이다. 사회적 성은 성별 고정 관념을 대체로 인정하지 않는다. 남녀 간의 생물학적인 차이가 사회적 성의 구성에 영향을 주는 것은 일정 정도 사실이지만 사회적 성은 후천적 학습 과정, 즉 사회 문화적 요인에 의해서 형성되는 남녀 간의 성차와 사회적 역할을 중시하고 있다.

성 욕망도 본능이라기보다는 학습에 의한 것이다. 후천적 학습 과정으로 사회적 성을 보게 되면 남녀의 구분과 경계는 명확한 것이 아니라 매우 유동적이며 가변적이다. 이러한 까닭에 기든스Giddens는 남성이건 혹은 여성이건 그 전체에 대한 일반화는, 현대 이전의 문화와 비현대적인 문화의 다양성을 제외하더라도 수정되어야 한다고 했던 것이다(Giddens, 1996: 202쪽).

교과서가 제시하고 있는 성 윤리 개념도 적지 않은 문제가 있다. 교과서는 성 윤리를 다음과 같이 정의하고 있다. "성 윤리란, 인간의 성적 상호 작용의 영역 내에서 관련되는 도덕 규칙이나 원칙을 밝혀내는 윤리학의 일부이다."(104쪽) 이러한 정의는 성을 개인적인 차원에서 성적인 관계를 맺는 인간들의 상호 작용의 영역으로 제한하고 있다.

그러나 성을 생물학적인 본능과 성적인 관계를 맺는 인간들의 상호 작용의 문제로 제한하게 되면 성 영역에서의 변화는 물론 이로 인한 가치관과 생활 양식의 변화를 인식할 수 없다. 실제로 교과서는 성적 가치관과 생활 양식의 변화를 수용하지 못하고 있다. "최대한의 만족을 주는 성행위에는 수많은 이상형이 있다. 우리는 이러한 이상형 중에서 각자의 심리적 기질, 성적 욕구, 자기 성취 등 신중하고도 분별 있는 이유에 근거해서 가장 적합한 성적 행위 양식을 선택할 수 있다."(105쪽)

교과서의 설명으로는 최근 급격히 확산되고 있는 '합류적 사랑confluent love'을 이해할 수 없다. 교과서는 감각적 쾌락만을 탐닉하는 행위에 대해 도덕적으로 옳지 않다는 평가를 하고 있기 때문이다(109쪽). 합류적 사랑은 신중하고도 분별 있는 이유에 근거한 사랑이 아니라 능동적이며 우발적인 사랑이다. 합류적 사랑은 감정적인 기브 앤 테이크에서 평등을 선취하는데, 사랑의 유대가 순수한 관계의 원형에 가까우면 가까울수록 더욱 그러하다. 합류적 사랑은 관능의 기술을 결혼 관계의 핵심에 도입한 최초의 사랑 형태이다. 기든스는 합류적 사랑을 거의 모든 사람들이 성적 성취를 이룰 수 있는 기회를 가진 사회에서 발전하는 이상理想이라고 보고 있다(Giddens, 앞책: 109~110쪽).

성은 인간이 태어나 성장하고 사회생활을 경험해가는 과정에서 체득하는 문화적 산물이다. 유교 전통이 여전히 남아 있는 우리 사회에서 잘 볼 수 있는 바와 같이 성에는 남녀 간의 뿌리 깊은 지배와 종속을 보여주는 정치적·경제적 관계 등이 내재되어 있다. 이것은 성이 단순히 인간의 본질이나 본능에 의해서 좌우되는 것이 아니라 개인과 사회의 상호 작용을 통해 구성된다는 것을 의미한다. 간단히 말해 인간의 성적 주체성, 성적 욕망, 성적 관행들은 고정된 본질이나 본능에 의해 좌우되는 것이 아니라 사회 문화적 관계망 속에 어떻게 놓이느냐에 따라 달라지는 것이다. 따라서 교과서의 정의와 같이 성 윤리를 인간의 성적 상호 작용의 영역 안으로 제한해서는 안 된다.

　동서양을 막론하고 전통적으로 성의 목적은 출산에 있었으며, 가정이라는 울타리 안에서만 인정되었다. 전통적인 성의 목적은 아퀴나스Aquinas의 다음과 같은 말에 잘 나타난다.

　사정은 자손의 생산과 그 자손의 교육으로 귀결되도록 요청되어야 한다. 따라서 세대가 계승될 수 없는 방식의 모든 사정 행위는 인간의 선에 역행하는 것이다. 그리고 의도적으로 이런 성행위를 한다면 그것은 마땅히 죄가 된다. 그렇다면 세대가 계승될 수 없는 방식은 무엇인가? 그것은 남녀 간의 자연적인 결합이 아닌 사정을 의미한다. …… 마찬가지로 대를 이을 수는 있으되 적절한 교육이 이루어질 수 없는 상황에서의 사정 또한 인간의 선에 역행하는 것임이 틀림없다. 인간 종족 가운데 여성이 혼자 힘으로 자손을 교육할 수 없다는 것은 너무나 명백하다. …… 따라서 결혼이란 인간에게 자연스러운 것이고, 혼외의 난잡한 성관계는 인간의 본성에 위배된다(Belliotti, 2000: 43~44쪽).

성의 목적을 출산에 두었던 것은 근대 사회에서도 쉽게 찾아볼 수 있다. 공산주의 혁명이 성공했던 소련에서 급증하는 자유연애로 인해 출산율이 낮아질 가능성이 생기자 이혼에 높은 수수료를 부과하는 등 국가가 결혼 문제에 강력하게 개입하였던 것은 인구 증가가 경제력과 군사력의 강화를 위해 무엇보다 절실한 과제였기 때문이었다(Frischauer, 1992: 325~326쪽). 그것은 무솔리니Mussolini도 마찬가지였다. 그는 "결혼은 부부를 위한 제도가 아니다. …… 결혼은 사회의 이익을 위해서 남녀가 바치는 헌신과 자기희생의 행위이다."라고 하면서 결혼을 국가를 위한 봉사로 규정하였다(같은 책, 339쪽). 성의 목적을 출산에 두었던 소련과 이탈리아에서는 성을 가정의 범위 안에 묶어두기 위해 성적인 쾌락의 추구를 부정하고, 성을 도덕적으로 통제하는 여러 조치들을 실시하였다.

푸코Foucault에 의하면 16세기 초부터 성 규범을 내면화하는 기술을 발전시키기 시작했던 서구 사회는 부르주아 사회가 시작되면서 성을 공공연하게 언급하는 것이 통제되었다. 공개적 언급이 통제되는 대신 권력이 행사되는 공간, 즉 교회에서 고해 성사를 통해 성에 관한 고백이 강요되었다. 합법적인 성행위의 판단 기준은 교회법, 교회가 제시하는 성도덕, 민법의 세 가지 규범 체계였다. 18세기 이후 성에 대한 권력의 통제는 더욱 강화되었으며, 통제 기구도 교회 외에 법정, 병원, 학교 등으로 확대되었다. 성을 통제하려는 권력의 의도는 머리를 통한 통제가 아니라 몸에 대한 통제를 통하여 체제를 유지하려는 데에 있었다. 그러나 성에 대한 통제는 다른 한편으로는 그것을 벗어나려는 욕망을 강화하기도 하였다. 이 때문에 푸코는 근대 사회는 권력의 형태를 통해 개인의 몸에 영향을 미치고 성을 제한해온 것만이 아니라 오히려 권력을 통해 성의 영역을 확장해왔다고 보았던 것이다 (Foucault, 1997: 43~52쪽).

성의 목적을 출산에 두었던 소련과 이탈리아, 그리고 푸코의 논의는 무엇이 정당한 성인가는 인간의 생리적 또는 물리적 욕구가 아니라 권력에 의해 결정된다는 것을 잘 보여주고 있다. 성의 문제에 권력이 개입하고 있다는 사실은 성에 관한 어떤 도덕적 주장도 보편적이고 객관적인 권위를 가질 수 없다는 것을 의미한다.

1960년대 미국에서 시작되어 유럽으로 파급되었던 성 혁명을 정치 혁명, 사회 혁명, 문화 혁명이라고 일컬을 수 있는 이유는 성에 관한 사회의 관행, 관습, 도덕 등을 부정하였을 뿐 아니라 더 나아가 사회의 가치관과 생활 양식 등에 근본적인 의문을 제기하고 그것을 변화시켰기 때문이다. 성 혁명이 있었던 시기에 과학은 성에 관한 사회의 관행, 관습, 도덕 등이 잘못되었다는 것을 입증하고 있었다.

1948년에 미국에서 출간된『남성의 성 행동』과 1953년에 출간된『여성의 성 행동』이라는 킨제이 보고서는 미국 사회에서 실제로 행해지고 있는 성의 유형을 드러내면서 결혼과 가족을 사로잡고 있는 규범적 성이 허구라는 사실을 과학으로 입증하였다. 이 보고서는 그 이전까지 심리적인 면에서 접근하던 성을 생리적인 것으로 바꾸고, 오르가슴을 성적 경험을 측정하는 척도로 사용함으로써 성이 사랑, 이성애적 매력, 인간적인 상호 작용 등을 반드시 포함하는 것이 아니라는 것을 보여주었다. 성을 오르 가슴으로 측정하게 되면 오르가슴에 이르는 모든 방식은 등가적 일 수 있었으며, 이 경우 성에 대한 가치 판단은 할 필요가 없게 된다(조은 외, 2002: 39~40쪽).

또한 이성 간에 이루어지는 성만을 정상적인 성이라고 보기 어렵다는 사실도 드러났다. 1966년에 나온 『인간의 성 반응』에서 마스터스와 존슨Masters & Johnson은 여성의 오르가슴이 질이 아니라 음핵에 있으며, 여성들은 이성애적 관계보다 자위에서 오르가 슴을 더 많이 느낀다는 사실을 밝힘으로써 여성의 성을 남성과 분리하여 독립적으로 사고할 수 있는 기반을 제공하였다. 음핵의 복원은 한편으로는 이성애 질서에 위기를 가져왔다는 점에서 생 리적인 쾌락 이상의 성 정치적인 함의를 갖는 것이었으며, 다른 한편으로는 사랑, 헌신, 성 역할 등의 의미를 탈각시키고 성적 쾌 락에 초점을 둘 수 있게 되었다(같은 책, 80~81쪽).

성 욕망은 끊임없이 변화하고 있다. 소비 사회에서 욕망의 문 제는 시장에 잘 나타나고 있다. 시장은 욕망의 불꽃이 발화하는 장소로서 욕망이 빈번하게 그리고 꾸밈없이 표출되기 때문이다 (Davis, 2003: 17쪽). 소비 사회에서는 소비를 하는 의미와 목적이 상품의 기능적 효용성이 아니라 심리적 효용성, 즉 즐거움을 추 구하는 방향으로 변화한다(성영신, 1998: 193쪽). 현대 소비 사회에 서 나타나는 가장 큰 특징은 성이 주요한 소비 대상이라는 사실 이다(Baudrillard, 1991: 189쪽).

우리 사회에서도 1990년대 중반 이후 여성은 물론 남성의 성 이 상품화되고 있으며, 상품이 성화sexualization of commodities되고 있는 현상을 쉽게 찾아볼 수 있다. 소비 사회에서 성이 상품화되고, 상품화를 통해 성적 욕망이 더욱 증대하면서 관능적인 쾌락의 중요성이 커지고, 관능적인 쾌락을 증대시키기 위해 욕망의 주체로서의 몸이 중요한 탐구 대상이 되었다. 자신의 몸이 원하는 것을 알아야 쾌락을 증대시킬 수 있기 때문이다. 이제 몸은 개인의 자아 정체성의 일부로서 수행되고, 완성되어야 할 일종의 프로젝트가 되었다. 다이어트 등을 통한 체중 관리, 성형 수술, 보디빌딩 등은 몸이 프로젝트화되었다는 것을 보여주는 가장 흔한 예들이다. 소비 사회에서는 개성이 강조되면서 몸은 개인의 욕구와 욕망에 따라 형성될 수 있는 변형 가능한 존재 양식으로 간주된다(Turner, 2002: 33쪽).

이러한 현상들에 대해 문화 자본이 끊임없이 성 욕망을 재현하고, 고안하고, 제조해내는 것에 매몰되어 성 이미지의 선택과 정체성이 실제의 성보다 훨씬 중요해졌으며, 인간적인 욕망의 모든 대상이 상품으로 전환되었다는 비판을 할 수 있다. 그러나 한편으로는 몸만들기를 통해 자신의 몸을 긍정적으로 인식하고, 몸의 의미를 재현하며, 자율성을 강화할 수 있는 몸을 통해 인간과 사회를 새롭게 볼 수 있는 기회를 제공해주는 것도 사실이다.

2. 심신 이원론의 문제

1장에서 보았듯이 도덕 교과서가 갖고 있는 가장 중요한 관점 중의 하나는 육체적·물질적 가치는 마음 또는 정신에 비해 상대적으로 가치가 적으며, 인간을 인간답게 하는 것은 마음이지 육체가 아니라는 것이다. 정신과 몸, 혹은 정신과 물질을 이원론적으로 구분하고, 마음에 우위를 두는 심신 이원론은 몸이 지닌 욕망을 무시 내지 부정하고, 몸을 악의 원천으로 간주하였다.

고대 그리스에서도 몸을 규제하고 제어하는 것을 중시했지만 금욕적 태도는 기독교에서 더욱 강화되었다. 기독교가 몸을 악으로 규정한 결과 인간의 육체는 인간 이하의 동물성과 똑같은 영역에 있는 반면, 영혼은 모든 형태의 영성과 합리성을 담지하고 상징하는 것이 되었다. 기독교 전통에서 남성은 정신 및 이성과 연관된 반면 여성은 육체와 감정과 연관되었다(같은 책, 45쪽).

교과서 역시 몸이나 몸의 욕망을 부정하는 이원론적 사고에 기초해 있다. 그것은 교과서에서는 성적 고민과 갈등이 일어날 경우 그 해결책으로 자신의 욕구와 욕망이 옳은 것인가, 그릇된 것인가를 판단하여 나쁜 욕구와 충동을 불러일으킬 수 있는 사람이나 환경을 피하며, 또한 밖으로부터의 욕구와 충동에 지배를 받지 않을 수 있도록 자신의 의지와 뜻에 따라 사는 자율성을 기르고, 자신의 생활을 반성할 수 있는 좌우명을 두고 실천하는 방안을 제시하는 것에서 확인할 수 있다(『중학교 도덕 1』, 133~135쪽).

교과서는 현대 사회에서 어떤 가치를 선택하는가 하는 문제는 기본적으로 개인에게 맡겨져 있으며, 개인이 선택한 가치는 존중되어야 한다고 말한다(『고등학교 도덕』, 15~16쪽). 가치의 선택에서 주체를 고려하는 기술은 성 윤리에도 나타나고 있다.

우리 시대의 성 윤리는 현실적으로 불가능한 고전적인 성적 관행을 고집할 것이 아니라, 성에 대한 열린 자세와 토론을 통해 내가 받아들일 수 없는 성적 관행에 대해 관용하는 방법과 민주적인 성 역할을 배우는 것이다(『시민 윤리』, 105쪽).

교과서는 표면적으로는 열린 자세와 토론을 통한 개인의 선택을 존중하는 듯이 말하지만 실제로는 항상 모범 답안을 미리 제시하고 있다. 열린 자세와 토론을 통한 개인의 선택은 교과서가 제시하는 정답과 일치해야 의미를 가질 수 있다. 교과서의 관점인 이원론적 사유로 성을 바라보면 사람들이 선택할 수 있는 가치의 폭은 좁아질 수밖에 없다. 교과서는 성적 욕망은 반드시 정신적인 가치인 사랑과 결합해야 한다는 모범 답안을 제시하였다.

짐승들도 쾌락과 고통을 알며, 특히 교미를 통하여 성적 쾌락을 누릴 수 있다. 그러나 우리는 그것을 행복이라고 표현하지는 않는다. …… 성적 쾌락은 쾌락 그 자체를 목적으로 해서는 완전히 성취될 수 없다. 인격적인 사랑과 육체적인 친밀성이 결합되어야만 감각적 기쁨과 아울러 정신적 풍요로움도 충족되는 것이다. 그러므로 성적 결합은 반드시 사랑이 전제되어야 하고 사랑이 배제된 상태의 성적 결합은 인격적 행위로 평가받을 수 없다(『시민 윤리』, 110쪽).

사랑은 영혼 속에 감추어져 있는 열정을 활성화시키는 정신적인 힘이다. 이러한 사랑을 통해 인간은 인간다운 면모를 갖추게 된다.

그러므로 사랑의 열정이 없거나 사랑할 줄 모르는 사람은 자신의 영혼을 풍요롭게 가꾸어나갈 수 없으며, 결국 정신이 황폐화되고 비인간화된다. …… 그러므로 남녀 간의 사랑은 우선 상대방에 대한 헌신에서 출발하여야 한다. 헌신과 믿음이 충분히 누적되면 서로에 대한 인격적인 친밀성을 가지게 되고 점차 정신적 일체감을 느끼게 된다. 그리하여 두 사람은 '동반자적인 순수한 관계'로 발전해간다. 성관계는 서로 사랑하고 있음이 확인되었을 뿐 아니라, 서로 인격적인 통합이 가능한 동반자적 관계에서 이루어져야 한다. 그리고 성적 쾌락은 그로부터 자연스럽게 따라오는 것이다(『시민 윤리』, 106~107쪽).

교과서가 말하는 사랑의 개념은 기든스의 낭만적 사랑romantic love과 비슷하다. 18세기 말에 출현한 낭만적 사랑은 숭고한 사랑이 가진 성찰성을 근본적으로 확장한 형식으로서 숭고한 사랑의 요소들은 성적인 열정의 요소를 지배하는 경향이 있다(Giddens, 1996: 78~79쪽). 이 사랑은 욕정이나 노골적인 섹슈얼리티와는 양립 불가능한 것이다. 이는 단지 그것이 사랑의 대상을 이상화하기 때문만은 아니며, 낭만적 사랑 자체가 어떤 정신적 커뮤니케이션, 즉 부족한 부분을 메워주는 성격을 띠는 영혼의 만남을 가정하기 때문이다. 이런 사랑은 두 가지 의미로 표출된다. 어떤 한 사람에게 매달려 그 사람을 이상화하는 것이 하나라면, 미래가 발전해나갈 길을 기획하고 펼쳐 보이는 것이 그 두 번째 것이다(같은 책, 85~86쪽).

그러나 낭만적 사랑의 관념들은 분명 여성의 가정 내에서의

146

종속과 외부 세계와의 상대적 분리와 동반하는 것이었다. 여성들이 낭만적 사랑을 키워간 것과 달리 남성들은 낭만적 사랑에 냉소적이었다. 남성들은 가정의 안락함과 정부貞婦나 매춘부의 섹슈얼리티를 분리하는 이중적 규범을 통해 성욕을 충족했던 것이다(같은 책, 83쪽). 이런 점에서 낭만적 사랑은 권력 면에서 철저히 비대칭적이라고 할 수 있다. 반면 능동적이고 우발적인 사랑은 감정적인 면에서 평등을 선취하며, 순수한 관계를 지탱해주는 것은 파트너 각자가 관계에서 얻는 혜택이 관계의 지속을 가치롭게 만들 만큼 충분히 크다는 데에 대한 당사자 모두의 인정이다. 합류적 사랑은 낭만적 사랑과는 달리 반드시 일부일처제여야 할 필요가 없다(같은 책, 110쪽).

교과서는 낭만적 사랑을 통하여 정신적 일체감을 느끼고 동반자적인 순수한 관계로 발전해간다고 하였지만 역사 속에서 확인된 사실은 그렇지 않다. 낭만적 사랑에 대한 여성들의 꿈은 가정적 종속으로 이어진 반면 남성들은 가정을 유지하면서도 밖에서 욕망을 해소하였다. 낭만적 사랑은 현재도 이어지고 있기는 하지만 성 해방과 성 주체성이 강조되면서 퇴조하고 있다. 반면 합류적 사랑에서 강조하는 성적 쾌락의 상호적 성취는 더욱 중시되고 있다.

또한 교과서가 강조하는 인격적인 사랑 또는 정신적 힘으로서의 사랑에 대해서도 검토가 필요하다. 인류 역사에서 사랑을 소재로 한 작품을 수없이 찾아볼 수 있는 바와 같이 현대 사회에서도 수많은 매체들이 사랑을 중요한 주제로 다루고 있다. 그러나 사랑에 대한 많은 사람들의 관심과는 달리 사랑이 무엇인지 답한다는 것은 쉬운 일이 아니다.

라캉Lacan은 사랑을 존재하지 않는 무엇으로 본다. 이는 사랑이 단순히 추상적인 개념이라는 사실 때문이 아니라 사랑이 실제로 주고받을 수 있는 것이 아니라는 사실에서 연유한다. 라캉에 의하면 내가 누군가를 사랑할 때 사랑의 감정은 존재하지만 그 감정은 구체적인 대상을 가지지 않는다고 한다. 다시 말해 나는 누군가를 사랑한다고 생각하지만 실제로는 그 사람 안에서 나의 결핍을 채워줄 무엇을 상상하는 것이다(이수연, 1999: 154~155쪽).

인간을 근원적으로 무언가 결핍되어 있는 존재로 보는 라캉에게 있어서 타인과의 융합이나 영원한 합일, 즉 사랑이란 환상에 불과하다. 최근 외화에서는 물론 우리 영화나 드라마, 노래에서 쉽게 찾아볼 수 있는 사랑은 '순수한 사랑'이 아니라 이른바 '불륜'적인 사랑이다. 불륜적인 사랑에서는 도덕이나 윤리의 장애를 쉽게 넘어서고, 도덕이나 윤리의 장애가 강할수록 사랑의 강도는 높아진다. 사랑의 강도가 높아진다는 것은 대체로 성행위에서 오르가슴의 강도로 표현된다. 이들 영화나 드라마에서 사랑이 이루어지는 데 필요한 것은 특정한 사람이 아니라 도덕적, 인륜적 장애인 것으로 보이기도 한다. 이런 점에서 불륜적인 사랑은 장애로 작용하는 관습과 도덕을 무시하고 부정하면 완전해질 수도 있다(같은 글, 163~172쪽).

불륜을 사랑이 아니라고 하는 것은 교과서에서 하는 말에 지나지 않을 수 있는 것이다. 교과서는 사랑과 결합된 성이 도덕과 윤리를 부정할 수도 있다는 사실을 인정하지 않는다. 교과서에서는 사랑 없는 성은 인간적인 성이 아니라고 주장하였지만 성이 합법화된 공간인 가정에서도 사랑과 결합되지 않은 성을 현실에서는 쉽게 발견할 수 있다. 사랑이 무엇인지 확실하지 않고, 사랑 없는 성을 쉽게 볼 수 있는 현실에서 성과 사랑이 반드시 결합되어야만 한다는 교과서의 기술은 오히려 성을 왜곡하는 것이다.

교과서의 성에 대한 잘못된 인식을 바꾸기 위해서는 정신을 물질보다 중요시하는 데카르트적 이원론을 버려야 한다. 정신의 본성은 그것의 기원과 발달 과정을 기초로 끝없이 작용하고 있는 생물학적인 시행착오의 메커니즘을 갖고 있다. 정신 또는 정신 상태라고 부르는 것은 활발하게 움직이는 생물들이 원시적인 것에서 고도로 진화된 것으로 발달하는 과정을 통해 뇌 안에 생겨난 진화의 산물이다(Llins, 2007: 14쪽).

정신을 진화의 산물로 보는 관점에서는 정신과 물질을 분리할 수 없다. 인간의 개념 체계는 지각과 근육 운동 체계들에 근거하고 있으며, 그것을 신경계적으로 사용함으로써 결정적으로 형성되는 것이기 때문이다. 우리는 몸을 통해서만 개념을 형성할 수 있다. 세계, 우리 자신, 타인들에 대한 우리의 모든 이해는 우리의 몸에 형성된 개념들의 관점에서만 틀 지을 수 있다. 또한 우리의 관념이 무의식적인 신체화된 개념 체계의 관점에서 짜이기 때문에 진리와 지식은 신체화된 이해에 의존한다. 이렇듯이 개념과 이성은 모두 감각 운동 체계에서 비롯되고, 또 그것을 사용하기 때문에 정신은 몸으로부터 분리되거나 독립적일 수 없다 (Lakoff & Johnson, 2002: 800~801쪽).

이성이 갖고 있는 고유한 구조가 감각 운동 체계로부터 비롯된다고 한다면 이성은 결코 우주적인, 또는 몸과 분리된 마음의 초월적인 특성이 아니다. 다시 말해 이성은 인간들이 보편적으로 공유하는 능력이지만 이성을 공유할 수 있도록 해주는 것은 마음이 신체화되는 방식 안에 존재하는 공통성들이다. 이것은 매우 추상적인 형태에서조차도 이성이 인간의 동물적 본성을 초월할 수 없으며 오히려 동물적 본성을 이용함으로써 가능하다는 것을 의미한다(같은 책, 26~27쪽).

이성이 몸으로부터 독립적일 수 없다는 이러한 주장들은 전통적으로 강조되었던 몸에 대한 마음의 우위를 부정하는 것이다. 이성이 몸에 의해 형성되기 때문에 몸에서 유래한 이성은 몸을 초월할 수 없으며, 몸에 관한 한 최고의 권위자는 몸을 소유한 자신이기 때문에 무엇을 선택할 것인가 하는 문제는 개인에게 맡겨지게 된다.

무엇이 도덕적인가에 관한 개념이 객관적이거나 혹은 '더 높은' 원천으로부터 주어진 것이 아니라 다른 모든 개념들처럼 인간의 신체화된 경험의 구체적 본성으로부터 비롯되는 것이라고 한다면(같은 책, 803쪽), 이제는 심신 이원론에 기초해 몸을 무시하고 정신적 가치의 우월성을 강조하는 가치관을 전면적으로 재검토해야 할 시점에 와 있다고 할 수 있다. 새로운 가치관의 모색은 몸과 마음에 차별적인 존재론적 지위를 부여하지 않고, 몸과 마음의 통합으로서의 인간을 자리매김하는 것으로부터 시작되어야 할 것이다.

이런 측면에서 볼 때 도덕 교육의 일차적 초점을 욕망의 소재로서의 몸에 두어야 한다는 한 연구자의 주장은 도덕 교육에 시사하는 바가 크다. 몸은 욕망을 발산시키는 주체인 동시에 시·공의 관계망 안에 자리하는 까닭에 욕망을 순치시킬 수 있는 현실적인 출발점이 될 수 있는 것이다(이재준, 2010: 149~150쪽).

3. 양성 불평등과 성적 소수자 차별

교과서에 의하면 18세기 이후 나타난 시민 사회에서 추구하는 가장 대표적인 이념은 인간 존엄성이며, 인간의 존엄성은 사람을 가장 중요하게 생각할 뿐만 아니라, 모든 사람의 인권을 존중한다고 한다(『중학교 도덕 2』, 43쪽).

인간 존엄성을 중시하는 입장에 따르면 남녀 간의 관계도 양성 평등적 시각을 가져야 한다. 교과서 역시 남녀 간의 성차별을 비판하면서 남녀평등을 강조하고 있다. 즉 현대 사회에서는 전통적인 성 역할의 구분이 사라지고, 양성 평등이라는 새로운 성 역할이 중시되고 있다고 하면서, 남녀 간에 성을 기준으로 한 고정적 역할 구분은 인간의 본질적인 삶을 왜곡시키고, 사회 발전을 저해하기 때문에 가정·학교·사회 등에서 구조화된 성차별을 철폐하는 양성 평등의 사회가 되도록 노력해야 한다고 말하고 있다(『시민 윤리』, 108쪽).

이러한 기술을 보면 교과서는 남녀평등관을 확실하게 견지하고 있는 것으로 보인다. 그러나 속을 들여다보면 양성 평등을 부정하는 기술들도 적지 않다. 교과서에 의하면 결혼과 가정은 성 욕망을 합법적으로 해결하며, 성적 쾌락과 사랑을 극대화할 수 있는 유일한 공간이다.

> 결혼은 사랑과 성에 대한 배타적 독점권을 의미한다. …… 결혼 약
> 속은 살아가면서 일어날 수 있는 모든 문제를 공유하겠다는 상호
> 적·총체적 약속이다. 타인과의 완전한 약속은 자신과의 약속이기
> 도 하다. 결혼은 성적 욕망을 호혜적으로 충족시키기 위한 타협이
> 아니라 인격의 실존적 통합이기 때문에, 어떤 경우에도 간통이나
> 혼외정사가 도덕적으로 정당화되기는 어렵다. 성과 사랑이 완전히
> 결합된 결혼은 성적 쾌락과 사랑을 극대화하는 최상의 기회이다
> (『시민 윤리』, 110~112쪽).

교과서가 인정하고 있는 결혼 제도는 일부일처제이다. 교과서
는 일부일처제가 문명사회에 일반화되어 있을 뿐 아니라 문명의
손길이 거의 미치지 않는 사회에서도 이 풍습이 가장 많다는 점
과 지구상의 남녀 수가 거의 비슷하다는 이유로 일부일처제를
유일한 결혼 제도로 인정하고 있다(『시민 윤리』, 111쪽). 유일하게
인정할 수 있는 결혼 제도는 일부일처제이며, 성적 욕망은 결혼
을 통해서만 허용되어야 한다는 것은 교과서뿐 아니라 우리 사
회에서 널리 받아들여지고 있는 성 규범이다.
　그러나 역사적으로 가부장제에 기반을 둔 남성 중심 사회에서
가정은 여성의 삶을 왜곡하고 억압하는 원인으로 작용해왔다. 라
이히Reich는 가정을 여성의 삶을 왜곡하는 것은 물론 사회 전체
를 왜곡하는 대표적인 제도로 보았다. 라이히에 의하면 권위주의
적 가정은 모든 종류의 반동적 사고를 재생산하는 가장 중요하

고 근본적인 원천이었다(Reich, 1986: 92쪽).

　가정이 여성의 삶을 왜곡해왔다는 사실은 굳이 과거의 사례를 언급할 필요도 없다. 성에 대한 인식이나 성차별, 성 역할이 크게 변화하고 있는 우리 사회에서도 남성과 여성들이 갖고 있는 성과 결혼에 대한 생각과 태도는 현저하게 다르다. 남성은 외도도 할 수 있는 반면 여성은 순결해야 한다든지, 여성을 '정숙한 여자'와 '야한 여자'로 구분하면서 결혼 전에는 야한 여자를 선호하면서 결혼할 때에는 정숙한 여자를 원한다든지, 피임이나 임신은 여성이 책임져야 할 문제라는 등의 생각이 세대와 개인에 따라 정도의 차이는 있지만 남성들에게 폭넓게 퍼져 있다(장(윤)필화, 1999: 116~118쪽).

　반면 많은 여성들은 성과 사랑을 분리하지 않으며, 남성에게 존경할 점을 찾으려고 노력하며, 성적 관심이나 호기심을 갖는 것은 정숙하지 못하다고 생각하며, 남편과 성관계를 하고 아이를 낳는 것을 당연한 임무로 받아들이고 있다(같은 책, 120~121쪽). 성과 결혼에 대한 남성과 여성의 인식 차이는 아직도 우리 사회가 남성 중심 사회에서 벗어나지 못하고 있으며, 결국 여성은 가정이라는 굴레 속에서 남성들에게 여전히 지배받고 착취당하고 있다는 것을 보여주고 있다.

　이와 같이 여성에 대한 차별을 도처에서 발견할 수 있는 우리 사회에서 가부장제 이데올로기와 남성 중심 사회의 문제들에 대해서는 눈을 감은 채 결혼과 가정을 성 욕망과 사랑을 극대화할 수 있는 합법적인 유일한 공간이라고 주장하는 것은 교과서가 가부장제 이데올로기 또는 남성 중심 사회의 가치관에서 벗어나지 못하였음을 보여주는 것이다.[1] 교과서가 가부장제 이데올로기에서 벗어나고 있지 못하다는 사실은 순결 교육을 강조하는 내용에서도 찾아볼 수 있다. 교과서는 남녀가 부부로 맺어지기 전까지는 순결을 지키기 위해 유별해야 한다고 기술한 것에 나타나듯이 순결을 매우 중시하고 있다(『전통 윤리』, 116쪽).

이 기술이 여성만을 대상으로 순결을 강조한 것은 아닐 것이다. 그러나 순결이 소녀의 신체를 결혼까지 순결한 상태로 보존하기 위해 기능하며, 우량한 국민을 재생산하고, 가부장제를 유지하기 위한 규범이었다는 점을 고려한다면 교과서의 이 기술은 가부장제 이데올로기와 연계되어 있다고 할 수 있다(김복순, 2008: 212쪽).

교과서가 건강한 가정이 갖는 의미를 기술하면서 부모와 자식, 형제자매 간의 도리 등 가정에서 지켜야 할 예절을 제시하면서도 정작 가정생활의 핵심인 부부 간의 도리에 대해서는 전혀 언급하지 않는 것도 역시 가부장적 시각에서 나온 것이다(『중학교 도덕 1』, 169~185쪽).

현재 우리 사회에는 결혼, 혈연 또는 입양에 의해서 결합된 집단이라는 교과서에 제시된 가족의 개념(같은 책, 156쪽)에 의문을 제기하는 현상들이 급증하고 있다. 이혼율이 세계 최고 수준인

---

[1] 조금 주제가 다르지만 가부장적 가정은 청소년 비행의 원인으로 작용한다는 연구도 있다. 즉 남자 청소년의 경우 가부장적 가정은 부모와 갈등을 일으키고, 비행 친구와의 접촉에 영향을 줌으로써 비행을 유발하는 것으로 나타났으며, 여자 청소년의 경우 가부장적 가정에서 부모의 감독이 높아 비행을 통제할 것이라는 예상과 달리, 오히려 부모의 감독을 낮춤으로써 간접적으로 비행을 유발할 수 있다는 것이다. 전체적으로 보면 가부장적 가정의 영향은 남자 청소년에 있어서 더 크지만, 남녀 모두에게 비행 유발의 환경 요인으로 작용한다(이성식, 2011: 112~113쪽).

반면 출산율은 세계 최저 수준이며, 결혼하더라도 아이를 낳지 않겠다는 사람들은 물론 독신자도 급증하고 있는 현실이 바로 그것이다.

이혼하는 사람과 독신자가 급증하고, 핵가족이 쇠퇴하는 것은 1960년대 성 혁명이 일어났던 서구 사회에서도 나타났던 현상이었다. 1960년대 서구 사회에서는 노동 계급 안에서 여성의 역할이 커지고 있었으며, 전문직으로 진출하는 관문이었던 고등 교육을 받는 여성들의 수도 급증하였다. 이러한 여성들이 1960년대에 미국에서 시작되어 서구 사회에 급속하게 확산되었던 페미니즘 운동의 부활 배경이었다. 여성의 사회 진출이 확산됨에 따라 사회에서의 여성 활동의 성격뿐만 아니라 여성의 역할 또는 그 역할에 대한 인습적 기대도 크게 변화되었다. 이러한 변화는 전통적인 가족 및 가정은 물론 더 나아가서는 사회 전반을 변화시켰다(Hobsbawm, 1997: 430~443쪽).

낙태를 포함한 산아 제한과 이혼할 권리에 대한 여성들의 요구는 그동안 사람들에게 영향력을 행사해오던 교회의 정신적·비정신적 권위를 무너뜨렸으며, 자신을 재생산하고 사회적 협동의 장치로 작용해오던 전통적인 가족적 유대를 약화시켰으며, 그에 수반된 도덕 체계를 잠식시켰다. 이에 따라 권리와 의무, 상호 의무, 죄악과 선행, 희생, 양심, 보상과 벌이라는 기존의 도덕 용어는 만족스러운 새로운 언어로 더 이상 번역될 수 없게 되었다. 성 혁명은 인간의 행동을 통제하던 기존의 가치관과 관습 및 인습 모두를 해체시킬 만큼 그 영향력이 지대했다(같은 책, 467~469쪽). 여성이 성적으로 일깨워진다는 것은, 다시 말해 여성이 성적 존재로서 확인되고 인정된다는 것은 가부장제 이데올로기의 붕괴를 의미하는 것이었다(Reich, 1986: 136쪽).

또한 교과서는 현실과는 다르게 성 또는 결혼을 남녀 간의 문제로만 인식하고 있다(『시민 윤리』, 107쪽). 성 또는 결혼을 남녀 간의 문제로 국한하면 이성애만이 정상적인 성이며, 동성애와 양성애, 성 전환 등 이성애가 아닌 다른 성적 지향성을 가진 성적 소수자들은 불완전하거나 일탈적인 인간으로 인식하게 된다. 우리 사회의 인식도 교과서와 비슷하여 이성애가 아닌 성은 아예 존재하지 않는 것으로 간주해왔다.

그러나 이를 부정하는 현상들이 사회에 널리 확산되고 있다. 킨제이 보고서에서 드러났듯이 매우 많은 남성들과 적지 않은 여성들이 동성애를 하고 있었다. 동성애 운동은 여성 해방 운동과 더불어 성에 대한 관심을 증대시켰을 뿐만 아니라 성의 정치화를 가져온 단초였다(조은 외, 2002: 12~13쪽).

2003년 국가인권위원회는 변화를 수용하여 동성애를 이상 성욕으로 규정해 동성애 사이트에 청소년 접근을 차단하는 것은 헌법에 규정된 행복 추구권, 평등권, 표현의 자유 등을 침해하는 행위라고 판단하고, 청소년보호위원회에 청소년 유해 매체물 심의 기준에서 동성애 항목을 삭제할 것을 권고하기도 하였다(『한겨레』, 2003년 4월 3일). 최근 사회적 차별을 받을 것을 예상하면서도 동성애자임을 밝히는 사람들이 늘고 있으며, 군대 내에서 남성이 남성을 성폭행하는 일이 사회 문제화되고 있는 것에서 알 수 있듯이 동성애는 우리 사회에서도 쉽게 찾아볼 수 있다. 정신의학계에서도 1972년 이후에는 동성애를 더 이상 정신적인 병으로 여기지 않는다(이유섭, 1999: 227쪽).

교과서가 성을 편향된 시각에서 바라보고 있는 것은 정신적·육체적으로 건강한 사람들만의 문제로 국한하고 있는 것에서도 확인된다. 그것은 다음과 같은 기술에서 분명하게 나타난다.

정신적·육체적으로 건강한 사람이라면 생식, 쾌락, 성적 욕망으로부터 해방될 수 없다(『시민 윤리』, 103쪽).

건강의 기준에 대해 질문을 제기할 수 있겠지만 정신적·육체적으로 건강한 사람만 성 욕망이 있는 게 아닌 것은 분명하다. 2002년 70대 노인의 성을 본격적으로 다루어 화제가 되었던 영화 「죽어도 좋아」는 그동안 노인들은 성생활을 하지 않고, 따라서 노인은 성과 관련이 없다고 막연히 생각해왔던 우리 사회에 노인의 성에 대한 관심을 불러일으켰다. 정신적·육체적으로 건강한 사람들만의 성적 욕망을 인정한다면 노인의 성은 물론 장애인들의 성은 부정될 수밖에 없다. 2002년 장애인 인권상을 수상한 장애인 여성이 여성의 성적 권리를 강조하는 Foxylove와 한 인터뷰에서 볼 수 있듯이 성 관심에서 장애인과 비장애인의 차이는 없다(http://www.foxylove.net). 다시 말해 성 욕망은 정신적·육체적 건강과 관련이 없는 것은 아니지만 보다 근본적으로는 개인과 사회의 특성에 따라 달라지는 것이다.

4. 청소년의 성에 대한 부정적 인식

성이 사회와 개인에 의해 억압되는 이유를 사회적 질서에서 찾았던 라이히는 성 억압은 비교적 근래에 이르러 권위주의적 가부장제가 확립되고, 계급적 분화가 시작되면서 그 모습을 드러내었다고 보았다. 어린이의 자연스러운 성을 도덕적으로 금지한 것은 권위주의적 질서에 순응하는 인간을 만들기 위해서였다. 어린이의 성을 억압하면 어린이는 '착하고', '온순하게' 된다. 이런 점에서 성 억압은 정치적 반동을 강화시키고 대중들을 수동적이며 비정치적으로 만들 뿐만 아니라, 인간의 구조 속에 권위주의적 질서를 적극적으로 지지하는 꾸며진 관심을 만들어내게 되는 것이다(Reich, 1986: 62~65쪽). 라이히에 의하면 청소년기 성에 대한 억압은 사람들의 심리를 왜곡하는 것은 물론 파시즘과 같은 왜곡된 사회 구조를 만들어내는 가장 큰 원인이었다.

교과서는 앞에서 살펴본 바와 같이 가정을 합법적으로 성적 욕망을 해소할 수 있는 유일한 공간으로 보고 있으며, 혼인 전의 순결을 중시하고 있다. 통계청의 조사에 의하면 2011년 평균 초혼 연령은 남자 31.9세, 여자 29.14세로 나타났다(http://kosis.kr). 초혼 평균 연령이 높아졌다는 것은 고연령층의 결혼 비중이 증가한 데 따른 것이다. 혼인 전의 순결을 강조하며, 가정을 성적 욕망을 해소할 수 있는 유일한 공간으로 인식하는 교과서에 따르면 성숙한 몸과 왕성한 성적 욕망을 가진 청소년들은 결혼하기 전까지 최소한 10여 년 이상 몸에서 자연스럽게 나오는 욕망을 합법적으로 해소할 수 없다.

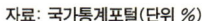

15~19살 사망자 가운데 자살 비율
(2000~2010년)

자료: 국가통계포털(단위 %)

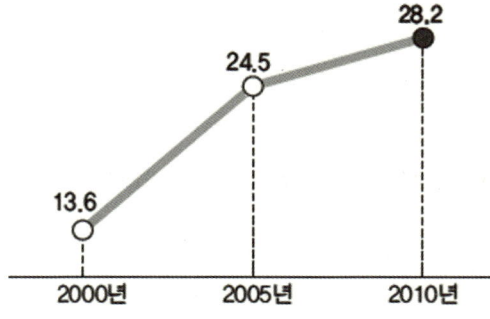

통계청에 의하면 15~19세의 청소년 사망 원인 중 자살이 차지하는 비중이 2008년 13.6%에서 2010년 28.2%로 2배 이상 증가하였다. 출처: 통계청.

청소년의 성을 금지해야 하는 이유는 어디에 있을까? 교과서는 이를 성과 사랑이 일치해야만 인간적인 성이 되며, 성과 사랑을 일치시킬 수 있는 유일한 공간은 결혼밖에 없기 때문이라고 설명한다. 교과서에 따르면 청소년이 합법적으로 성적 욕망을 해결하기 위해서는 결혼을 서둘러야 한다. 그러나 현실적으로 결혼을 하기 위해서는 경제적으로 자립을 해야 하며, 또 남자들의 경우 군 복무를 마쳐야 하기 때문에 서둘러 결혼하기 어렵다. 이런 점에서 교과서는 청소년의 성을 원천적으로 차단하고 있는 것이다. 다시 말해 청소년의 성은 금기와 위반의 영역이며, 숙명적으로 언더그라운드에서, 포르노그라피로서만 존재해야 하는 '어둠의 왕국'이다(고미숙, 2001: 81~82쪽).

교과서에서 청소년의 성을 부정하는 이유 중의 하나는 청소년이 정신적으로 미숙한 존재라는 점에 있다. 교과서는 청소년에 대해 몸의 힘은 성인처럼 커졌지만 아직 정신적 기능은 성인의 수준에 미치지 못하고 있다고 기술하고 있다(『고등학교 도덕』, 46

쪽). 정신적으로 미숙한 존재이기 때문에 청소년 문화에 대한 기술도 주로 부정적 측면만이 부각되고 있다.

오늘날의 청소년들은 대중 매체와 인터넷, 기업들의 상술 등을 통하여 왜곡된 성 문화에 쉽게 노출되어 그릇된 성 의식을 가지기 쉽고, 그러한 행위들을 모방하는 경우가 많다(『중학교 도덕 3』, 181쪽).

청소년 문화는 사회 풍조를 반영하여 감각 지향적인 문화의 특징을 보여준다. 오늘날 사회 일각에서는 이성의 우월성을 강조하는 전통적인 관념을 비판하고, 인간의 감각적인 측면을 강조하기도 한다. 그런데 이러한 입장에 치우치다 보면, 감각적이고 즉각적인 것만을 추구하는 성향이 나타나게 된다. 그리하여 문화적 성숙도가 낮은 청소년들은, 이러한 흐름을 그대로 흡수하여 감각 지향적인 문화를 향유하려는 태도를 지니게 된다(『고등학교 도덕』, 58쪽).

이와 같이 정신적으로 미숙한 존재이며, 감각 지향적인 문화를 지향하려는 태도를 갖고 있는 청소년에게 성은 허용되어서는 안 된다는 것이 교과서의 입장이다.

청소년을 미숙하게 보는 인식은 우리 사회에 널리 퍼져 있는 일반적 인식이다. 우리 사회는 성인들을 평가할 때 사용하는 기준과 성인에게 요구되는 특성으로 청소년을 바라보고 있기 때문에 청소년은 미숙할 수밖에 없는 존재이다. 이는 우리 사회가 성인 중심 사회라는 데에서 기인하는 것이다(정태연·이윤미, 2004:

104~105쪽).

그러나 현재의 청소년을 정신적으로 미숙한 존재로 규정할 수는 없다. 지금 청소년은 대중문화를 주도하고 있으며, 독립적인 사회적 주체로 부상하고 있다. 문화 산업에서는 구매력이 막강한 청소년들이 자신들의 주요한 소비 대상이기 때문에 이들의 눈치를 보지 않을 수 없으며, 청소년은 자신의 욕망과 욕구를 문화 산업을 통해 관철하고 있다(김대용, 2001). 또한 정보통신 기술 등 첨단 과학이 빠르게 발전하고, 가치관과 생활 양식이 급변하는 현실은 청소년의 지위를 한층 높여주고 있다. 교과서에서도 정보 사회와 삶의 변화에 대해 다음과 같이 기술하고 있다.

정보 사회에서는 우리 의식이 크게 변화된다. 사람들과의 관계나 사고방식에서 개방성과 평등이 중시되고 창의적이고 다양화된 생활 방식이 강조된다. 따라서 이러한 생활 방식을 가진 사람은 우리 사회를 더욱 인간적이고 민주적인 사회로 만들어가는 발판이 될 것이다. 이와는 반대로, 과거처럼 폐쇄적이고 수직적이며 획일적인 사고방식을 가진 사람은 정보 사회에 제대로 적응하며 살아가기가 어려울 것이다(『시민 윤리』, 93쪽).

개방성과 창의성, 다양한 생활 방식 등이 강조되는 정보 사회에서 젊은 세대의 영향력은 더욱 커지는 반면 기성세대의 목소리는 작아지고 있는 것이 현실이다. 홉스봄Hobsbawm이 1960~70년대 청년 문화의 부상과 그로 인한 정치적·경제적·문화적 변화들을 보면서 사춘기부터 20대 중반의 청년을 독립적인 사회적 주체로 인식하고, 청년기를 성년기의 준비 단계가 아니라 어떤 의미에서는 한 인간의 발전하는 과정의 최종 단계로 보았던 것(Hobsbawm, 1997: 449~464쪽)과 마찬가지로 우리 사회도 청소년을 부정적 측면에서만 접근해서는 안 된다. 청소년은 대중문화를 주도하고 있으며, 인터넷 등을 통해 결집된 그들의 주장은 사회적 영향력이 급격하게 커지고 있다.

교과서와 같이 청소년의 성 욕망을 부정하게 되면 청소년의 성은 왜곡될 수밖에 없다. 양지에서 부정될 수밖에 없는 음지에서의 성은 오히려 성에 대한 잘못된 인식을 갖게 만드는 원인으로 작용한다. 양지에서 청소년의 성이 부정되는 것과는 달리 현재 많은 청소년들이 음지에서 성을 해결하고 있다. 음지에서의 성은 성의 의미를 성적 욕망의 해소라는 측면에서만 찾게 될 가능성이 많다.

성은 다른 사람과의 성적 관계를 통해 자신을 성적 주체로 형성하고 성숙한 자아로 성장하기 위해 반드시 거쳐야 할 과정이다. 따라서 청소년의 성을 일방적으로 부정하기보다는 성적으로 즐길 권리를 인정하고, 성이 자신과 타인에게 어떤 의미인지 생각하고, 자신을 관리할 수 있는 힘을 키우도록 하는 교육이 필요한 시점이다.

5. 맺음말

이 글에서는 중등학교 도덕 교과서가 갖고 있는 성 윤리관의 암묵적 그리고 명시적 전제들에 대한 비판적 검토를 통하여 현재 학교에서 이루어지고 있는 성교육의 현실과 그 문제점을 제시하려고 하였다.

교과서는 성을 생물학적인 본능과 성관계를 맺는 인간들의 상호 작용의 문제로 파악하고 있었으며, 심신 이원론에 기초하여 성은 정신적 가치인 사랑과 일치되어야 인간다운 성이 될 수 있으며, 인간다운 성은 가정이라는 공간에서만 가능하다고 보고 있었다. 아울러 표면적으로 양성 평등을 주장하는 것과는 달리 내면적으로는 양성 불평등을 강화하는 내용을 담고 있었으며, 최근 우리 사회에서도 서서히 인정되고 있는 성적 소수자의 문제를 전혀 고려하지 않았으며, 청소년의 성을 원천적으로 차단하고 있었다.

1960년대 성 혁명이 일어난 이후 성을 둘러싼 관습이나 규범은 폐기되고 있으며, 인간의 행동을 지배해오던 기존의 가치관과 관습 및 인습 모두를 해체시키고 있다. 반면 기존의 가치를 고수하려는 목소리도 높아지고 있다. 이런 점에서 우리가 살아가는 이 시대는 성에 관한 보수주의적 흐름과 이에 저항하여 기존의 성 규범을 해체하려는 흐름 사이에 긴장과 갈등이 가로놓인 과도기이다.

이와 같이 다양한 주장이 양립한다는 사실은 특정한 가치관에 입각한 입장이나 견해를 다른 사람에게 일방적으로 강요할 수 없게 되었으며, 가치관을 정립하거나 가치 기준을 선택하는 일은 기본적으로 개인에게 맡겨질 수밖에 없음을 의미한다. 그것은 성 문제에 있어서도 마찬가지이다.

교과서의 가장 큰 문제는 한편으로는 나름의 기준을 갖고 자신에게 가장 적합한 성적 행위 양식을 선택하라고 하면서도 다른 한편으로는 특정한 가치관에 근거해 특정한 성적 행위 양식을 강요한다는 점에 있다. 절제와 통제를 통해 성 욕망을 해결하라는 교과서가 제시하는 엄격한 도덕주의적 성 윤리는 성에 관한 관심과 욕망이 크며, 성적인 자극을 끊임없이 받고 있는 오늘날의 청소년에게 적합하지 않다.

성 문제는 성적 욕망을 해소하는 데에서 그치는 것이 아니다. 성은 다른 사람과의 성적 관계 맺음을 통해 자신을 성적 주체로 형성하고, 더 나아가서 성숙한 자아로 성장하고, 조화로운 인간 생활을 위해 반드시 거쳐야 할 과제이다. 따라서 청소년에게 성을 은폐하는 교육이 아니라 욕망의 문제, 다른 사람과의 관계, 자신의 성장에서 갖는 의미 등 성을 다양한 측면에서 공개적이고 긍정적으로 생각하고 실천하게 만드는 교육이 필요하다. 앞으로 학교에서는 자신이 속한 집단과 사회와 국가에 대한 자각을 기초로 그 위에서 스스로 성을 결정할 수 있는 권리를 인정하고 성 욕망을 자신의 삶을 위해 바람직한 방향으로 활용할 수 있도록 격려하는 교육을 실시해야 할 것이다.

제5장
부패에 대한 무관심

2010년을 전후하여 정부와 당시 집권당이었던 한나라당에서는 '반부패 청렴 사회' 또는 '공정 사회'라는 말을 강조하였다. 정부는 부패 척결을 선진 일류 국가 도약을 위한 핵심 과제로 설정하였다. 부패 척결을 핵심 과제로 설정한 것은 정부가 우리 사회의 부패가 심각함을 인정한 것이다. 부패는 여전히 해결하지 못한 심각한 '한국병'이다. 우리 사회의 반부패에 대한 관심은 시민운동에서 비롯되었으며, 정부가 이를 수용하여 '부패방지법'을 제정하였던 것이다. 즉 시민 단체들이 주축이 되어 결성한 부패방지제도입법시민연대에 자극을 받아 정부가 2001년 7월 '부패방지법'을 제정하였던 것이다.

　현 정부와 집권당이 자인한 대로 우리 사회의 부패가 심각하다면 정부가 추진했던 반부패 운동은 각종 시민 단체의 강력하고 폭넓은 지지를 받았을 것이다. 그러나 정부가 강조한 것과는 달리 반부패 운동은 시민 단체들의 지지를 얻지 못하였으며, 불과 2년도 못 되어 반부패 운동은 기억 속으로 소멸해버렸다. 반부패 운동이 시민 사회에서 환영받지 못했던 근본적인 이유는 정부가 부패 척결을 추진할 자격이 없다고 생각했기 때문이었다. 그러한 생각은 현실로 확인되고 있다. 대통령 자신과 친인척들, 그리고 주요 측근 인사들이 직간접적으로 비리에 연루되었으며, 구속된 사람들도 적지 않다.

정부가 우리 사회의 부패를 자인했다는 사실은 부패가 매우 심각한 수준임을 반증하는 것이다. 우리 사회가 질적으로 한 단계 도약하기 위해서는 반드시 부패 문제를 해결해야 한다. 현재 반부패는 우리 사회뿐 아니라 전 세계적인 과제로 부상하였다. 대부분의 국가, 특히 선진국들은 국가 간 경제 경쟁이 치열한 상황에서 투명성을 높여야 한다는 데에 동의하고 있다. 최근 권력 교체가 이루어진 중국에서 시진핑 총서기가 취임 첫 과제로 부패 척결을 제시한 것에서도 볼 수 있듯이 부패 척결은 세계적인 추세이다.

5장은 학교에서 반부패 교육을 해야 한다는 것을 주장하기 위해 작성되었다. 부패 척결은 국가적 최우선 과제라고 할 수 있을 만큼 중요한 사안임에도 불구하고 학교의 반부패 교육은 매우 부실하다. 학교 현장에서 반부패 교육을 담당해야 하고, 또 할 수 있는 핵심 교과인 도덕과조차 부패 척결을 아주 소홀하게 다루고 있다.

반부패 교육을 하기 위한 노력이 전혀 없지는 않았다. 부패 방지에 관심이 높아지던 2000년에 들어서 반부패 교육을 위한 시도들이 처음 나타났다. 2001년에는 교육인적자원부의 정책 과제로서 학교에서의 반부패 교육 프로그램 개발을 위한 연구(이병진·조성민)가 진행되었고, 전국도덕교사모임도 교과교육 지정

연구 과제로 반부패 교육을 위한 효과적인 교수-학습 프로그램 연구를 수행하였다. 2006년(조난심 외)에는 교육인적자원부의 위탁으로 초·중등학교 청렴교육 내용을 체계화하기 위한 연구가 진행되었다. 이러한 연구 성과들은 2007 개정 교육과정과 2009 개정 교육과정에 일부 반영되었지만 만족할 만한 수준은 아니다.

도덕과를 중심으로 살펴보면, 부패 또는 반부패라는 용어는 2009 개정 도덕과 교육과정의 국민공통교육에서 추구하는 인간상, 학교급별 교육 목표, 교과의 성격과 목표는 물론 내용 체계에 전혀 보이지 않는다. 부패는 단지 중학교에서 '사회·국가·지구 공동체와의 관계'라는 영역의 8개 주제 중 하나인 '사회 정의와 도덕'의 한 부분으로 다루어질 뿐이다(교육과학기술부, 2012: 24~25쪽). 그것은 고등학교에서도 거의 비슷하다. 반부패는 고등학교의 『생활과 윤리』에서 '사회 윤리와 직업 윤리' 영역의 4개 주제 중 하나인 '인권 존중과 공정한 사회'에 일부 포함되어 있으며, 『윤리와 사상』에서는 전혀 다루지 않는다(같은 책, 41쪽).

이 장은 크게 네 부분으로 구성되었다. 첫째, 부패의 개념과 부패로 인해 발생할 수 있는 사회적 폐해를 검토하였다. 부패의 사회적 폐해를 보면 반부패는 사회적 과제일 수밖에 없다. 둘째, 부패 척결을 위한 국제 공조 체제에 대해 살펴보았다. 최근 부패 문제는 한 사회의 차원을 넘어 세계적인 중심 이슈로 부각되었다. 이를 통해 우리 사회가 부패를 반드시 퇴치하지 않고서는 국제 사회에서 살아날 수 없다는 것을 확인할 수 있다. 셋째, 우리 사회의 부패 정도와 그 심각성에 대해 검토하였다. 넷째, 중등학교 도덕 교과서를 중심으로 학교에서 이루어지고 있는 반부패 교육의 실상을 분석하였다.

1. 부패의 사회적 폐해

부패의 정의를 크게 분류하면 행위자에게 초점을 맞추는 행위자 중심의 부패와 제도나 정치 체제에 중심을 두는 구조적 부패의 두 가지로 나누어 볼 수 있다. 두 종류의 부패에서 공통적인 현상은 공직자들이 권력을 악용하여 사적인 이득을 취하는 것이다(이상환, 2006: 186쪽). 2001년 제정된 부패방지법에 제시된 부패는 다음과 같은 두 항목을 포함하는 광범위한 의미를 가지고 있다.

첫째, 공직자가 직무와 관련하여 그 지위 또는 권한을 남용하거나 법령을 위반하여 자기 또는 제3자의 이익을 도모하는 행위, 둘째, 공공 기관의 예산 사용, 공공 기관 재산의 취득·관리·처분 또는 공공 기관을 당사자로 하는 계약의 체결 및 그 이행에 있어서 법령에 위반하여 공공 기관에 대하여 재산상 손해를 가하는 행위이다(부패방지법 제1장 제2조 제3항).

이러한 부패 개념은 주로 공직자와 공공 기관과 관련되어 있다. 그러나 부패 행위는 공직자와 공공 기관에만 국한되는 것은 아니다. 공직 부패와 민간 부패는 상호 촉진 작용을 한다. 공직자에게 부패가 만연하면 부패 행위는 민간인에게 쉽게 확산된다. 부패 행위에 연루될 수 있는 상황에서 개인이 어떤 선택을 하느

나는 사회의 부패 수준에 영향을 받는다. 부패의 속성은 네 가지로 정리할 수 있다(박재완, 1997: 102~104쪽).

첫째, 부패는 공급자와 수요자의 합의에 의한 불법·부당 행위로서 매춘, 상습 도박, 마약 유통, 밀수 등과 마찬가지로 적발될 가능성이 낮다.

둘째, 부패의 피해는 불특정 다수에게 분산되므로 직접적인 피해자가 명확하지 않은 경우가 많다. 따라서 부패 당사자는 죄의식이 약하며, 직접적인 피해를 당하지 않은 피해자들은 부패에 대해 관대한 태도를 취하기 쉽다.

셋째, 부패는 불완전 경쟁에서 배태된 지대 추구rent-seeking 행위이므로 부패 행위는 대체로 독점적인 지위에서 발생할 가능성이 많으며, 부패 가능성과 정도는 독점력에 따라 증가한다. 부패 공급자의 독점력은 시장에 대한 정부 규제가 강력할수록 증가한다.

넷째, 부패는 자기 강화적인 관성에 의해 확산 효과를 지닌다. 과거의 부패가 현재의 부패를 유발하고, 자신의 부패가 사회의 부패 수준을 높여서 거꾸로 자신의 부패를 재유발하며, 미래의 부패에 대한 기대가 현재의 형태를 결정하게 되는 것이다.

이와 같이 부패는 시장 기능과 자원 배분의 왜곡, 건전한 경제 정책 수행 제약, 소득 불평등과 빈곤의 악화 초래, 중소기업 운영과 창업 활동 저해, 정부 지출의 구조 왜곡 등과 같은 다양한 경로를 통해 사회 구조를 왜곡시키며, 대다수 우리 국민들의 관심사인 경제 발전에도 직간접적으로 부정적인 영향을 미친다.

개발도상국가에 한정되어 논의된 것이기는 하지만 한때 부패가 경제 발전을 촉진한다는 주장들이 없지는 않았다(박상우, 2000: 89~92쪽). 즉 제2차 세계대전 이후 20~30년간 개발도상국가의 경제 상황을 고려한다면 부패가 일정한 정도 경제 성장을 촉진할 수 있었다는 것이다. 예컨대 박정희 시기를 지배하던 발전 국가라는 담론에서는 자율성을 갖고 있는 국가가 권위주의적이고 임의적으로 사회에 대한 개입을 통해 정부가 설정한 목표에 국가 자원을 집중적으로 동원함으로써 경제 성장을 빠르고 효율적으로 달성할 수 있다고 주장하였다.

발전 국가론은 아직도 한국 사회에 적지 않은 설득력을 갖고 있으며, 부분적으로 이를 실증하는 연구들도 있다. 부패의 순기능을 주장했던 학자들로는 레프Leff, 헌팅턴Huntington, 루이Lui 등이 있다. 이들은 부패가 '급행료speed money' 또는 '윤활유와 같은 돈grease money'과 같은 뇌물이 경직된 관료 절차의 지체를 피하게 함으로써 경제 효율성을 높일 수 있다는 점과 뇌물이 해당 공직자들로 하여금 더욱 열심히 일을 하도록 유도한다는 점을 제시하였다(박용수, 2004: 279쪽).

그러나 이러한 주장은 대부분 부패와 성장에 대한 매우 편협한 이해에서 비롯된 것이다. 최근 브라질과 인도에서 민주주의적 체제 위에서 이루어지고 있는 경제 성장은 발전 국가론이 일반화되기 어렵다는 점을 잘 보여주고 있다(박태균, 2009: 37~38쪽). 부패를 실증적으로 조사한 대부분의 연구들은 부패가 국가의 경제 발전을 저해하고 있다는 결과를 제시하고 있다. 부패가 경제적 효율성을 해치는 이유를 몇 가지 제시하면 다음과 같다(윤태범, 1998: 241~243쪽).

첫째, 부패는 낭비적이고 소모적인 지대 추구 행위를 유발하여 자원 배분을 왜곡한다. 부패 수요자는 기술 개발, 원가 절감, 품질 관리 등에 힘을 쏟기보다는 진입 장벽을 구축하여 경쟁을 제한하고, 파행적 수주 및 규제 공직자의 포획에 전념하게 되어 경제적 낭비가 발생한다.

둘째, 부패가 구조적으로 정착되면 지대를 추구하지 않는 기업들은 설 자리를 잃게 되고, 부패와 거리가 먼 기업들의 시장 진입을 차단하는 결과를 낳게 된다.

셋째, 관료들의 부패는 조세 포탈 등 정부 수입을 감소시키게 되고, 이를 보전하기 위한 세율의 인상 또는 세목의 신설을 불가피하게 만들어 성실 납세자의 실효 세율을 높여서 자원 배분을 더욱 왜곡한다. 또한 부패한 관료들은 공익보다 사익을 극대화하기 위해 본연의 임무는 소홀히 하면서 민원 처리 지연, 까다로운 절차와 과도한 서류 제출 등 불필요한 규제를 강화함으로써 경제적 효율성을 저해한다.

넷째, 부패는 상호 보완 관계에 있는 시장 질서 위반 행위를 부추겨 시장의 정상적인 작동과 질서 확립을 저해한다.

다섯째, 부패는 시장 유지를 위한 거래 비용을 증가시킨다. 부패 예방과 적발을 위한 감시 비용과 적발된 부패 행위의 처벌에 드는 집행 비용이 늘어난다.

여섯째, 부패 특히 고위직 부패는 사회 계층 간의 갈등과 대립, 분열을 조장함으로써 국민 통합을 저해한다.

이러한 이유들 때문에 부패가 만연한 국가는 경제적으로 발전하기 어렵다. 부패는 한 국가 안의 내부적 문제로만 그치는 것이 아니라 국제적으로도 영향을 준다. 즉 부패는 국가 신인도를 떨어뜨리는 원인으로 작용하기 때문에 국가 신인도가 낮아지면 해외 자본의 유치가 어려워질 뿐 아니라 1997년 외환 위기 때 경험하였듯이 이미 들어와 있는 해외 자본도 빠져나가 국가 경제 전체가 회복하기 어려울 정도의 타격을 입게 될 수 있다(김창룡, 2006: 20~21쪽).

1990년대 초 동구권 국가들의 몰락이나 최근 중동 여러 국가에서 볼 수 있듯이 부패가 국가의 쇠락이나 정부의 전복으로 귀결된 역사적 사례는 수없이 많다. 부패가 만연하면 사회 계층 간의 반목과 분열을 조장함으로써 사회 통합을 이룰 수 없으며, 부패의 주된 피해자들인 사회적 약자들이 저항할 경우 이를 수습하기 어렵다. 그러므로 부패를 미연에 방지하고 척결하는 것이 한 국가를 통합시키는 최선의 사회적·제도적 방안이다.

2. 부패 척결을 위한 국제 공조 체제의 확산

부패는 1990년 이전까지는 국제 사회나 다른 국가가 어느 한 특정 국가의 부패에 대해 논의하는 것을 내정 간섭으로 인식하였기 때문에 대체로 주로 국내 문제로 취급되어왔다. 이러한 이유로 부패 척결을 위한 논의는 한 국가를 넘어서지 못하였다(박용수, 2004: 276쪽). 그러나 유엔이 2003년 '세계 반부패의 날'을 정한 것에서 알 수 있듯이 부패는 현재 세계적인 차원에서 중요한 현안으로 대두되었다.

1990년을 전후하여 세계적으로 냉전 체제가 종식된 후 세계 각국은 과거 국가의 힘이었던 정치력과 군사력 대신 경제 중심의 국가 경쟁력을 중시하는 방향으로 전환하였다. 이러한 변화를 상징하는 것이 1995년에 출범한 국제무역기구wTo이다. 국제무역기구는 1948년에 만들어진 '관세 및 무역에 관한 일반협정 GATT'을 대체한 것이다. 국제무역기구는 GATT에 주어지지 않았던 세계 무역 분쟁 조정권, 관세 인하 요구, 반덤핑 규제 등 막강한 권한과 구속력을 갖고 있다.

부패가 세계적인 화두가 된 것은 1990년대 이후 개발도상국가에 대한 선진국 기업들의 해외 직접 투자가 급증하면서 개발도상국 공무원들에 대한 뇌물 공여도 이에 비례하여 증가했기 때문이다. 국제투명성기구TI에 의하면 1980년대 뇌물은 전체 거래 금액의 5% 정도였으나 1990년대에는 15%로 급증하였다. 커미션이라는 이름으로 분장한 뇌물이 두 자릿수를 넘으면 시장 가격에 적지 않은 부정적인 영향을 미친다. 『타임』은 국제 뇌물 규모를 1990년의 440억 달러에서 1995년에는 1,700억 달러에 육박한 것으로 추산하였다. 이에 따라 경제협력개발기구OECD, 세계은행World Bank, 세계무역기구 등은 향후 차관 및 국제 원조 제공에 있어 그동안 내정 간섭 등의 이유로 자제해왔던 수혜국 정부의 부정부패 관행에 대한 단속을 적극적으로 추진하게 되었다 (이상환, 2001: 47쪽).

부패 척결에 대한 본격적인 논의는 경제협력개발기구와 미국으로부터 시작되었다. 경제협력개발기구는 1976년 '국제 투자 및 다국적 기업에 관한 선언'을 처음으로 도입함으로써 차후 회원국들 간에 법적 구속력이 있는 반부패 국제 규범을 채택하기 위한 초석을 마련하였다. 경제협력개발기구 각료이사회는 1994년 5월 외국 공무원에 대한 뇌물 공여를 방지하기 위한 최초의 국제적 합의인 '국제 상거래 뇌물 방지 권고'를 채택하였고, 1996년 5월에는 외국 공무원에 대한 뇌물 공여를 형사 처벌하기로 원칙적으로 합의하였으며, 1997년 5월에는 외국 공무원에 대한 뇌물 공여를 형사 처벌할 수 있는 법적 근거를 마련하였다(박용수, 2004: 281~282쪽). 경제협력개발기구의 논의는 국제 상거래에서 제공되는 뇌물에 초점을 맞추고 있는데 그것은 회원국 대부분이 세계 주요 교역국이며, 이들 회원국 기업이 주요 뇌물 제공자들이기 때문이다(이상환, 2001: 50쪽).

경제협력개발기구 회원국인 한국도 1997년 12월에 뇌물방지협약에 서명하였고, 1999년에 이행 입법을 발효시킨 것을 시작으로 2001년 7월 부패방지법을 제정하고, 2002년 1월 '부패방지위원회'를 대통령 소속 기관으로 신설하였으며, 2010년까지 국제투명성기구의 부패 인식 지수를 40위권에서 10위권으로 끌어올리는 것을 주요 정책 목표로 정하였다(박용수, 2004: 288쪽).

미국 정부는 1972년 워터게이트와 1976년 록히드사의 뇌물 사건 등과 같은 대형 부패 사건을 겪은 후 부패와의 전쟁을 선포하고, 다양한 부패 방지 법안을 입법하였다. 1977년에 제정된 '해외방지부패법'은 이러한 노력의 대표적인 산물로서 국제 간 거래에서 외국 공무원에게 뇌물을 제공하는 것을 금지하였다. 이 법은 미국 안에서만 적용되고 있었다. 그러나 1990년대 중반 국제 교역이 증가하면서 미국 의회에서 이 법 때문에 미국 기업들이 개도국 및 체제 전환국 시장의 정부 조달 입찰이나 시장 진입에서 다른 국가의 기업들에 비해 상대적으로 불리하다는 주장이 제기되었다. 예컨대 1996년 발간된 미국 의회의 수출 보고서를 보면 국제 입찰에 있어서 뇌물 공여가 상대적으로 자유로운 타국 기업들로 인해 1994년 이후 36건의 계약 기회를 놓쳐 110억 달러의 손해를 입었다고 한다(김덕주, 2002: 1~2쪽).

이러한 인식을 바탕으로 미국 정부는 1995년 갓 출범한 세계무역기구에 세계의 부패 관행을 척결하기 위한 기강을 세우는 역할을 하여야 한다고 주장하는 등 부패 관행을 척결하기 위한 적극적인 공세에 나섰다. 부패 척결을 위해 미국은 특히 경제협력개발기구 차원의 논의에 각별한 노력을 기울여왔다. 그것은 미국 기업의 경쟁 상대들이 대부분 경제협력개발기구의 회원국 기업들로서 미국의 실질적 이해관계가 걸려 있었기 때문이다.

경제협력개발기구와 미국이 부패 척결에 앞장서면서 유엔 역시 국제 반부패 규범 마련을 위한 작업을 적극적으로 수행하였다. 1996년 12월에는 '반부패 행동에 관한 결의 및 국제 상거래에서의 부패와 뇌물에 관한 선언'이 있었으며, 1997년 유엔 총회에서는 국제 상거래에서의 반부패 결의를 채택하고, 2000년 유엔 총회에서는 초국적인 '조직범죄방지협약'을 채택하였다. 이러한 일련의 과정을 통해 2003년에는 유엔반부패협약에 100여 국가가 참여한 것을 기념하여 세계 반부패의 날을 정할 수 있었던 것이다. 유엔의 노력은 선진국들을 중심으로 한 반부패 국제 규범 마련을 위한 논의와는 달리 개도국들과 제3세계 국가들을 포괄하여 세계적 차원에서 이루어졌다는 점에 그 의의가 있다(박용

수, 2004: 294쪽).

선진국에서 비롯된 부패 척결 논의는 선·후진국에게까지 확산되고 있다. 부패 척결을 위한 노력은 기업 윤리의 국제 표준화 작업으로도 나타나고 있다. 기업 윤리의 국제 표준화 작업은 기업 윤리가 제품의 품질과 함께 국제 거래의 필수적인 요소가 되는 것은 물론 기업의 신용도를 평가하는 기준으로 작용하고 있다(최인철, 2002: 8쪽).

이러한 기업 윤리의 국제 표준화 작업은 기업의 사회적 책임을 강화하고 있다. 기업의 사회적 책임은 소비자 주권의 확대라는 측면에서 일부 선진국에서만 쟁점화되었던 주제이지만 이제는 선진국의 후진국에 대한 무역 공세의 한 항목으로 자리를 잡았다. 사회적 책임을 이행하지 않는 기업을 규제하는 것이 가능해진 것이다. 이것이 세계화 및 무역 자유화의 일환으로 논의되고 있는 윤리 라운드Ethic Round이다. 국제기구나 비정부기구를 중심으로 기업의 재무 외적인 성과와 관행에 대한 지침을 제공하는 준칙이나 표준을 의미하는 글로벌 규약이 발표되거나 준비되고 있는 것이다. 기업들은 글로벌 규약에 기초하여 자사의 사회적 책임을 이해하고 다양한 사업 행동과 관련하여 행동 강령 등의 공적 약속을 작성하고 있다.

아시아 국가들 중에는 선진국들이 반부패 논의를 이용하여 아시아 지역에 대한 시장 개방 압력을 가할 것으로 우려하는 분위기가 있고(임종현·신현기, 2009: 85~86쪽), 개발도상국가의 입장에서 보면 윤리 라운드가 불합리한 측면이 없는 것은 아니지만 글로벌 스탠더드를 지향하는 기업은 더 이상 기업의 사회적 책임을 외면하던 방식으로는 경영을 할 수 없게 되었다(정원규 외, 2006: 366~371쪽).

3. 우리 사회의 부패 수준과 그 심각성

우리 사회의 부패 수준을 객관적으로 논증하는 것은 어렵다. 부패 수준을 측정하는 설문 조사나 매스 미디어에 발표된 부패 사례만으로는 객관적인 부패 수준을 측정하기 어렵기 때문이다.

현재 국제투명성기구에서 발표하는 부패 인식 지수CPI는 한 국가의 부패 수준을 총체적으로 가늠할 때 가장 많이 이용되는 자료로서 그 객관성을 세계적으로 인정받고 있다.

국제투명성기구는 한 국가 및 국제적 차원에서 부패를 줄이고 처벌하도록 하는 전략과 메커니즘을 정의하고 소개하는 세계 유일의 반부패 국제 NGO이다. 이 기구는 2000년에 발표한 'Statement of Vision, Values and Guiding Principles'라는 선언문에 보이듯이 정부, 정치, 사업, 시민 사회, 시민들의 일상생활이 부패로부터 자유로워지는 세계를 목표로 하고 있으며, 투명성, 책임성, 연대, 용기, 정의, 민주주의 등의 가치들을 추구하고 있다(이상환, 2001: 59쪽).

이 기구는 부패 인식 지수 외에 각국의 공무원이나 정치인이 얼마나 부패를 조장하는지에 대한 인식을 나타내는 뇌물 공여 지수BPI, 세계 부패 척도GCB 등을 발표하고 있다. 부패는 '주는 측면'과 '받는 측면'으로 이루어지고 있다는 점을 고려하여 부패 인식 지수는 부패의 받는 측면(공공 부패), 뇌물 공여 지수는 주는 측면(민간 부패)을 측정한다. 세계 부패 척도는 부패의 해결 방안을 고려하기 위해 '국민의 인식'을 측정한 것이다. 1995년부터 매년 발표되고 있는 부패 인식 지수는 세계 각국의 부패 정도에 대한 전문가들의 인식 여론 조사 결과를 취합, 표준화의 과정을 거쳐 단일 지수화한 것이다. 부패 인식 지수는 10점 만점으로 일반적으로 7점대는 사회가 보편적으로 청렴하다고 보며, 3점대는 보편적으로 부패하다고 보고 있다(http://www.ti.or.kr/xe/trnasindex).

그러나 국제투명성기구에서 부패 인식 지수를 구하는 방식에 논란이 없지는 않다. 즉 부패 행위에 대한 각국별 기준이 상이한 상황에서 획일적인 기준을 적용하는 것은 각 국가의 고유한 문화와 관습을 무시하는 우를 범할 수 있다는 지적이 그것이다. 또한 국제투명성기구의 재정 수입은 대부분 선진국과 다국적 기업에 의존하고 있다는 점에서 비정부기구의 독자성을 확보할 수 있는가에 대한 의문이 제기되기도 하였다(이상환, 2001: 61쪽).

국제투명성기구가 발표한 부패 인식 지수를 보면 부패가 만연한 국가는 대체로 경제적으로 발전하기 어려우며, 반면 부패 척결에 모범적인 국가들은 경제 발전을 실현하고 있다는 것을 알수 있다. 주요 국가 2010년 부패 인식 지수와 세계은행이 발표한 1인당 국민 소득GNI을 결합해 만든 다음의 표는 부패 인식 지수가 높은 국가들이 대체로 국민 소득도 높다는 것을 잘 보여주고 있다.

표 3_주요 국가 2010년 부패 인식 지수와 국민 소득 현황[1]

국가명	2010 CPI		2010 GNI	
	순위	지수	순위	국민 소득(US 달러)
뉴질랜드	1	9.3	38	29,050
덴마크	1	9.3	10	58,980
싱가포르	1	9.3	29	40,920
핀란드	4	9.2	17	42,390
스웨덴	4	9.2	14	49,930
캐나다	6	8.9	26	41,950
네덜란드	7	8.8	15	49,720
스위스	8	8.7	7	70,350
호주	8	8.7	23	43,740
노르웨이	10	8.6	4	83,380
아이슬란드	11	8.5	33	33,870
룩셈부르크	11	8.5	6	79,510
홍콩	13	8.4	34	32,900
아일랜드	14	8	28	40,990
오스트리아	15	7.9	19	46,710
독일	15	7.9	24	43,330
일본	17	7.8	27	42,150
영국	20	7.6	31	38,540
벨기에	22	7.1	21	45,240
미국	22	7.1	18	47,140
프랑스	25	6.8	25	42,390
스페인	30	6.1	35	31,650
포르투갈	32	6	44	21,860
대한민국	39	5.4	45	19,890
폴란드	41	5.3	56	12,420
헝가리	50	4.7	55	12,990
체코	53	4.6	48	17,870
터키	56	4.4	66	9,500
슬로바키아	59	4.3	50	16,220
이탈리아	67	3.9	32	35,090
그리스	78	3.5	40	27,240
멕시코	98	3.1	69	9,330
	2010년 OECD CPI 평균 6.97		2010년 세계 CPI 평균 4.01	

180

이 표에 의거하면 2010년을 기준으로 부패 인식 지수가 7.0 이상인 주요 국가의 1인당 국민 소득은 평균 GNI 4만 8,000달러 이상이다. 이 표에는 나타나 있지 않지만 부패 인식 지수가 4.0 이하인 국가들은 대부분 GNI 2,000달러 이하의 수준에 머물러 있다. 이 표를 통해 국가의 부패 수준과 GNI 간에 강한 상관관계가 있으며, 소득 수준이 높은 국가일수록 부패가 적다는 것을 확인할 수 있다.

높은 국민 소득이 청렴성을 보장하는 유일한 원인이라고 하기는 어렵지만 선진국일수록 부패에 대해 철저한 사회적, 법적 책임을 묻는 반면 후진국일수록 부패의 뿌리가 깊고 광범위하게 일반화되어 있다. 선진국들은 부패가 국가 경쟁력을 함몰시키고 나아가 국가를 패망시키는 주요 원인이라고 인식하고 있기 때문에 부패 척결 의지가 매우 강하다. 청렴한 국가일수록 통계적으로 유의미한 높은 성장률을 경험한다는 연구도 있다(장근호, 2000: 41쪽).

부패 인식 지수와 GNI 간의 관계를 고려할 때 반부패는 지속적인 경제 발전을 이루기 위해서라도 반드시 해결해야 하는 사회적 과제임을 알 수 있다. 2010년 경제협력개발기구 회원국의 부패 인식 지수의 평균이 6.97인 데 비해 한국은 5.4로 세계 39위에 불과하다. 한국은 GDP와 교역량 등에서 세계 10위권의 선진

---

[1] 이 표는 글쓴이가 2010년 부패 인식 지수와 2010년 세계은행이 발표한 국민 소득GNI을 토대로 만든 것이다. 이 표에서 부패 인식 지수가 7.0 이상이면서 제외한 국가는 공동 17위인 바베이도스(7.8)와 19위인 카타르(7.7), 21위인 칠레(7.2)이다. 단, 2010년 뉴질랜드와 캐나다, 호주의 GNI는 발표되지 않아 2009년 GNI를 사용하였다(http://data.worldbank.org/indicator/NY.GNP.PCAP.CD).

국 수준의 경제 규모이지만 부패는 여전히 절대 부패에서 갓 벗어난 상태에 머무르고 있다. 정부는 2010년까지 부패 인식 지수를 40위권에서 10위권으로 끌어올리는 것을 주요 정책 목표로 정하였지만 현실은 전혀 다르게 나타나고 있는 것이다.

우리 정부는 수립된 지 50여 년이 지나도록 부패 문제와 관련한 체계적인 법조차 제정하지 못하다가 1999년 대통령 자문기구인 '반부패특별위원회'를 구성하면서 부패 척결을 위한 첫 발걸음을 내디뎠다. 이 위원회는 내적으로는 부패가 외환 위기의 주범이라는 인식이 확산되고, 대외적으로는 1997년 경제협력개발기구의 뇌물방지협약을 비롯한 국제적인 부패 척결 노력이 가시화된 후 시민 단체들이 주축이 되어 부패방지제도입법시민연대를 결성한 것에 자극을 받아 설립되었다. 이 위원회는 공직자행동 강령, 부패 행위 신고자 보호 및 보상금 지급 제도, 시민감사 청구 제도 등이 포함된 반부패기본법의 입법을 추진하고, 기업 윤리 강령을 채택하는 기업에게는 인센티브를 제공하는 방안, 뇌물 제공 기업에게 제재를 강화하는 국가 계약법시행령 개정을 추진하였다(위수일, 2005: 154쪽).

2001년 7월 공포된 부패방지법은 이러한 노력의 결과였다. 공직자의 부정부패를 예방할 수 있는 조항이 상당 부분 빠지기는 했지만 이 법의 제정으로 공직자 및 공공 기관과 관련된 부패 행위를 근절하고, 내부 고발자를 보호할 수 있는 법적 근거를 마련하였다. 이 법에 따라 2002년 1월 대통령 소속 기관인 부패방지위원회가 신설되었다. 부패방지위원회는 부패 방지 정책의 수립 및 제도 개선, 부패 행위 신고의 접수 처리 및 신고자의 보호, 반부패 교육 홍보 및 협력 등 세 기능을 부여받았다(홍현선, 2002: 5쪽). 이 위원회는 신고된 부패 행위에 대해 사실 확인만을 할 수 있고, 고위 공직자를 고발할 수는 있으나 조사권이 없으며, 내부자 고발의 경우 신분상 불이익 처분에 대한 입증을 신고자에게 부과하는 등 한계가 있었다(홍현선, 2002: 18쪽).

부패방지위원회는 '국가 청렴도 제고'라는 적극적인 목표를 추구해야 한다는 취지에서 2005년에 국가청렴위원회로 명칭이 변경되었다가 2008년에 국무총리 소속으로 격이 낮아진 국민권익위원회에 통합되었다. 국민권익위원회로의 통합은 부패 방지 기구의 독립성을 훼손하고, 부패 방지 기능을 약화시킨 것으로서 반부패 정책의 후퇴를 의미하는 것이었다. 이는 독립적인 부패 방지 기구의 설치를 규정하고 있는 유엔반부패협약의 의무 사항을 정면으로 위배하는 것이기도 하였다(유문무, 2009: 202쪽).

2001년 7월 부패방지법을 제정하고, 2002년 1월 부패방지위원회를 신설하는 등 2000년대 초반 부패 척결을 위한 정부의 의지는 부패 인식 지수가 조금씩 높아지는 것으로 나타났다. 즉 5.02로 나타났던 1996년을 제외하고는 2004년까지 대체로 4점대 초반을 벗어나지 못하던 부패 인식 지수는 2005년에 비로소 5.0으로 5점대에 접어든 이후 조금씩 나아져 2008년에는 역대 최고 수준인 5.6으로 높아졌다.

그러나 2009년 이후 부패 인식 지수는 점점 낮아지고 있다. 2009년에는 6년 만에 처음으로 0.1점이 하락하였으며, 2010년에도 5.4로 역시 0.1점이 낮아졌다. 한국의 부패 인식 지수는 아시아 지역에서도 싱가포르, 홍콩과도 큰 차이가 있다. 특히 우리의 부패 인식 지수가 낮아지고 있는 것과는 달리 대조적으로 이웃 국가인 일본과 대만의 점수는 높아지고 있다. 이것은 우리 사회의 반부패가 답보 또는 후퇴 상태라는 사실을 드러내고 있는 것이다.

현 정부의 반부패 의지는 국제 사회에서도 불신을 받고 있다. 국제투명성기구가 2010년 7월 발표한 「2010년 경제협력개발기구 뇌물방지협약 이행보고서」의 한국 편에서는 삼성 이건희 회장의 대통령 사면과 경영 복귀, 검사 스폰서 사건 등 국내 부패 환경의 악화를 우려했을 뿐 아니라, 이 사실을 두고 한국 검찰의 수사 능력과 의지에 대해 의구심을 표하였다(http://ti.or.kr/xe/briefing/211856).

반부패 상황이 심각하다는 것은 뇌물 공여 지수와 세계 부패 바로미터에도 나타난다. 2008년도 뇌물 공여 지수에서 한국은 10점 만점에 7.5로 조사 대상 국가 22개국 가운데 남아프리카, 대만과 함께 공동 14위에 머물렀다. 이는 우리 기업의 해외 뇌물 관행이 여전하다는 것으로 우리 기업에 대한 국제적 평판이 개선되지 않고 있음을 보여준다. 특히 우리 기업들은 저소득 국가에서 더 많은 뇌물을 주는 것으로 나타나 윤리적 이중 잣대를 가졌다는 평가를 받았다(http://ti.or.kr/xe/BPI2).

한국의 부패 척결을 위한 노력이 국제 사회의 외면을 받고 있는 것과 마찬가지로 우리 국민들도 정부의 반부패 정책을 불신하고 있다. 2010년 우리 국민 1,500명에 대한 면접 조사를 근거로 발표된 세계 부패 척도를 보면, 정부의 반부패 노력이 비효과적이라고 답한 응답자가 54%로 세계 평균 50%보다 높았으며, 지난 3년간의 부패 수준의 정도에 대한 조사에서는 32%가 부패가 증가했다고 답변하였다.

아울러 사회 각 분야에 대한 불신도 여전히 높게 나타났다. 가장 부패한 분야가 5점, 가장 청렴한 분야를 1점으로 배점했을 때 정당(4점), 의회(4점), 경찰(3.7점), 공무원(3.6점), 사법(3.6점), 교육(3.5점), 기업(3.4점), 언론(3.4점), 군대(3.3점), 종교단체(3.0점), NGO(2.7점) 등으로 나타났다. 다만 보통 사람도 부패에 대항하는 행동을 통해 사회를 변화시킬 수 있다는 답변이 67.2%, 부패한 사태를 보게 되면 신고하겠다는 답변이 65.7%여서 부패에 대한 행동 의지는 비교적 희망적이라고 평가되었다(http://ti.or.kr/xe/file/GCB1).

우리 정부도 부패 인식 지수가 2년 연속 하락한 것에 대해 우려하는 입장을 발표하였다. 국민권익위원회는 국제적 위상과 목표 청렴 수준에 비해 우리 부패 인식 지수가 매우 낮다는 사실을 인정하였다. 그러나 부패 인식 지수의 하락을 정부의 강력한 반부패·청렴 정책 추진 과정에서 드러난 과거의 부패 친화적인 관행과 불합리한 요소들이 여전히 국제 사회에서 부정적으로 평가받고 있는 데에서 기인한다고 주장하였다(http://www.korea.kr). 반부패가 정체 또는 후퇴하고 있는 상황임에도 불구하고 과거의 부패 친화적인 관행과 불합리한 요소들에 부패 증가의 책임을 돌리는 국민권익위원회의 입장은 정부의 부패 척결 의지가 대단히 미약하다는 것을 잘 보여주고 있다. 이는 「2010년 경제협력개발기구 뇌물방지협약 이행보고서」 한국 편에서 제시한 국제 사회의 평가와 커다란 차이가 있다.

한국투명성기구는 부패 인식 지수의 하락을 최근 2~3년간 나타난 우리 사회의 부패 불감 현상에서 찾았다. 연일 터져 나온 교육 비리와 특권층 비리, 고위 공직자 자녀의 채용 비리, 사정 기관의 부패 스캔들, 대통령의 사면권 남용 등은 우리 사회 전반의 부패 현실을 반영하고 있다는 것이다. 더욱이 현 정부의 친기업 행보와 고위 공직자들의 적격성 논쟁에서 드러난 윤리 의식의 붕괴는 관행적 부패가 온전한 우리 사회에 지능형 부패가 창궐할 수 있는 조건을 가져왔다고 보고 있다. 이 기구는 우리 사회에서 법치주의가 실종되고 있으며, 훼손된 국민의 법 감정은 결국 윤리의 실종과 부패 인식 지수의 계속적인 추락으로 이어질 것이라고 경고하였다(http://ti.or.kr/xe/CPI2).

4. 도덕 교과의 반부패 교육 현실

우리 사회의 심각한 부패 상황을 고려할 때 학교에서 반드시 반부패 교육을 실시해야 한다. 그러나 현재 학교의 반부패 교육을 거의 없다고 할 수 있을 정도로 매우 빈약한 실정이다. 사회의 부패 현상이 심각한데도 반부패 교육을 실시하지 않는다는 것은 그동안 우리 사회가 부패를 무시해왔음을 잘 보여준다. 반부패 교육을 할 수 있고, 또 해야 하는 중핵 교과인 도덕과에서도 반부패 교육은 거의 실시되지 않고 있다. 제7차 교육과정에 의거한 도덕 교과서는 중학교 3권, 고등학교는 일반 선택 과목과 심화 선택 과목을 포함해 4권으로 구성되어 있다.

모든 도덕 교과서에는 '찾아보기'가 붙어 있는데 찾아보기에서 (부정) 부패 또는 반부패라는 용어는 전혀 찾아볼 수 없다. 교과서 본문에 부정부패 또는 비리라는 용어가 없지는 않다. 그럼에도 불구하고 이러한 용어를 찾아보기에서 제외했다는 사실은 반부패 교육을 무시하고 있다는 사실을 상징적으로 보여준다. 물론 부패는 도덕과 관련된 중요한 주제이기 때문에 도덕 교과에 부패에 관한 내용이 전혀 없는 것은 아니다.

다음 인용문은 중등학교 교과서에서 부패의 문제를 가장 구체적으로 기술한 부분이다.

사회 구조의 도덕적 타락 문제이다. 우리는 법과 제도상의 허점을 이용해서 특정한 기업이나 정치 집단이 일으키는 각종 불법과 비리를 쉽게 볼 수 있다. 이러한 불법과 비리 사건은 특정한 개인의 도덕성이나 윤리 의식의 개선만으로는 해결하기 어렵다는 것을 알아야 한다. …… (현대 사회의 도덕 문제를 해결하기 위해서는) 사회 구성원들이 사회 전체의 이익을 위하여 정해진 규율과 질서에 합의해야 한다. 그리고 시민들은 개인적으로 도덕심을 갖추어야 할 뿐 아니라 사회적·국가적으로 미비한 법과 제도를 보완하고, 부정과 비리를 근절시킬 수 있는 제도적 장치를 마련하여야 한다(『중학교 도덕 2』, 52~53쪽).

또한 교과서는 단편적으로 일부 정치인들의 부정부패 문제를 지적하기도 하였다(같은 책, 253쪽). 그러나 이 기술을 제외하고는 부패와 관련한 구체적인 기술은 찾아보기 어렵다.

교과서는 부패를 우리 사회가 성취한 빠른 경제 성장의 이면으로 보았다. 교과서는 우리 사회에 준법정신이 낮은 이유 중 하나로 1960년대 이후 고도의 경제 성장 과정에서 결과에만 관심을 두고 목적 달성을 위해서는 수단과 방법을 가리지 않던 관행을 제시하였다(같은 책, 99쪽). 교과서는 빠른 경제 성장의 어두운 면에 대해 다음과 같이 말하고 있다.

우리나라는 서구 사회에 비하여 짧은 기간 내에 경제 성장을 이루었다. 그러나 성장이라는 밝은 뒤에는 여러 가지 어두운 부분도 있다. 그 대표적인 문제점으로 지적되는 것이 우리 자본주의가 공익성과 공정성에 기반을 둔 견실한 자본주의로 정착되지 못하고, 경제 윤리가 결여된 바람직하지 못한 자본주의의 속성을 띠게 되었다는 점이다. …… 정상적인 생산 활동보다는 투기와 같은 부당한 방법을 통해 부를 증식시키는 사람들이 늘어남에 따라 부를 축적한 사람들에 대해 냉소의 눈길을 보내는 경우마저 생겨났다(같은 책, 135쪽).

우리 사회에 경제 윤리가 결여된 바람직하지 못한 면이 있다고는 하였지만 그 예로 오직 투기 하나만을 제시한 것은 경제 성장의 어두운 면에 대한 설명이라고 하기 어려울 정도로 매우 빈약하다. 교과서는 경제 정의를 훼손한 사람들의 예로 불로 소득으로 돈을 버는 사람, 돈을 많이 벌고도 세금을 제대로 내지 않는 사람, 가짜 참기름이나 가짜 한우 고기 등 가짜 상품을 파는 사람들을 제시하였다(같은 책, 210쪽).

중학교보다 고등학교 교과서는 부패에 관한 관심이 더 적다. 『고등학교 도덕』은 사회 정책이나 제도의 개선 없이는 해결하기 어려운 문제로서 환경 문제, 지역 이기주의, 부정부패, 이익 집단 간의 갈등을 제시하였다(『고등학교 도덕』, 26쪽). 교과서는 단지 부정부패가 있다는 것을 지적할 뿐 어떤 다른 설명을 덧붙이지 않았다. 『시민 윤리』에서 부패와 관련된 내용은 경제 윤리의 중요성을 서술하는 가운데 나온다. 교과서는 우리가 대중 매체를 통해 옳지 못한 많은 현상을 보고 들어왔었다고 하면서 다음과 같이 기술하고 있다.

일부 판매업자는 수입 쇠고기와 농산물을 국산으로 둔갑시켜 판매하고, 기업가 중에는 어려움에 처한 기업을 살리려고 노력하기는 커녕 수많은 돈을 대출받아서 사욕을 채우고는 기업을 부도나게 하는 사람도 있었다(155쪽).

또한 바람직한 경제 윤리로서 "자기 이익을 위해 절도나 강도, 사기, 폭력, 권력 남용 등의 불법적인 방법으로 남의 재산이나 이익을 가로채서는 안 된다."고 제시한 기술이 부패와 관련되어 있다(156쪽). 여기에 일부 부패 현상이 거론되어 있지만 정부 기관, 정치계, 경제계, 금융계 등이 결탁하여 발생하는 구조적 부패에 관한 것은 전혀 기술되어 있지 않다. 『시민 윤리』의 '현대 사회 문제와 시민 윤리'라는 단원은 생명 존중과 환경 윤리, 과학·정보, 성性·약물, 문화·예술·종교 문제에 국한되어 부패 문제를 거론하기 어려운 내용으로 구성되어 있다. 『윤리와 사상』·『전통 윤리』에도 부패와 관련한 논의는 거의 없다.

부패에 관한 내용이 적은 것도 문제이지만 교과서의 관점은 부패를 사회 구조적으로 접근할 수 없게 만든다. 사소한 것이지만 외국산을 국산으로 둔갑시켜 판매하는 판매업자가 먼저 나온 후에 대출받아 사욕을 채운 후 부도낸 기업인을 제시하고 있는데, 이는 순서를 바꾸어야 한다. 마찬가지로 불법적인 방법 제시도 권력 남용을 제일 앞에 두어야 한다. 일반적으로 앞에 제시된 것이 중요하다고 한다면 사회적 파장이 큰 것을 앞에 서술하는 것이 좋다.

이러한 기술에서도 볼 수 있지만 교과서의 관점은 우리 사회의 구조적 부패를 직시하지 않고, 부패를 대부분 개인들에 의해 자행되는 비리 수준에서 논의하고 있다. 예컨대 경제 정의를 훼손한 사람들로 불로 소득으로 돈을 버는 사람, 돈을 많이 벌고도 세금을 제대로 내지 않는 사람, 가짜 참기름이나 가짜 한우 고기 등 가짜 상품을 파는 사람들을 제시한 것이 그것이다. 고등학교 교과서도 옳지 못한 경제 현상으로 수입 쇠고기와 농산물을 국산으로 둔갑시켜 판매한 일부 판매업자와 수많은 돈을 대출받아서 사욕을 채운 후 기업을 부도나게 하는 일부 기업인을 제시하였다.

중학교 교과서에서 기술한 대로 법과 제도상의 허점을 이용해서 특정한 기업이나 정치 집단이 일으키는 각종 불법과 비리를 쉽게 볼 수 있을 정도로 우리 사회 구조가 도덕적으로 타락했다면, 경제 정의 또는 경제 윤리의 훼손 사례들은 우리 사회의 도덕적 타락 현상을 보다 잘 보여주는 구조적 부패 현상들로 대치되어야 할 것이다.

이상에서 살펴본 바와 같이 도덕 교과에서는 부패를 우리 사회의 심각한 도덕적 타락 현상으로 일부분 인식하면서도 부패에 대한 설명은 물론 그것을 해결해야 한다는 의지도 매우 빈약하다. 우리 사회의 부패 수준을 고려할 때 도덕 교과에서 반부패 교육은 크게 강화되어야 한다. 관련된 주제와 함께 반부패를 기술하는 것은 물론 매 학년 반부패 단원을 독립시켜 반부패의 중요성을 각인시켜야 한다.

그리고 반부패 교육은 추상적이기보다는 구체적이어야 한다. 즉 먼저 우리 사회의 심각한 부패 현실과 그 폐해를 제시하고, 부패가 해결되지 않을 경우 그것이 개인, 사회, 국가를 파멸시킬 수도 있는 사회적 큰 재앙이라는 것을 가르쳐서 학생들이 부패의 심각성을 공감할 수 있어야 한다. 아울러 우리 사회에 왜 부패가 만연하게 되었는가를 가르쳐야 한다. 원인을 모르면 부패 척결을 할 수 없다.

또한 우리 주변과 학교, 사회에서 발생하는 부패에 대해 고발하고 저항할 수 있는 용기에 대해서도 가르쳐야 한다. 부패 척결이 되어야만 건강한 사회와 국가가 정립되는 것은 물론 자신의 삶을 가꿀 수 있다는 것을 가르쳐야 하며, 부패를 해결하기 위한 사회적·제도적 장치에 대해서도 고민하게 해야 한다.

5. 맺음말

반부패를 위한 국제적인 공조 체제가 강화되고 있는 현시점에서 부패 척결은 한 국가 수준을 넘어 전 세계적으로 반드시 해결해야 할 과제로 떠올랐다. 다만 현재 반부패에 관한 국제적인 논의가 주로 경제 논리와 연결됨으로써 도덕성 회복보다는 국가 경쟁력 차원에서 논의되고 있다는 점에서 한계가 없지는 않다.

반부패가 시대적인 과제가 되었음에도 불구하고 최근 우리 사회에서 뚜렷한 성과를 거두지 못하고 오히려 정체 내지 후퇴하고 있는 것은 매우 안타까운 일이다. 경제 규모와 달리 우리 사회의 부패 수준은 후진국을 갓 벗어난 상태에 불과하다. 부패 인식 지수가 하락하고 있는 것은 우리 국민의 도덕성이 하락하고 있다기보다는 현 정부의 반부패 정책이 매우 미약할 뿐 아니라 어떤 측면에서는 오히려 부패를 조장하고 있다는 점에서 매우 비극적이다. 반부패에 앞장서야 할 정부가 부패를 조장하고 있는 현실에서 부패 척결은 지난해 보인다.

그럼에도 불구하고 부패 척결은 시대적인 과제라는 점을 고려할 때 손 놓고 부패가 저절로 없어지기만을 기다릴 수는 없다. 청소년들도 우리 사회의 부패가 심각하며, 앞으로 부패가 증가할 것이라고 생각하고 있다. 이러한 우리 청소년의 인식은 2009년 국민권익위원회에서 실시한 청소년을 대상으로 한 부패 인식도 조사에서 확인된다. 이 조사에 따르면 청소년의 76.8%는 우리 사회가 부패했다고 인식하고 있으며, 이는 2008년 만20세 이상 성인 남녀를 대상으로 실시한 조사 결과(59.1%)보다 더욱 부정적이었다. 2~3년 후를 예상한 부패 수준에 대해서도 '지금보다 부패가 더 늘어날 것'이란 부정적 전망이 51.7%로 나타나 2007년 조사 37.2%에 비해 증가했다(『미디어데일리』, 2009년 6월 23일).

우리 사회를 부패했다고 생각하는 청소년의 윤리 의식도 매우 낮은 편이다. 2008년 11월 국제투명성기구가 한국과 인도, 방글라데시, 몽골 등 아시아 4개국에 거주하는 청소년들의 반부패 인식 지수를 조사한 결과에 따르면 우리는 조사 대상국 중 최하위를 기록했다. 설문 조사의 공통 제시문 가운데 '정직하게 사는 것보다 부자가 되는 것을 더 중요하게 생각하느냐?'는 항목에 대해 '그렇다'고 대답한 비율은 방글라데시가 3.1%에 불과한 반면 우리는 22.6로 방글라데시에 비해 무려 7배나 높았다. 인도는 8.4%, 몽골은 9.1%였다. 또한 '만약 경찰이나 지켜보는 사람이 없으면 교통 법규를 지키지 않을 수 있다.'라는 질문에 긍정하는 답변은 방글라데시 7.2%, 인도 8.8%, 몽골 12%였지만 한국은 무려 44.1%를 기록해 자율적인 기초 질서 준수 의식이 현격히 떨어졌다(『한겨레』, 2008년 11월 7일).

우리 청소년의 윤리 의식이 후진국이라고 하는 인도, 방글라데시, 몽골보다도 현저하게 떨어지고 있는 것이 사실이라면 한국윤리학회를 비롯한 윤리학 관련 학회는 크게 반성해야 한다. 부패는 도덕 교과와 직결되는 주제로서 반부패 교육을 담당해야 할 핵심 교과이다. 현재 초·중등학교 도덕 교과서에서 반부패 교육은 거의 이루어지고 있지 않다. 2009 개정 교육과정에 따라 앞으로는 반부패 교육이 현재보다 조금 나아질 것으로 보이지만 만족할 만한 수준은 아니다.

그동안 반부패를 주요 내용으로 채택하지 못한 것은 우리 사회에 만연한 부패의 문제를 경시한 데에서 기인하였다. 우리 청소년의 윤리 의식이 매우 낮은 수준이며, 반부패가 시대적 과제로 부상했다는 것을 고려할 때 윤리학계에서는 초·중등학교의 도덕 교과에 반부패를 강조하는 교육 내용을 담을 수 있도록 최대한 노력을 기울여야 한다.

특히 우리 정부가 반부패 정책을 강력하게 추진하지 못하는 상황에서 윤리학계는 반부패를 도덕 교과의 핵심 교육 내용으로 선정하여 반부패 교육을 정착시킴으로써 우리 사회를 맑고 투명하게 만드는 데 일조해야 할 것이다.

보론

제1장

현대 한국 사회에서 유교 연구의 문제

1. 문제의 제기

동아시아의 중요한 전통 중의 하나였던 유교는 현대 한국 사회에서 어떤 의미를 갖고 있을까?

중국의 경우 5·4 운동 이후 유교는 대체로 중국 전제 정치의 정신적 지주이며, 인간 해방을 방해하는 봉건적 정치 윤리의 근간이라고 비판받아왔다. 중국에서는 1980년을 전후하여 유교를 재평가하려는 움직임이 나타났으며, 유교의 재평가를 둘러싸고 열띤 논쟁이 전개되기도 하였다(이승환, 2004: 89~95쪽).

최근 중국은 '열풍'이라고 부를 정도로 전통 사상과 문화에 대한 지식인과 대중의 관심이 매우 높아졌다. 예컨대 2006년에 텔레비전 강의 교재로 출간된 우단于丹의 논어 해설서인 『논어심득論語心得』은 석 달 만에 250만 부(해적판 포함 400만 부) 이상 팔리면서 중국 출판 역사의 새 장을 열었을 만큼 수년 동안 고조된 중국의 국학 열기는 식을 줄 모르고 있다(김성환, 2007).

한국의 경우도 1900년을 전후하여 유교의 영향력은 크게 약화

198

되었다. 유교의 효능을 일정 정
도 인정했던 박은식과 장지연 같
은 개신 유학자들도 있었지만 대
부분의 지식인들은 유교에 비판
적이었다. 최근 한국 사회에도
유교를 소재로 다룬 전문적인 연
구물과 교양서적들이 적지 않게
출간되었다(이철승, 2006ㄱ 참조).

특히 최인호의 장편 소설 『유
림』은 유교에 관한 대표적인 교
양서적으로 언론의 주목을 받았

2,500년 유교의 역사와 문화를 소설화
한 최인호 대하 장편소설

다. 유교 거장들의 삶과 사상을 다룬 이 소설은 2005년에 1권이
출간된 후 2007년에 6권으로 완결되었으며, 2007년에는 『유림』
의 청소년 판도 출간되었다. 2007년 5월과 6월에는 KBS에서 제
작한 「유교, 2500년의 여행」이라는 다큐멘터리가 네 차례 방영되
었으며, 방송된 내용은 2007년에 『유교 아시아의 힘』이라는 단행
본으로 출간되었다. 그러나 『유림』과 『유교 아시아의 힘』은 교보
문고에서 조사한 2007년 연간 베스트셀러 30선과 도서 포털 리
더스 가이드의 2007년 베스트셀러 도서 100선에도 포함되지 못
하였다. 이러한 사실은 한국에서 대중들의 유교에 대한 관심이
중국인의 유교 열풍 현상과는 상당한 차이가 있다는 것을 보여
주고 있다.

유교에 대한 담론이 제기된 정치·경제·사회적 맥락은 국가마
다 다르지만 동아시아의 역사에서 근대 이후 배제되었던 유교

부활은 유교가 현대 사회에서 일정한 사회적 역할을 할 수 있다는 의미로 해석할 수 있는 것으로 보인다. 이러한 입장은 우리나라 교육과정에서도 찾아볼 수 있다. 고등학교 도덕 교과서인 『윤리와 사상』은 현대 사회에서 동양 윤리의 의의를 여섯 가지로 정리하고 있다(102쪽).

> 첫째, 동양 윤리는 인간을 중심으로 해서 전개되는 인본주의적 특징을 지니고 있다.
> 둘째, 우주의 생성 순환 원리와 인간의 존재 생활 원리를 하나로 보아, '우주가 곧 나'라는 생각을 심어주었다.
> 셋째, 생명을 존중하고 자연과 하나 되는 조화를 중시하였다.
> 넷째, 선악에 대한 엄격한 기준을 두고 있다.
> 다섯째, 개인의 수양을 강조하며, 이를 뒷받침하는 이론 체계가 확립되어 있다.
> 여섯째, 동양 윤리는 정치·사회적인 측면에서 오늘날 우리들의 일상생활에 도움이 되는 많은 지혜를 제공하고 있다.

이러한 긍정적 견해와는 달리 현대 사회에서 유교의 역할을 부정적으로 접근하는 견해들도 적지 않다. 장은주는 우리의 근대가 지닌 독특한 특성을 제대로 이해하기 위해서는 유교 전통의 역할에 주목할 필요가 있으며, 유교는 서양의 근대와 만남으로써 비로소 그 근대적 본성을 완전하게 드러나게 해줄 어떤 요소, 즉 '유교적 근대성'을 갖고 있었다고 보았다(장은주, 2007: 407쪽). 그러나 그는 유교적 근대성이 서구의 근대성보다 우월하며, 유교적 가치들로서 서구적 근대성의 한계와 병리를 치유할 수 있다고 평가하는 시도들은 너무도 심각한 자기에 대한 무지에 기초한 어떤 도착 상태를 보여준다고 말하고 있다(같은 글, 412쪽). 박노자 역시 유교는 한국 사회에서 사회 발전의 장애 요인으로 작용하고 있다고 보았다. 그는 유교적 폐해의 하나로 '체통'을 지적하고 있다. 다양한 의미를 갖고 있는 체통은 무능과 비효율을 보호해주는 사회적 메커니즘으로 작용하고 있으며, 사회 심리적인 측면에서 비판과 토론의 길을 가로막고 있다는 것이다(박노자, 2002: 33~37쪽).

이와 같이 한국 사회에서 유교의 역할에 대한 견해는 양극단으로 나뉘고 있다. 이 글에서는 먼저 현대 사회에서 유교의 역할을 긍정적으로 파악하는 견해를 검토하는 것으로부터 유교의 문제를 풀어보려고 한다.

2. 유교의 현대적 유용성 탐구에 관한 연구물 검토

서구인들의 초기 중국 전통 사상 연구는 자신들의 현실적 처지에 따라, 하나의 대상에 대해 각기 다르게 반응했다. 즉, 중국 전통 사상은 연구자들의 연구 목적에 따라 때론 긍정되기도 하고 때론 부정되기도 하였으며, 제국주의 확산을 위해 의도적으로 폄하되기도 하였다(이철승, 1999: 268~269쪽).

근대화 과정에서 유교를 버리지 않았던 현대 신유가[1]들에 의해 명맥을 유지하였던 유교는 서구인들에 의해서 새롭게 조명되기 시작하였다. 서구에서 전후 일본의 비약적인 경제 성장을 유교적 가치로서 설명하려는 시도들이 나타났던 것이다. 일본뿐 아니라 1970~80년대에는 한국, 대만, 홍콩, 싱가포르 등 유교 문화권 안에 있었던 국가들도 경제 성장에 성공하면서 동아시아의 경제 발전에 있어서 유교적 가치가 갖는 역할에 대한 연구가 더욱 활발하게 이루어졌다(설한, 2000: 299~300쪽).

예컨대 미국의 칸Kahn은 동아시아에서 성공적으로 경제 개발에 성공한 국가들이 공통적으로 유교 문화권에 속한다는 점에 착안하여, 유교가 동아시아 경제 발전의 원동력이라는 주장을 제기하였다. 그에 따르면 유교 사회에서 가장 중요한 것은 인간과 가족의 안전, 교육에 대한 높은 평가, 다양한 능력의 숙달에 대한 욕구, 과업, 직업, 가족, 책임에 대한 의무 의식이었다. 그의 주장은 이후 포겔Fogel, 버거Berger와 같은 학자들에게 수용되었고, 이들로부터 유교 자본주의론이 확산되었다(조준현 외, 2007: 249~250쪽). 이런 점에서 최근 회자되었던 유교 자본주의론은 일본과 동아시아 신흥 공업 국가군의 비약적인 경제 성장이 없었다면 불가능하였을 것이다.

---

1. 5·4 운동 이후 중국에서는 유교를 비롯한 전통을 부정하고 서양을 철저히 배우자는 견해가 사상계의 주류로 대두되면서 유교의 영향력은 크게 약화되었다. 그러나 유교를 버리지 않았던 사람들도 있었다. 현대 신유가라는 새로운 사조는 바로 이들로부터 형성된 것이다. 이들은 중국이 사회주의화된 후 대부분 대만이나 홍콩, 미국 등지로 피신하여 활동하였다. 현대 신유가 간에 사상적 차이가 없지는 않지만 이들의 공통적 특징은 네 가지로 정리할 수 있다. 첫째, 현대 신유가는 5·4 이후의 격렬한 반전통 조류에 대응해서 등장한 것으로 중국의 현대 철학사에서 마르크스주의 이외에 유일하게 주목받은 사상 유파이다. 둘째, 현대 신유가는 전통 유학, 특히 송명 리학을 중심으로 서구의 근대 사상을 수용함으로써 유학의 현대화에 노력하였다. 셋째, 현대 신유가는 인생 문제를 주된 소재로 삼았으며, 철학은 형이상학에 대한 탐구라고 여겼다. 넷째, 현대 신유가는 유학의 보편적 가치를 선양함으로써 중국 문화의 부흥에 힘썼다는 것이다(이상호, 1994: 13쪽).

한국에는 유교의 현대적 가용성을 주장하는 학자들이 적지 않다. 나는 1990년부터 2007년까지 한국교육학회의 학회지인 『교육학연구』에 게재된 유교 관련 교육 연구물들을 분석한 적이 있었다. 분석 결과 이들 연구물의 75%는 유교가 현대 한국 교육에서 의미가 있다고 주장하고 있었다. 이러한 주장들은 유교 윤리를 현대 사회에서도 부정될 수 없는 보편성을 가진 것으로 파악하고 있었으며, 유교가 강조해온 수양론에 대해서도 적극적인 의미를 부여하고 있었다. 그러나 유교가 현대 한국 교육에서 구체적으로 어떻게 의미를 가질 수 있는가에 대해서는 별다른 언급이 없었다(김대용, 2008).

유교에 대한 긍정적인 접근은 한국 학계에서 쉽게 찾아볼 수 있다. 대체로 중국 현대 철학보다 중국 전통 철학에 대한 연구를 중시해온 한국의 동양 철학계에서는 전통 사상 가운데 상당 부분이 오늘날에도 여전히 유효한 보편적인 내용을 담보하고 있는 것으로 여기고 있다(이철승, 2006ㄱ: 56쪽).

여기에서는 유교의 현대적 가용성을 적극적으로 주장하는 한국의 윤사순과 중국계 미국인인 뚜웨이밍杜維明 두 사람의 견해를 살펴보려고 한다. 한국과 중국에서 유교를 적극적으로 재평가하는 추세를 감안할 때 두 학자의 견해만을 검토하는 것은 부적절하지만 유교의 현대적 가용성에 대한 긍정적 견해들은 대체로 유사하다.

윤사순은 한국공자학회장, 한국동양철학회장, 한국철학회장 등을 역임하였으며, 평생 유교를 연구해온 한국의 대표적 유학자 중의 한 명이다. 그는 2006년에 『유학의 현대적 가용성 탐구』라

는 책을 출간하였다. 이 장의 제목인 유교의 현대적 유용성이라
는 표현은 이 책에서 빌린 것이다. 그는 책머리에서 다음과 같이
말하였다.

> 내가 유학을 전공으로 택하고 이것을 대학에서 가르친 기간이 짧
> 지 않지만, 그 유학의 '현대적 유용성'을 체계적으로 생각한 것은
> 많지 않다. 이 점을 나는 늘 부끄럽게 여긴다. 철학과 사상을 문제
> 해결의 학문이라고 함에 동의하고, 유학에는 생활관을 이루는 그
> 문제 해결의 성격이 매우 강한 사유가 많이 있음에 생각이 미치면,
> 더욱 그러할 수밖에 없다. 철학다운 유학을 하려고 했다면, 나는
> 마땅히 유학에서 오늘날의 문제 해결에 필요한 요소들을 찾아냈어
> 야 한다(윤사순, 2006: 책머리에).

여기에서 나타나듯이 그는 유교의 현대적 유용성을 체계적으
로 탐구하지 못했던 것을 자기반성하면서 현대 사회의 문제 해
결에 필요한 요소를 찾아내려고 하였다.[2] 그는 현대에 당면한 과
제를 첫째, 혼란에 빠진 윤리적 가치관의 정립, 둘째, 냉전 이후
정치적 이념의 갈등 해소, 셋째, 신자유주의적 시장 경제의 폐단
극복, 넷째, 과학 기술의 비약적 발달이 야기하는 가공할 위험성

---

[2] 한국의 유교 연구자들은 윤사순의 자기반성에서 보이는 바와 같이 1990년대 후반까지는 대
부분 유교의 '도통' 사상에 흠뻑 젖어드는 분위기가 강했다. 특히 강단의 상당수 중국 전통
철학 연구자들은 '수기'를 중시하였다. 이 때문에 그들은 실천을 말하더라도, 자신의 덕성을
실현하는 면에 치우침으로써 사회 문제에 대해 괄목할 만한 처방책을 제시하지 못했다. 그러
나 1980년 광주 민주화 운동과 1987년 민주 항쟁 이후 이러한 연구 풍토에 근본적인 문제
를 제기하는 젊은 연구자들에 의해 현실 문제에 대해 심도 있게 연구하는 흐름이 발생하였다
(이철승, 1999: 271~272쪽).

제거, 다섯째, 현대 사회 발전을 위한 근본 사유 방식의 계발로 정리하였다. 그는 현대 문명은 과거 어느 시대의 문제보다 복잡하고 심각하고 난해하여 문명의 온축 자체가 아예 괴멸되지 않을까 하는 우려를 자아내고 있지만, 이천 년 이상 명맥을 유지해 온 유학에는 일정한 시대의 문제를 해결할 지혜와 아울러, 일정한 시대를 초월하여 적용되는 보편적 진리가 함재되어 있을 것으로 보았다(책머리에).

그는 유학에는 심성 윤리의 경향도 적지 않지만 실용적 측면에서 심성 윤리보다 규범 윤리에 치중해왔다고 보았다. 그는 현대 사회의 문제를 해결하기 위해서는 유학의 규범 윤리보다 심성 윤리를 확립하는 것이 보다 중요하다고 판단하였다. 그렇다고 그가 규범 윤리를 버린 것은 아니다. 그에 의하면 심성 윤리는 항상 규범 윤리와 상호 보완의 관계를 유지해야 한다. 심성 윤리는 객관성이 요구되며, 공동선에의 의거가 필요하다고 보았기 때문이다. 그는 심성 윤리의 강화를 위한 실마리를 원초 유학에서 찾았다.

그가 발견한 것은 공맹의 '남에 대한 배려恕'와 '염치 · 겸양禮', 부정한 행위에 대한 '부끄러워함과 미워함羞惡' 및 '의분義憤'의 이론, 자타가 공인할 '믿음성信'과 그것을 뒷받침하는 '경성敬誠'의 수양설 등이었다. 그는 오늘날의 유학계에서는 이에 대한 재해석과 확충 작업이 무엇보다 시급히 요청된다고 강조하였다(143~144쪽).

그는 유학의 이상을 『중용』에 제시되어 있는 '성기성물成己成物'에서 찾았다. 성기란 나 자신을 '하나의 인격체'로 만드는 것,

곧 자신을 새로운 '도덕적 자아'로 만드는 것이다. 성기가 된 후 타물他物을 대하게 되면, 타물을 함부로 무의미하게 대하지 않고, 유의미하게 적어도 그 유의미성을 찾아 대할 수 있게 된다. 간단히 말해 성기성물이라는 것은 자신을 도덕적 인격체로 행위하게 하여, 화해로운 사회를 조성하고 자연과도 조화를 이루는 경지이다. 그는 성기성물의 이상은 현대 사회에서 발생하는 윤리적 문제와 환경 문제를 동시에 해결할 수 있는 '인-인 및 인-물 동화의 특성'을 지니고 있는 것이라는 점에서 현대에도 그 가치가 인정되어야 한다고 말하였다(199~201쪽).

윤사순은 유학이 현대 사회의 과제를 해결할 수 있는 대안이 될 수 있다고 보지만 그러기 위해서는 시대에 맞게 적절한 수정·보완이 필요하다는 입장을 가지고 있었다. 그는 유교 윤리의 핵심인 오륜의 근본 원리인 오상까지 수정·보완을 해야 한다고 주장하였다.

즉 오상의 과거 의미는 인정하지만 인에는 산물지성産物之性, 의에는 용물지의用物之宜, 예에는 화인지서和人之序, 지에는 통세지능通世之能, 신은 실인지방實人之方이라는 의미가 보완되어야 한다는 것이다. 산물지성은 인간을 도구를 제작하고 그 도구로 생산하는 존재로 인정하는 것이며, 용물지의는 기물器物이 인존人尊과 인도人道의 방향으로 이용될 구체적 기준이고 가변적 원리이며, 화인지서는 인간 화합의 지혜로서 전통적인 상하 수직적 질서를 수평적인 것으로 바꾸며, 인명을 경시하는 비도덕적 현상을 극복하고, 복지의 이상을 구현하는 것이며, 통세지능이란 세계를 하나의 가정처럼 아우르는 능력으로서의 지식과 지혜를 의미하는 것이며, 실인지방은 자기 충실과 타인에 대한 성실로 해서 얻어지는 믿음성을 말하는 것이다(79~83쪽).

뚜웨이밍은 미국에서 활동하고 있는 현대 신유가의 제3세대 또는 제4세대를 대표하는 중국계 학자로서 유학을 영어 문화권에 알리는 데 큰 역할을 담당하였다. 그의 저서는 국내에도 여러 편이 번역 출간되어 있다. 그는 "유학은 미래를 향하고 있는가? 아직도 거대한 생명력을 지니고 있는가?"라고 자문하면서 "그렇다."고 답하였다. 그에 의하면 유학은 적어도 개인과 사회, 자연과 천도天道라는 네 가지 차원에서 독자적인 면모를 지니고 있다. 즉 인간은 유학을 통해 육체와 영혼이 결합된 완전한 인간을 이룰 수 있으며, 개인과 사회는 가정에서 시작하여 인류 사회에 이르기까지 모든 관계에서 건강하게 상호 작용할 수 있으며, 인류와 자연은 오랫동안 화해 상태를 지속할 수 있으며, 인심과 천도는 상부상조할 수 있다는 것이다(杜維明, 2006: 297쪽).

그는 유학 전통이 전 인류에 미친 가장 의미 있는 공헌을 '천인합일天人合一' 사상에서 찾았다. 그는 이 사상을 '인간·우주 동형동성적Anthropocosmic 세계관'이라고 명명하였다(336쪽). 그는 이러한 세계관을 『대학』과 『중용』에서 찾았다. 『대학』에 제시된 수신제가에서 치국평천하에 이르는, 인류의 번영에 관한 이상적인 과정 속에는 우주적 안목에서 인류를 바라보는 세계관이 자리 잡고 있다는 것이다. '가정'이라는 개념은 지역 공동체의 범주를 초월하게 되고, 인간은 환경 보호의 책임을 지고, 우주의 진화 과정에 능동적으로 참여하는 존재가 된다. 이러한 정신은 『중용』의 우주관과 밀접한 관련을 맺고 있다. 『중용』은 이것을 "자신의 본성을 완전히 실현할 수 있게 되면 타인이 본성을 완전히 실현할 수 있게 되고, 타인의 본성을 완전히 실현할 수 있게 되면 모든 사물의 본성 또한 완전히 실현할 수 있게 된다."고 표현하였다는 것이다(344쪽).

뚜웨이밍에 따르면 인심과 천도의 상호 교감은 인류 번영을 위한 최후의 선택이다. 그는 네 가지로 그 특징을 제시하였다.

첫째, 자신과 공동체 간의 유익한 상호 작용이다. '가家'의 성격으로서의 공동체는 반드시 '지구촌', 심지어 우주로까지 확대되어야 하기 때문에, 자신과 공동체 간의 유익한 상호 작용은 반드시 자신과 지역을 넘어서야 할 뿐만 아니라 민족주의와 인간 중심주의도 초월해야만 한다. 둘째, 인류와 자연의 지속 가능한 조화이다. 하늘과 인간의 조화 및 지속적인 교감은 유학의 원류로부터의 이탈이 아니라 근본으로의 회귀이다. 셋째, 인심과 천도의 상호 교감이다. 대지, 몸, 가족, 공동체의 존재에 초월적 의미를 부여한 것은 유학의 고매한 이상이며 유학의 기본 실천이다. 넷째, 삼재三才를 이루기 위한 자기 지식과 수양이다. 인간은 천명을 알기 위해 부단히 자기 수양을 쌓아야 하고, 이로써 천·지·인 삼재동덕三才同德을 실현할 수 있다(368~374쪽).

그는 천인합일 또는 인간·우주 동형동성적 세계관을 인류가 당면하고 있는 생태 위기를 극복할 수 있는 사상의 원천으로 보았다. 또한 인류 공동체의 안정을 심각하게 위협하고 있는 3대 요소인 빈곤, 실업, 사회의 해체도 해결할 수 있을 것으로 보았다(381쪽). 이런 점에서 그가 천인합일 사상을 유학 전통이 전 인류에 미친 가장 의미 있는 공헌이라고 보았던 것은 과장이 아니다.

그에게 있어서 일본을 비롯한 한국·대만·홍콩·싱가포르 등 동아시아의 흥기는 중요한 문화적 의미가 있다. 동아시아에서 유학의 현대성을 찾았던 그에게 현대화는 본질적으로 서구화 또는 미국화가 아니라는 문화적 의미를 갖고 있었다. 유학의 현대화가 아직 완벽하게 성취되지는 않았지만, 유교 동아시아가 성공적이고 완전한 현대화를 실현한다면 현대화는 서로 다른 문화 형식을 취할 수 있음을 보여준다는 것이었다. 그는 유학의 현대성은 서양, 특히 미국이 자기의 모습을 변화시킬 필요가 있고, 가르치는 문명인 동시에 배우는 문명이 되어야 한다는 사실을 강력하게 천명한다고 주장하였다(317쪽).

그가 유학의 현대성을 분명하게 제시한 것 같지는 않다. 다만 그는 현대 동아시아 국가에서 볼 수 있는 유학 전통의 영향력을 여섯 가지로 제시하고 있다(314~316쪽).

첫째, 동아시아에서 정부는 없어서는 안 될 필요악이 아니라 사회의 안정을 유지하는 긍정적인 힘이다. 둘째, 사회 구성원의 단결과 화목을 인애仁愛의 교류와 예의에서 찾고 있다. 셋째, 가정은 사회의 기본 단위로서 핵심적인 가치들은 가정을 통해 전파된다. 넷째, 시민 사회의 내재적 역량은 시민 사회와 가정 그리고 국가 간의 동태적 상호 작용에서 나온다. 다섯째, 교육은 사회의 모든 사람들의 신앙이다. 여섯째, 수신은 제가의 바탕이다.

한국과 중국(계) 학자들 중 상당수가 유교의 현대적 의미에 대해 관심을 갖고 있는 반면 일본 학자들의 경우는 유교의 현대적 의미에 대해서는 그다지 관심이 없는 것으로 보인다. 예컨대 한국에도 널리 알려져 있는 미조구찌 유조溝口雄三와 고지마 쓰요시小島毅의 연구는 유교를 객관적·중립적으로 접근하고 있다. 미조구찌 유조는 근세宋로부터 근대에 걸친 중국의 사상 문화 세계를 '예치禮治 시스템'이라는 관점으로 고찰하였다.

이러한 관점은 그의 제자인 이토 다카유키伊東貴之, 무라타 유지로村田雄二郎와 함께 저술한 『중국의 예치 시스템』에 잘 나타나 있다. 그들은 예치 시스템의 장단점에 대해서 서술하고 있지만 그들의 주요한 관심은 첫째, 예치 시스템이 법의 하청이나 상호 보완자로서 기능했던 역사적 실태를 분석하는 일이며, 둘째, 예치가 모택동 혁명 이후 어떻게 형태를 달리하여 계승되고 있는지를 추적하는 일이며, 셋째, 예치 시스템을 법치 시스템과 비교하거나 혹은 예치 시스템을 법치 시스템의 보완으로서 규정할 경우 그 현대적 의미를 밝히는 일에 있다(미조구찌 유조 외, 2001: 310~311쪽). 예치를 역사적으로 접근하는 그들은 중국의 미래 역시 예치 시스템의 계승 혹은 부정·초월이라는 문제와 관련될 것으로 전망하고 있다.

중국 근세의 유교사 연구에 전념해온 고지마 쓰요시는 유교를 찬양하기 위해 유교사를 연구하고 있는 것도 아니며, 그렇다고 근대 문명을 예찬하기 위해서 유교를 비판하는 데 본의가 있는 것도 아니라고 말한다(고지마 쓰요시, 2005: 122). 그가 「예교 연구의 현대적 의의」라는 논문을 통해 말하려고 한 것은 예교가 지금도 의의가 있다는 것이 아니라, 예교 질서의 전체 구조를 해명함으로써 현재의 상황을 상대적으로 볼 수 있게 하는 비교 자료를 제공하는 데 있었다(같은 글: 142쪽).

3. 유교 사상의 본질적 한계

이 장에서는 윤사순과 뚜웨이밍의 견해만을 검토해보았지만 유교가 현대 사회가 직면하고 있는 문제들을 풀 수 있다고 생각하는 학자들은 쉽게 찾아볼 수 있다. 현대 신유가라고 지칭되는 학자들은 물론 한국에서도 유교를 연구하는 학자들은 대부분 유교의 현대적 가용성을 강조하고 있다. 그러나 유교가 현대 사회의 모순들을 해결할 수 있는 대안이 될 수 있는가에 의문의 여지가 없는 것은 아니다. 이러한 의문은 유교 사상이 갖고 있는 본질적 한계로부터 비롯된다.

(1) 이념적 보편성의 문제

유교의 현대적 의미를 강조하는 연구물들은 대부분 유교의 (절대적인) 이념적 보편성을 전제하고 있다. 시공간을 초월한 이념의 보편성을 강조하게 되면 역사는 배제된다. 이념의 보편성은 역사의 피안에 있기 때문이다. 푸코에 따르면 우리가 갖고 있는 인간관이나 세계관 등은 그 시대에 특유한 권력 관계와 지식의 연계의 산물에 지나지 않으며, 각 사회가 갖고 있는 진리 체계는 그 사회의 권력 관계 속에서 형성된다고 보았다. 이런 관점으로 보면 유교가 강조하는 보편적 도덕과 도덕 덕목은 존재할 수 없다. 푸코가 "모든 사람이 따라야 한다는 의미에서 모든 사람이 받아들일 수 있는 도덕 형태를 추구하는 것을 대재난"이라고 말했던 것은 이런 관점에 의거해 있는 것이다(정일준 편역,

1999: 118쪽).

최근 근대가 추방했던 '초월'을 다시 맞아들이는 시도들이 나타나고 있지만 과거의 초월과는 성격이 다르다. 즉 스스로 절대화하는 생각과 주장을 거부하는 것으로부터 시작되는 초월성은 그 어떤 절대화의 시도도 용납하지 않으며 그 어떤 자기 충족성도 두둔하지 않는다(박영신, 2008: 32쪽).

유교를 역사적으로 접근해보면 일정한 시공간 속에서의 보편성은 언급할 수 있어도 시공간을 초월한 보편성이 있다고 하기는 어렵다. 유교의 시조 내지 개조인 공자가 강조한 도덕은 계급적 관점에 기반하고 있다. 그것은 『논어』에 모두 213회나 사용되고 있는 '인人'과 48회 사용된 '민民'의 개념에서 확인된다. 『논어』의 인은 관직에 있으면서 아랫사람들을 다스리거나 군대를 지휘할 수 있는 계층이며, 민은 농사를 위주로 하며, 전쟁시에는 싸우고, 때로는 국가적 동원에 의해 육체적 노동을 감당해야 하는 계층이다. 『논어』에서 '치인治人'이라는 표현을 찾아볼 수 없는 것은 그 때문이다(하상규, 1999: 63~86쪽).

공자가 강조하는 군자의 덕은 '인仁'으로 포괄되는데, 그것은 지배층을 대표하는 인人 계층의 융합과 생산을 담당하는 일반 백성民의 삶을 보장해주는 것을 뜻한다. 군자의 통치와 백성의 생산 활동이라는 사회적 분업을 계급의 관점에서 고찰하지 않고, 하늘이 부여한 자연법칙으로 보았던 공자는 통치자의 도덕적 노력에 의하여 상·하를 조화시키려고 노력하였다. 공자가 통치자의 도덕적인 노력에 의해 지배층과 피지배층의 조화를 추구했다는 것은 기존 사회 체제와 도덕 등이 무너지고 있던 춘추 시기에 의미를 가질 수 있었다(송영배, 1990: 108쪽).

그러나 통치자와 피통치자 또는 군자와 소인을 변별하는 그의 사유는 너와 나의 연대를 도모하기보다는 너와는 다른 나의 차이를 부각시킴으로써 너 위에 군림하는 나를 세우게 되며, 그럴 경우 사회 구성원 간에 노정될 수 있는 차이나 불일치를 인정하지 않는 폐쇄적인 태도로 나아가게 될 위험성이 크다(김미영, 2005: 71쪽).

성리학을 집대성한 주희의 사상 역시 계급성에 기초하고 있었다. 평등이라는 관점에서 주희도 비판의 대상에서 자유롭지 못하다. 주희가 '지주와 전호의 관계'를 오륜의 연장선에서 엄격한 주종의 관계로 설정하고 있기 때문이다(윤사순, 2006: 56쪽). 계급성에 기초한 그의 사유는 그가 생존하고 있었던 사회를 벗어나서는 이해될 수 없다. 주희가 강조했던 불교와 도교에 대한 비판도 마찬가지이다. 주희는 원시 유교의 도를 주체적으로 계승하고 그것의 정체성을 확립하기 위하여 유교적 가치를 위협하는 모든 사상적·종교적 '이단'의 제거를 자신의 사명으로 인식하고 있었다(이용주, 2003: 11쪽). 특히 주희가 도교보다 불교를 더욱 신랄하게 비판하였던 것은 불교가 도덕적 규범을 극단적으로 부정하고, 나아가 중국적 문화 자체를 거부하는 성격을 가지고 있다고 보았기 때문이다(같은 책, 116~117쪽).

그러나 그 당시 널리 유행하고 있었던 불교와 도교와는 달리 원시 유교에는 형이상학이 없었다. 주희는 불교와 도교에 대항하기 위해 필요했던 형이상학을 이들로부터 수용하였다. 이런 점 때문에 주희의 사상을 종합의 사상이라고 한다. 즉 그는 유교의 흐름에서 맹자와 순자를 통합했고, 나아가 불교와 도교의 줄기를 통섭하였던 것이다(한형조, 1996: 33쪽).

공자와 주희의 사상에 나타나는 계급성은 민주주의가 기본적으로 강조하고 있는 평등의 가치와 근본적으로 상충되고 있으며, 주희에게서 나타나듯이 유교의 '이단'에 대한 배타성은 타자를 부정하는 사고로서 현대 사회에서 강조하는 다원성을 부정하는 의미를 갖고 있다. 특정한 시공간에서 형성된 유교의 역사성을 무시하고 보편성만을 강조하게 되면 독선과 아집으로 빠질 가능성이 많아지며, 그것은 결국 유교의 사상 체계를 더욱 빈곤하고 경직되게 만드는 원인으로 작용할 가능성이 많다.

(2) 유교 윤리의 실현성 문제

도덕은 유교의 전유물이 아니다. 차이는 있지만 모든 철학은 동서양을 막론하고 도덕을 강조하였다. 그것은 현대 사회에서도 마찬가지이다. 그럼에도 불구하고 유교의 가용성을 강조하는 학자들은 대부분 유교 윤리를 전가의 보도처럼 사용하고 있다. 유교는 사회적 병폐의 원인을 욕구를 절제하지 못하는 데에서 찾았으며, 인간이 본래적으로 갖고 있는 도덕성을 회복하여 이를 사회로 확장하면 사회적 병폐를 해결할 수 있다고 생각하였다. 유교가 강조하는 수양론은 순선한 도덕성을 회복하기 위해 제시된 것이며, 유교의 사회적 이상은 선한 본성의 회복을 통해 사회 전체를 윤리적인 사회로 만드는 데에 있었다.

그러나 유교가 도덕을 강조한다고 해서 도덕적 인간과 사회가 형성되는 것은 아니다. 유교 사회에서 수많은 농민 항쟁이 일어났던 것은 이상과 현실이 다르다는 사실을 잘 보여준다. 공자와 주희의 사상에 보이듯이 유교 사회는 지배층의 도덕성을 강조하지만 지배층의 욕구를 제어할 통제 수단이 없거나 부족할 경우에는 지배층이 도덕성을 유지하기는 어렵다.

이러한 이유 때문에 유교 사회에서는 지배층의 부패와 타락을 지적하는 목소리들이 계속 나올 수밖에 없었다. 예컨대 정약용은 『목민심서』 자서自序에서 다음과 같이 말하고 있다.

성인의 시대는 이미 멀어졌고 그 말씀도 없어져서 그 도가 점점 어두워졌으니, 오늘날 백성을 다스리는 자들은 오직 거두어들이는 데만 급급하고 백성의 기를 바를 알지 못한다. 이 때문에 하민들은 여위고 시달리고, 시들고 병들어 서로 쓰러져 진구렁을 메우는데, 그들을 기른다는 자는 바야흐로 고운 옷과 맛있는 음식으로 자기만 찌우고 있으니 어찌 슬프지 아니한가(정약용, 1998: 10~11쪽).

정약용이 지은 「애절양哀絶陽」이라는 시는 지배층의 도덕적 타락을 잘 보여주고 있다. 이 시는 아이를 낳은 지 사흘 만에 아이에게 부과된 군포軍布를 납부하지 못해 소를 빼앗긴 백성이 아이를 낳게 만든 원인인 남근을 잘랐으며, 그 아내가 남근을 들고 관청에 찾아가 억울함을 호소하였지만 문지기가 관청의 문을 닫아버렸다는 말을 듣고 지었다고 한다(송재소 역주, 1981: 238~240쪽). 정약용은 지배층의 무자비한 수탈 아래 시달리며 견디기 어려운 고통 속에서 연명해가고 있는 소민층의 어려움을 해소하고 싶었다. 그러나 총체적 개혁을 할 수 없는 상황에서 그가 지방관의 부정부패를 근절하기 위해 제시할 수 있는 것은 엄격한 도덕적 자기 규율밖에 없었다(조성을, 2005: 144쪽).

유교의 전통에서는 '위민爲民' 혹은 '민본民本'을 끊임없이 강조하였다. 위민 혹은 민본과 민주는 전혀 다른 것이다. 민주주의에서 민은 정치의 주체인 반면 위민정치에서는 민은 정치의 객체에 불과하다. 위민정치는 민에 의해서가 아니라 지배층의 도덕성에 의해서만 실현될 수 있다. 그러나 위민정치에서 도덕성을 규제할 수 있는 제도적인 장치는 그다지 많지 않았다. 모든 사람들이 정치에 참여할 수 있는 권리가 있고, 권력층의 비리를 제어할 수 있는 제도적 장치가 비교적 잘 갖추어진 현대 사회에서도 부정부패는 계속적으로 발생하고 있다.

유교 사회에서 피지배층은 정치에 참여할 수 있는 권리가 근원적으로 차단되어 있었기 때문에 현대 사회와 비교할 때 지배층을 감시하고 제어할 장치가 적을 수밖에 없었다. 제도적인 장치 없이 지배층의 자발성에만 의존하는 유교 정치는 근본적으로 한계를 가질 수밖에 없다. 이런 점에서 위민이나 민본은 지배층에게 욕구의 절제와 과욕을 강조하는 의미는 있었지만 피지배층을 기만하기 위한 구호에 지나지 않았다고 해석될 수도 있다. '인민의, 인민에 의한 정치'를 배제하고 오로지 '인민을 위한 정치'라는 것은 성립할 수 없다.

유교 연구자들은 거의 전부가 현대 사회의 도덕적 상황을 신랄하게 비판하고 있지만 유교 사회의 비도덕성에 대해서는 그다지 지적하지 않는다. 현대 한국 사회의 도덕적 현실이 심각하지 않은 것은 아니지만 조선 사회보다는 현대 한국 사회가 훨씬 윤리적이다. 현대 한국 사회에서 훨씬 더 많은 사람이 자유를 누리고 평등한 권리를 보장받고 있으며, 훨씬 더 많은 사람이 '인간답게' 살고 있는 것만은 분명하기 때문이다(백종현, 2003: 33쪽).

(3) 객관적인 지식과 과학의 부정 문제

유교 사상을 설명할 때 서구의 용어를 사용함으로써 생기는 오해도 적지 않다. 주희의 격물치지格物致知를 주지주의라고 해석하는 것은 그 대표적인 예이다. 주희는 격물치지를 사물에 나아가 사물의 리를 탐구하는 것으로 해석하였다. 참된 인식을 위해서는 외부 사물을 반드시 공부해야 한다는 것이다. 외부 사물의 리에 대한 탐구, 그리고 그 결과로서 얻어지는 지식의 습득을 강조하였다는 점에서 격물치지는 흔히 객관주의적이고 주지주의적인 성격을 갖는다고 이해되고 있다(김용헌, 2002: 353쪽).

그러나 성리학에서의 리는 자연법칙이라는 성격을 갖고는 있지만 그 핵심은 도덕적이고 실천적인 것에 있다. 성리학이라는 명칭 자체가 '성명의리지학性命義理之學'의 줄임말이라는 것에서 알 수 있듯이 성리학은 도덕의 실천을 강조한다. 따라서 성리학의 리는 자연의 객관적인 법칙을 추구하는 것이 아니기 때문에 성리학에서 리에 대한 탐구는 자연에 대한 직접적인 관찰과는 거리가 있다. 윤사순은 유학에서는 리理·즉則·도道라는 개념을 구사하여 자연에 대한 원리적 이해를 본격적으로 시도하였다고 말하고 있으나 이것은 격물치지를 주지주의적으로 해석했기 때문에 생긴 오해이다(윤사순, 2006: 231쪽).

성리학에서 말하는 지식은 자연에 대한 객관적인 지식이 아니라 도덕적 지식이었기 때문에 도덕적 지식과 무관한 객관적 지식 그 자체를 다루는 인식론으로는 발전할 수 없었다. 주희는 모든 물질이 기로 이루어져 있다고 말하였지만 물질의 구조와 성질에 관하여 구체적으로 말한 적은 거의 없다. 그것은 주희가 물질 자체가 아니라 인간의 정신적·도덕적 상태에 관하여 관심을 가지고 있었기 때문이다(김영식, 1991: 166~167쪽). 주희는 자연을 객관적으로 탐구해 일반 원리를 발견하려고 노력하지 않았다. 예컨대 기는 끊임없이 운동하지만 주희는 운동에 대한 일반적 이해를 갖지 못했기 때문에 기본적 원리들에 바탕을 둔 운동에 관한 체계적 지식을 발전시킬 수 없었던 것이다(같은 글, 174쪽).

주희는 그의 형이상학을 리기론으로 정립했지만, 리와 기는 대단히 모호한 개념이다. 주희는 리의 개념을 명확하게 제시하지 않았다. 주희는 '소이연所以然'과 '소당연所當然'을 리의 두 가지 측면이라고 표현하였지만, 이 표현들에 대한 일반적인 설명을 제시하지 않고 구체적인 예들을 통해 이야기했을 뿐이었다. 따라서 주희의 리는 복잡한 물체나 현상을 더 간단한 형태로 설명하거나 더 근본적인 차원으로 분석하는 데는 사용될 수 없었다(김영식, 1994: 86쪽).

기의 개념 역시 명확하지 않다. 성리학자들은 기라는 개념을 일상적으로 사용했지만 기의 개념에 관한 정확한 이해를 가지고 있지는 않았다(김영식, 1986: 29쪽). 리와 기의 관계도 분명하지 않다. 주희의 대화 상대자들이 기가 존재하기 위해서는 먼저 기의

리가 있어야 한다는 말의 의미에 관한 질문을 빈번하게 하였던 것은 주희가 리기의 관계를 명확하게 제시하지 않았기 때문이다 (김영식, 1994: 88~89쪽). 주희 이후 성리학자들이 리와 기 중 어느 쪽이 더 중요한가 하는 논쟁을 계속하였던 근본적인 원인은 리와 기의 개념, 그리고 그 관계를 분명하게 제시하지 않았던 주희에게 있었다(같은 글, 91~92쪽).

리의 탐구를 학문의 출발이자 근원으로 삼은 주희가 자연과 사물의 객관적 탐구를 게을리하였다는 역설은 존재의 근원으로 설정한 리를 윤리학의 핵심으로 놓았다는 것을 감안해야 이해가 가능한 것이다. 분리되어야 할 도리와 물리를 구분하지 않고 물리를 도리에 종속시키는 것은 물리의 발전을 가로막는 장애가 되었을 뿐 아니라 윤리의 측면에서도 바람직하지는 않았다(한형조, 1996: 90~91쪽).

특히 주희 이후 대부분의 성리학자들이 학문적 권위와 정통의 근거를 주희에게서 찾았으며, 주희와 다른 해석을 사문난적으로 비난하였다는 사실은 정통 유교의 틀 안에서는 객관적인 지식에 대한 탐구와 과학의 발달이 어려웠다는 것을 의미한다. 동아시아의 역사가 입증하듯이 객관적인 지식에 대한 탐구와 과학의 발달은 성리학의 권위가 무너진 이후에야 가능했던 것이다.

4. 한국에서 유교 연구에 대한 고민

윤사순은 유교는 여러 이름으로 불릴 만큼 변천을 거듭했으나 통시대적으로 일관하여 불변하는 요소가 있다고 한다. 그는 유교의 불변적 요소를 공자의 '인仁' 사상에서 찾으면서도 인 사상의 내용이 몇 차례 크게 변하였다는 점에서 유학의 정체성과 계승 가능성에 대한 의문은 증폭될 수도 있다고 보고 있다(윤사순, 2006: 31쪽). 또한 그는 유교에 부정적 측면이 있다는 것도 인정하고 있다. 예컨대 유교 사회의 위계질서는 대체로 수평적 평등의 성격이 매우 희박하고, 상하 수직적 계층의 성향이 강한 불평등의 비민주적 질서였다는 것이다(같은 책, 59~60쪽).

그는 현대 사회는 지구 전체의 자연이 전반적으로 파괴될 위험에 직면하고 사회 질서가 전례 없는 혼란에 빠지고, 인간 자신마저 자아 상실의 증후를 드러내고 있기 때문에 새로운 세계관, 새로운 윤리관이 수립되지 않고서는 사회 발전을 기대할 수 없다고 보았다(같은 책, 67쪽).

그에 의하면 현대 사회의 위기는 서구 근대 사상의 허점으로부터 비롯된 것이다. 서구 근대 사상에는 감정·정서의 측면을 경시하는 이기적 인간을 우월시하는 경향이 있으며, 감정·정서를 경시하는 인간관은 속된 과학 만능 사고와 연결되어 인간마저 기계적 시각으로 이해하는 생명 결여의 기계적 인간관을 촉발시키는 원인으로 작용하고 있다고 한다. 이러한 인간관에서는 부조리의 극복 의지나 사회 정의, 규범 법칙의 중요성은 근본적으로 무시된다(같은 책, 112~113쪽).

그는 새로운 세계관, 새로운 윤리관을 유학에서 찾고 있다. 첫째, 유학의 유기체적 자연관은 서구적 무생명적·기계적 자연관을 불식하는 데 시사점을 준다. 둘째, 나의 생명과 나의 인간성에 대한 각자의 자각을 중시하는 유교의 인간관은 나 자신에 대한 투철한 자아의식이 희박한 현대인들에게 의미를 갖고 있다(같은 책, 75~77쪽). 그에게 있어서 유학의 과제는 현대에 적용될 수 있는 유학의 본질적 보편적 사상 요소만은 계승하면서, 현대에 이용될 수 없는 유학의 요소는 과감히 제거하고, 새로운 개념 해석을 첨가하는 사상적 변이를 감행해야 하는 것이다(같은 책, 74~75쪽).

유교에 대한 뚜웨이밍의 시각도 윤사순의 그것과 대체로 동일하다. 그 역시 유학의 전통에서 자유와 인권, 민주주의와 과학에 위배되는 것들, 예컨대 '삼강三綱'과 같은 요소들은 엄격한 비판을 받아야 한다고 말하였다. 그러나 유학으로 서양의 단점을 극복해야 한다고 생각하였다. 그는 서양의 현대 이론, 특히 정치 이론에 대해 지금까지 줄곧 개인과 사회라는 한 가지 방향의 문제만을 제기한 반면 인류와 자연의 문제에 다가간 적이 없으며, 인도와 천도의 문제에는 더더욱 접근한 적이 없다고 비판하였다(杜維明, 2006: 297쪽).

그는 유학이 반드시 발전해야 한다고 역설하는 것은 아니며, 절대적인 전통을 지닌 전통으로 자리 잡아야 한다고 주장하는 것은 더더욱 아니라고 말하고 있지만(같은 책, 266쪽), 이 말은 그의 진의가 아닌 것으로 보인다. 그는 유학은 미래를 향하고 있으며, 거대한 생명력을 갖고 있다고 확신하고 있기 때문이다(같은 책, 297쪽).

유교의 현대적 가용성 측면에서만 보면 윤사순과 뚜웨이밍의 견해는 일치하지만 그 견해의 근저에는 상당한 차이가 있는 것으로 보인다. 윤사순은 문명의 보편사적 차원에서 유교의 역할을 강조하지만 뚜웨이밍은 이러한 차원 외에 유교를 중화 민족의 재기와 관련짓고 있다. 이것은 "중화 민족의 재기는 경제와 정치, 군사력에만 의지해서는 불가능하고, 반드시 총체적인 국력, 사회 자본, 문화 능력 등의 배양을 통해 일반인들이 자신의 문화 전통에 대해 체감할 수 있어야만 가능하다."는 그의 말에서 확인된다(같은 책, 160쪽).

현대 신유가들은 세부적인 면에서 약간의 관점 차이가 있지만 뚜웨이밍과 같이 아편 전쟁 이후 서양 세력이 밀려오면서 형성된 전통 사상에 대한 반성과 비판 및 서양 사상의 적극적인 수용 등의 상황을 목도하면서, 방어의 수단으로 민족주의적 관점에서 전통 사상의 우월성을 드러내려고 하였다. 그들은 이전 시대에 중국 문화가 아시아의 중심에 있었던 것으로 이해할 뿐만 아니라, 이후에도 중국 문화가 세계의 중심에 있어야 할 것으로 생각하고 있다(이철승, 2004: 108~110쪽).

중국의 초기 사회주의자들은 전통 사상을 옹호하기보다 비판하는 쪽에 비중을 두었다. 그들은 유교를 중심으로 하는 전통 사상과 마르크스주의가 공존하기 어려울 것으로 생각했다. 그러나 중국의 마르크스주의자들은 등소평 등장 이후 개혁·개방 정책에 의해 경제가 신속하게 발전하는 것에 비례하여, 중국의 전통 사상과 서양의 다양한 사조, 마르크스주의 이론을 종합한 '종합창신의 문화관'을 구축함으로써 21세기 세계 중심 국가가 되기 위해 노력하고 있다(같은 글, 118쪽).

1980년대 중반 이후 중국이 정부 차원에서 유교에 대한 연구를 적극적으로 지원한 이유는 무엇일까? 유교 부흥론자들은 철저하게 반공주의의 입장에 서 있었으며, 그들의 논의는 자본주의의 토양 위에서 이룩된 것이라는 점에서 중국 정부는 유교 연구를 지원할 하등의 이유가 없었다. 중국 정부의 지원하에서 이루어졌던 유교 연구의 필요성은 크게 두 가지로 지적된다. 첫째, 전통의 고양과 현대적 전환은 1978년 이래 개혁·개방 정책에 따른 '서구 부르주아적 자유화'의 경향에 대한 차단막으로 작용할 수 있다는 인식이었다. 둘째, 현대 신유가에 대한 연구를 통해 중국적 민족주의를 고양시킬 수 있다는 생각이었다. 즉 전통 사상=유학의 현대화를 통해 민족 발전의 출로를 찾으려고 한 점에서 현대 신유가를 긍정적으로 평가할 수 있었던 것이다. 이것은 현실적인 측면에서 화교 자본의 유입 문제, 유교 문화의 종주국으로서의 자기 확인 작업이라는 두 가지 실질적인 의미를 갖고 있었다(이상호, 1994: 10쪽). 간단히 말해 중국에서의 유교 열풍은 한편으로는 서양의 패권주의에 대항하는 역할을 수행하고, 다른 한편으로는 중화 민족의 부흥을 통해 세계의 중심 무대로 진출하고자 하는 염원을 담고 있는 것이다(이철승, 2006ㄴ: 501쪽).

중국에서의 유교 연구가 세계의 중심 국가가 되겠다는 염원과 직결되고 있다는 점에서 한국의 유교 연구와는 커다란 차이점이 있다. 유교의 화이론적 세계관에 의하면 조선은 오랑캐일 뿐이다. 그것은 학문적 성취와 무관하다. 조선의 성리학자들은 한족이 세운 명이 망하고, 만주족이 청을 건립한 후에 조선만이 유교를 정통으로 계승한다고 생각하였다. 명이 멸망하지 않았다면 조선에서 소중화 사상은 탄생할 수 없었을 것이다.

이렇듯이 우리가 유교에만 매달린다면 우리는 영원히 중국의 변방에 머무를 수밖에 없다. 중국에서 유교 열풍이 불고 있는 이유를 간파한다면 우리는 유교를 연구하더라도 중국의 유교가 아니라 우리의 정신과 문화를 담고 있는 창의적인 유교 연구를 해야 한다. 동아시아를 유교 문명권이라고 지칭할 수는 있다고 해도 한국과 중국의 유교가 모두 동일한 가치 체계를 가져야 하는 것은 아니다. 인도 불교와 중국 불교가 상당한 차이가 있듯이 한국의 유교는 중국과 일본의 유교와 적지 않은 차이가 있을 것이다.

그것은 우리가 전통 문화의 유산이라고 부르는 많은 측면들이 사실은 단기간에 걸친 압축적 근대화 과정에서 왜곡되고 변형되어 전통적이라는 이름을 뒤집어쓰고 행세하는 것이 태반이라는 점에서도 확인할 수 있다(이승환, 2004: 247쪽). 이 시대의 한국 사회에서 요구하는 유교 연구는 중국의 유교가 아니라 한국적인 유교일 것이다.

5. 현대 한국 사회에서 유교의 역할에 대한 근본적인 의문

한국적인 유교를 연구하는 것보다 근본적인 문제는 우리가 현대 한국 사회에서 유교를 연구해야 하는 이유이다. 농경 사회를 배경으로 한 유교가 급변하고 있는 현대 한국 사회에서 어떠한 의미가 있는지에 대해 진지하게 고민해야 한다는 말이다. 우리는 전통을 비판적으로 계승·발전시켜야 한다고 쉽게 말하지만 어떠한 원칙이나 방법에 기초해야 하는지에 대해서는 그다지 논의하지 않았다.

유교가 우리의 중요한 전통이라는 이유만으로 유교를 연구해야 한다는 것은 설득력이 부족하다. 우리의 의식과 행동 양식 안에 유교적인 요소가 있는 것은 분명하지만 유교의 부활을 외치려는 목소리와는 달리 현실적으로 유교의 영향력은 빠르게 약화되고 있다. 우리의 역사와 문화를 알기 위해서 유교를 연구하는 것은 이해할 수 있다. 그렇지만 유교 연구가 현대 한국 사회의 과제와 분리된다면 유교를 연구하는 설득력은 크게 떨어질 수밖에 없다.

우리가 유교를 연구해야 할 근본적인 이유는 유교가 아니라 우리 시대에 부딪치고 있는 여러 과제들을 해결하는 데 있다. 주희는 불교와 도교가 압도적인 위세를 떨쳤던 시기에 생명력 있는 유교를 만들기 위해 도교와 불교를 공부하고, 그것을 철저하게 비판했다. 우리 시대에 의미를 가질 수 있는 유교는 우리 시대의 과제와 철저하게 대결함으로써만 가능한 것이다.

우리 사회의 현안들은 전통적인 것과 근대적인 것 그리고 탈근대적인 것들이 복잡하게 서로 얽혀 있지만 유교 연구자들은 대부분 유교로 문제를 해결할 수 있을 것이라고 주장하고 있다. 김상환은 탈근대적 사유에서 유교와 비슷한 요소를 찾아볼 수 있다고 해서 현재의 유교가 해결책이 될 수는 없다고 단언한다. 탈근대가 탈-서양을 함축하고 있어 표면적으로는 서양적 가치의 패권에 대한 도전으로 비치지만 탈근대가 동양적 가치에 대한 옹호나 동양적 사유의 부활인 것은 결코 아니기 때문이다. 탈근대의 근본 물음은 서양의 외부에 대한 물음이지만 탈근대는 그 외부를 서양 자체의 내부에서 찾고 있다(김상환, 2005: 37~38쪽). 간단히 말해 동양은 서양의 미래가 아니다.

논의를 명료화하기 위해 논의 소재를 생태 위기로 제한해보자. 윤사순과 뚜웨이밍은 유교를 생태 위기 현상을 극복할 수 있는 사상이라고 확신하고 있다. 앞에서 보았듯이 그들은 생태 위기를 초래한 근본적인 원인을 인간과 자연을 이원론적으로 구분하는 서구의 인간 중심주의와 기계론적 자연관에서 찾았으며, 유교의 천인합일론을 생태학적인 위기를 극복할 수 있는 대안으로 생각하였다.

그러나 유교 역시 철저하게 인간 중심주의적인 사상이다. 공맹에서부터 양명학에 이르기까지 유교가 강조하는 도덕적 이상은 인간만이 실현할 수 있다. 이러한 문제 때문에 현대 신유가 중에는 인간 중심주의라고 해서 모두 생태 위기를 초래하는 것은 아니며, 그리고 유교의 인간 중심주의는 서구의 인간 중심주의와 다르다고 주장하기도 한다. 즉 서구의 인간 중심주의는 인간과 자연을 대립적으로 파악하는 반면 유교의 인간 중심주의는 인간과 자연을 대대적對待的 관계로 본다는 것이다(홍원식, 2007: 262쪽).

그러나 유교가 강조하는 도덕성의 실현은 인간만이 가능하다는 점에서 유교가 도덕을 강조하면 할수록 인간은 다른 모든 존재와 구별되는 고귀한 존재일 수밖에 없게 된다. 인간과 자연을 철저하게 구분하는 사상으로 과연 생태 위기를 극복할 수 있을까?

설령 유교에 생태 위기를 극복할 수 있는 사상적 요소가 있다는 것을 인정한다고 해도 유교로 생태 위기를 극복할 수 있다고 말하기는 어렵다. 유교가 동아시아의 지배 이념이었던 시기에는 생태학적인 위기는 발생하지 않았으며, 발생할 수도 없었다. 농업 사회는 자연의 질서를 존중한다. 자연의 질서를 거스른다는 것은 생각할 수 없다. 유교 사회에 생태학적인 문제가 없었다고 해서 유교를 생태 위기를 극복할 수 있는 사상이라고 할 수 있는지는 의문이다. 무엇보다도 유교로 생태 위기를 극복할 수 없는 이유는 유교의 도덕 만능주의에 있다. 도덕만으로 모든 문제를 풀 수 있다는 생각은 지나치게 순진하다. 도덕을 수없이 강조했지만 유교의 역사에서 성인이 말했던 이상 사회는 단 한 번도 실현된 적이 없다. 유교의 상고주의적 사고에 의하면 시대가 내려올수록 더욱 비도덕적인 사회가 될 뿐이다.

한때 회자했던 유교 자본주의라는 용어가 타당성을 지닌 개념이라고 한다면 유교를 생태 위기를 극복할 수 있는 사상이라고 말해서는 안 된다. 생태 위기는 근본적으로 자본주의의 산물이기 때문이다. 자본주의는 생존을 위해 끊임없이 성장해야 하며, 성장을 위해 인간들의 욕심을 무한대로 팽창시키고 있다. 자본주의의 이윤 추구 논리는 기업들로 하여금 이윤을 확대하기 위해 자연을 착취하는 데에만 관심을 갖도록 만들며, 소비자들에게 그들이 생산한 상품을 소비할 것을 강요한다. 소비자들의 과소비와 낭비는 생태 위기를 더욱 악화시키고 있다.

따라서 유교 자본주의라는 용어를 사용할 수 있다면 유교 역시 생태 위기를 유발하는 사상이라고 할 수 있다. 유교 자본주의론은 본래 유학자들에 의해 제기된 것이 아니다. 유교 자본주의란 동아시아의 경제 발전을 설명하기 위해 만들어낸 용어인 것이다. 즉 유교 자본주의론은 동아시아의 경제 발전을 설명하는 여러 가설 중의 하나인 것이다(조준현 외, 2007: 255쪽). 유교를 동아시아 경제 발전의 원동력으로 보는 시각으로는 유교가 지배 이념으로 작동하였을 때에는 왜 자본주의가 발달하지 못했는지에 대해 대답할 수 없다.

서구 학자들이 제기한 유교 자본주의론을 현대 신유가들이 확산시켰듯이 유교로 생태 위기를 극복할 수 있다고 보는 시각도 근본적으로는 서구 학자들이 동양 사상에서 찾아보려는 시도에서 비롯된 것이다(홍원식, 2007: 260~261쪽). 서구에서 시작된 생태 위기를 극복하려고 했던 서구 학자들 중에는 동양 사상에 관심을 표명하기도 하였으며, 이들의 견해에 고무된 유학자들에 의해 유교 생태주의론이 확산되었던 것이다. 현재 논의되고 있고 있는 유교 부활론이 근본적으로는 서구에서 비롯되었다는 점에서 유교로 현대 사회가 당면하고 있는 문제를 풀 수 있다고 하는 것은 자기 모순적인 성격이 강하다고 말할 수밖에 없다.

근대성의 모순을 해결하기 위해서는 그 원인을 정확하게 진단하여야 한다. 이를 위해서는 근대성의 위기가 서구에서 시작되었으며, 이러한 위기를 극복하기 위한 노력 역시 서구에서 본격적으로 추진되었다는 사실을 인정해야 한다. 따라서 서구 철학에서 근대성의 모순을 해결하기 위해 제시되는 사상에는 어떤 것이 있는가를 면밀하게 검토하는 것이 필요하다.

인간의 역사에는 수많은 위기가 있었으며, 그 위기를 극복해 왔다. 마찬가지로 현대 사회에 수많은 난제들이 있는 것은 사실이지만 완벽하지는 않더라도 위기를 극복하면서, 아니면 적어도 그 위기를 봉합하면서 나아갈 것이다. 그리고 위기를 극복하는 데 기여할 수 있는 사상들이 우리의 전통으로 자리 잡을 것이다. 전통은 고정되어 있는 물이 아니라 끊임없이 흐르는 물이다. 예컨대 기독교는 우리의 바깥이었지만 현재는 우리 내부에 깊숙이 자리 잡고 있다. 뚜웨이밍도 19세기 중엽 이후 중국에서 기독교가 그 세력을 크게 확장하고 있다는 점에서 중국 문화의 일부분으로 포함시켜야 한다고 말한 바 있다(杜維明, 2006: 267쪽).

우리 사회의 모순을 치유할 수 있는 사상이라면 누가 어디에서 어떻게 만들었는지는 전혀 중요하지 않다. 유교 역시 우리 사회의 모순을 해결하기 위해 경쟁하는 대안 중의 하나이다. 만약 유교가 우리의 문제를 해결할 수 있는 사상이라면 유교는 계속 우리의 중요한 전통으로 남을 것이다. 이런 점에서 본다면 유교의 비판적 계승이란 말 자체가 의미를 가지지 않을 수도 있다고 생각해본다.

제2장

정보화 사회의 성 윤리 문제

1. 머리말

4장에서 살펴보았듯이 한국 사회는 성과 관련된 태도와 행동 등이 크게 변화하고 있다. 특히 청년 세대는 기성세대, 그중에서도 65세 이상 노인들과 비교할 때 성 의식에서 상당한 차이를 보이고 있다.

한 연구에 의하면 20대와 30대가 다수인 미혼자들은 혼전 성관계에 대해 대체적으로 관용적인 태도를 보이는 것으로 나타났다. 즉 '혼전 성관계가 가능한가'라는 질문에 대해 남성은 '매우 그렇다'에 17%, 여성은 12.2%, '약간 그렇다'에 남성은 62.1%, 여성은 54.6%라는 응답을 보였다. 이에 비해 65세 이상 노인들은 혼전 성관계를 부정적으로 보고 있다. 즉 '매우 그렇다'에 여성은 1.4%, 남성은 0%, '약간 그렇다'에 남성은 17.8%, 여성은 16.4%, '전혀 그렇지 않다'에 여성은 45.4%, 남성은 43.8%가 응답하였다. 부부 관계에서 성생활 중요도에 대해 미혼자 집단에서는 '매우 중요하다'에 남성은 39.9%, 여성은 30.3%, '약간 중요하다'에

232

여성은 58.4%, 남성은 52.6% 등 절대 다수가 중요하다고 응답한 반면, 노인들은 '매우 중요하다'에 여성 9.2%, 남성 6.8%, '약간 중요하다'에 여성 51.2%, 남성 63%로 응답하였다(이미정, 2004: 40~46쪽).

성은 우리 사회에서 가치관의 변화와 인터넷으로 대표되는 정보화에 의해 빠르게 변화되고 있다. 가치관의 변화와 정보화는 서로 밀접하게 상호 작용하면서 성을 개방하고 있다. 가치관의 변화는 각종 미디어를 통해 성 욕망이나 관심을 보다 적극적으로 표현하게 하며, 아울러 미디어를 통한 다양한 성적 표현물의 확산은 성을 더욱 개방적인 방향으로 변화시키고 있는 것이다. 성이 개방되고 있고, 이에 따라 성에 관한 다양한 관점과 입장들이 제시되고 있지만 정보화 사회에 적합한 새로운 성 윤리관은 정립되지 못하고 있다. 성을 금기시했던 전통이 무너지고, 인터넷을 통해 성에 관한 수많은 정보들이 확산되면서 우리 사회의 성 윤리는 거의 마비 상태에 빠져버렸다는 것이 사실에 가까울지도 모른다.

성이 개방적인 방향으로 변화되고 있음에도 불구하고 우리 사회의 대표적인 권력 기구라고 할 수 있는 정부와 언론은 한편으로는 성 확산을 조장하고, 다른 한편으로는 보수적인 성 윤리를 강요하는 이중적 성 윤리관을 갖고 있다. 이러한 이중적 성 윤리는 새로운 성 윤리를 정립하는 데 장애물로 작용하고 있다. 새로운 성 윤리는 정보화 사회의 문화적 특성을 고려해야 하며, 그러한 특성을 이해한 바탕 아래에서 정립되어야 한다.

이 장에서는 성 윤리 정립을 위한 시론적 연구로서 첫째, 우리 사회에 빠르게 확산되고 있는 개방적인 성 의식과 행동을 사회 문화적 관계망 속에서 고찰하려고 하며, 둘째, 새로운 성 윤리의 정립을 가로막는 장애물로서 우리 사회의 이중적 성 윤리관을 비판하려고 하며, 셋째, 새로운 성 윤리관 정립을 위한 논의의 실마리를 제시하려고 하였다. 성에 관한 다양한 관점과 입장이 제시되고 있는 상황에서 새로운 성 윤리는 상호 주관적인 이해와 합의가 반드시 필요하다. 그러나 새로운 성 윤리 정립을 위한 구체적인 대안과 방법까지는 제시하지 못하였다.

2. 가치관의 변화

우리 사회에서 성에 대한 관심은 1990년을 전후하여 크게 증폭되었다. 1992년 마광수의 소설 『즐거운 사라』에 대한 법원의 유죄 판결은 성 담론을 증폭시키는 계기였다. 표현과 사상의 자유를 부정하는 이 판결을 둘러싼 논쟁이 사회적 관심사로 대두됨으로써 자연스럽게 성에 대한 담론이 형성될 수 있는 계기가 마련되었던 것이다.

1990년을 전후하여 달라지고 있었던 사람들의 성 관련 의식과 행동 양식 등은 정치·경제·사회·문화적인 측면에서 우리 사회의 변화와 상호 작용하면서 더욱 가속화되었다.

정치적인 측면에서 1987년 6월 항쟁 이후 형식적인 민주화가 상당히 진전되었다. 1961년에 수립된 군부 독재 체제는 6월 항쟁과 사회주의권의 몰락으로 더욱 약화됨으로써 오랫동안 강압적인 국가 권력에 억압되었던 사람들이 과거에는 갖기 어려웠던 자유를 누릴 수 있게 되었다. 1980년대의 이른바 '변혁 운동' 세대들이 반정부 투쟁에 집중했던 것과는 달리 욕망 충족을 중시하는 청년 세대들이 우리 사회에 처음으로 대두된 것도 이 시기였다.

정치적인 변화도 중요했지만 소비 사회로의 진입은 성 윤리를 변화시키는 더욱 중요한 요인이었다. 객관적인 지표에 의하면 우리 사회는 1980년대 중반 이후 소비 사회 출현의 징후들을 보이고 있었다. 서울 올림픽이 있었던 1988년을 기점으로 탈산업 사회의 소비문화 공간이 최초로 등장하였다. 대체로 이 시기부터 신촌과 홍익대 주변이 고급 카페, 경양식집, 옷 가게, 미장원, 소극장으로 채워지게 되었으며, 소비문화 도래의 결정적 지표가 되는 외국 패스트푸드 체인점도 대중화되었다. 1989년에는 우리의 1인당 GNP가 최초로 5,000불을 넘었다(이동연, 2004: 141~142쪽).

잘 알려진 대로 보드리야르Baudrillard에 의하면 소비 사회는 생산물을 소비하는 사회가 아니라 기호를 소비하는 사회로서 생물학적 생존을 위한 소비의 필요성이 적어지는 대신 욕망 충족을 위한 소비가 중요한 의미를 갖게 되었다. 현대 소비 사회에서 나타나는 가장 큰 특징은 성이 주요한 소비 대상이 되었다는 사실이다(Baudrillard, 1991: 189쪽).

페미니스트들은 소비 사회의 징후가 나타나고 있던 1980년대 중반 성을 학문적으로 다루기 시작하였다. 소비 사회가 성을 주요한 소비 대상으로 한다는 사실을 고려할 때 이것은 우연이 아니다. 1980년대 중반 성을 공론화하는 것을 금기시하였던 문화적 풍토에서 벗어나 처음으로 학문적 대상으로 다루어졌던 성은

1990년대에는 학문과 문화의 영역에서 중요한 이슈로 부각되었으며, 이성애자 성인 남성heterosexual adult male 중심적인 성에 도전하는 다양한 저항 담론들과 다양한 성적 관행들을 실천하고자 하는 시도들도 나타났다(조영미, 1999: 11~12쪽).

1990년대 중반에는 문학이나 문화 연구에 종사하는 지식인들을 중심으로 성 해방 담론이 등장하였으며, 이러한 담론은 여성들의 성 의식 형성에 적지 않은 영향을 주었다. 즉 유교 전통 아래에서 성에 대해 무지와 침묵을 강요받아왔던 여성들이 스스로 여성의 성에 대해 말하기 시작하였던 것이다. 전통 사회에서 성, 특히 여성의 성은 가문 대 가문의 결합과 지속에 의해 규정되었다. 이런 점에서 여성이 성에 대해 말하기 시작하였다는 것은 전통적인 가족 관계의 변화와 맞물려 있었다(조주현, 1999: 50~51쪽).

가족 관계의 변화는 통계 수치를 통해서 확인할 수 있다. 가족 규모는 1980년 4.5명, 1985년 4.2명, 1990년 3.7명에서 1995년에는 3.34명으로 줄어들었으며, 출산율도 매우 낮아져 1995년에는 1.7명에 불과하였다. 가족 규모만 줄어들고 있는 것이 아니라 이혼율이 지속적으로 증가하는 것에서 나타나듯이 가족의 안정성도 크게 약화되고 있었다. 이혼은 1980년 2만 3,150건에서 1995년에는 5만 3,872건으로 2배 이상 증가하였으며, 이혼율도 1980년 5.8%에서 1990년대 들어와 지속적으로 높아져 1995년에는 16.8%로 세 배 이상 증가하였다. 이러한 높은 이혼율은 전통적인 가부장적 가족 가치관에서 부부 중심의 가족 가치관으로 변화하고 있다는 것을 보여준다(이동원, 1997: 11~14쪽).

1990년대 중반 여성들이 성에 대해 발언할 수 있게 된 근본

236

적 이유는 여성의 사회적 지위의 향상과 밀접한 관계가 있었다. 1963년부터 1995년까지 남성의 경제 활동 참가율은 지속적으로 하락하였지만, 여성은 끊임없이 증가하고 있었으며, 전체 노동력 가운데 여성 노동력이 차지하는 비중도 지속적으로 증가하여 1963년 34.4%였던 여성 노동력 비율이 1995년에는 40%로 증가하였다. 여성의 취업이 증가함에 따라 전문직, 기술직, 사무직 등의 비중도 크게 높아졌으며, 1971년 남성 노동자의 43.6%에 불과하였던 여성 노동자의 월평균 임금도 1980년대 말에는 50%를 넘어섰다. 여성들의 학력 수준도 높아져 평균 교육 연수는 1960년 2.92년에서 1990년에는 8.58년으로 약 4배 가까이 증가하였다(같은 글: 3~11쪽).

여성의 지위가 꾸준히 향상되었던 것과는 달리 남성의 지위는 약화되고 있었다. 특히 1997년 IMF 경제 위기를 맞아 사회구조적으로 야기된 대규모 실업 사태 속에서 가족 부양을 위한 기혼 여성들의 취업이 급증한 반면, 남성들의 가족 부양자 역할은 크게 축소됨으로써 각종 언론에서 아버지는 강하고 엄격한 권위자로서가 아니라 권위 상실을 노여워할 힘조차 없는 애처로운 존재로 묘사되었다(임인숙, 2006: 74~75쪽).

성이 상품화되고, 여성의 사회적 지위가 향상됨에 따라 남성을 위한 향락 업소만 있었던 우리 사회에 여성만을 위한 호스트바, 마사지 업소, 다방 등 다양한 향락 업소들도 나타났다. 1990년을 전후하여 생겨났던 호스트바는 경기 침체와 경찰의 집중 단속 등으로 크게 줄었다가 경기가 회복되던 1990년대 말부터 다시 활성화되었으며, 이용 고객들도 대학생, 직장인, 가정주부 등에까지 확산되었다(『서울신문』, 1999년 7월 28일). 보건복지부에서는 호스트바의 확산을 막기 위해 식품 위생법 시행령과 시행 규칙을 개정해 남자 접대부 고용을 금지하는 조항을 신설하려고 하였으나 여성계의 반대로 백지화되기도 하였다(같은 글, 21면).

우리 사회에 나타나고 있는 가치관의 변화와 그 사회적 배경은 성 혁명이 시작되었던 시기의 미국 사회와 매우 흡사하다. 1950년대 이래로 미국 사회 전반에 걸쳐 성에 대한 개방성이 증가하였으며, 사회적으로 수용될 수 있는 성적 라이프 스타일이 다양해졌다. 이러한 변화는 소비 사회라는 특성이 반영된 것은 물론 미국의 가족, 직장, 성별 구조의 변화와 밀접하게 연결되어 있었다.

즉 1950~1990년 사이에 여성 취업률은 30%에서 57%로 증가하였으며, 1970~1985년 사이에 18세 미만의 자녀를 둔 기혼 여성의 취업률은 51.3%에서 73.9%로 증가하였다. 전체 가구 중 독신 가구는 20%, 여성 가구주 가구는 16%였으며, 출산율은 역사상 최하였다(조은 외, 2002: 5~6쪽). 미국에서 시작되었던 성 혁명은 단순히 성행위에 있어서 윤리 규범의 변화를 의미하는 것만이 아니라 홉스봄이 지적하였듯이 국가, 부모와 이웃의 힘, 법, 인습 등의 굴레들을 타파하는 가장 분명한 방식의 하나였다(Hobsbawm, 1997: 461쪽).

우리 사회에 나타나고 있는 가치관의 변화는 1960년대 미국에서 시작되어 유럽으로 파급되었던 성 혁명과 마찬가지로 성에 관한 사회의 관행, 관습, 도덕 등을 부정하며, 더 나아가서는 사회의 가치관과 생활 양식 등에 대해 근본적인 의문을 제기하고 그것을 변화시킬 것으로 보인다. 그러한 변화는 명확하게 나타나고 있다.

많은 여성들이 이제는 더 이상 현모양처를 이상적 여인상으로 보지 않는다. 2001년 700여 명의 기혼 여성(아줌마)의 라이프 스타일을 조사한 연구에 의하면 자신의 모든 것을 바쳐 가족을 위해 희생하는 삶의 유형家生我死에 해당되는 여성이 24.3%, 한 남자의 아내가 아니라 자신만의 생활을 즐기고, 자기 계발에 열심인 삶의 유형(폼생폼사)은 23.6%로 나타났다(김영수·송미영, 2001).

한국성과학연구소가 2005년 20~50대 기혼 여성 1,000명을 대상으로 한 조사에 따르면 60% 이상의 여성이 배우자 이외의 남성과 성관계를 가질 수 있다고 답변하였다(『경향신문』, 2005년 10월 27일: 11면). 성 의식의 변화를 반영한 문학 작품들도 다수 출간되었다. 2006년에 출간된 『아내가 결혼했다』는 소설은 자유연애와 일처다부제를 외치며 그것을 과감하게 실천에 옮기는 아내와 그런 아내를 사랑하는 까닭에 가치관의 혼란을 겪지만 아내가 원하는 방향을 선택하는 '나'의 이야기다. 아내는 법적인 남편인 나의 동의를 얻어 다른 남자와 또 결혼하고, 나는 누구의 아이인지 모르지만 아이를 키우기 위해 아내의 다른 남편과 함께 이민을 선택한다. 이 소설은 일부일처제

가치관의 변화를 잘 보여준 2008년 10월에 개봉된 영화

에 대한 의문을 제기하는 등 기존 가치관을 부정하고 있음에도 불구하고 베스트셀러가 되었고, 문학적인 가치를 인정받아 제2회 세계문학상을 수상하였다.

기존 가치관의 변화는 또한 이 시기에 등장하였던 '신세대'를 제외하고는 논의할 수 없을 정도로 청년 세대와 밀접한 관련성이 있다. 이 시기 출현했던 신세대는 기성세대와는 다른 상이한 가치관과 문화 감수성을 가지고 소비 대중문화의 주체로 부상하였다. 우리 사회에서 신세대란 용어는 1980년대 말부터 사용되고 있었지만 이는 20대를 지칭하는 말이었다. 그러나 1990년대에 언론이 집중적으로 주목했던 신세대는 '서태지와 아이들'이 데뷔했던 1992년에 출현한 새로운 세대를 지칭하였으며, 신세대 등장 이후 청년 세대는 20대에서 10대로 하향 평준화되었다(이동연, 2004: 141~143쪽).

우리 사회에서 신세대의 등장은 서구 사회에서 1960~1970년대에 등장하였던 청년 문화가 넓은 의미의 문화 혁명의 모체가 되었던 것과 비슷한 의미를 갖고 있다. 홉스봄에 의하면 청년 문화는 민중적인 동시에 도덕률 폐기론적이었으며, 그것은 특히 개인적 행위 문제에 있어서 분명하게 나타난다고 보았다(Hobsbawm, 1997: 457쪽).

그는 청년 문화의 참신성을 세 가지로 요약하였다. 첫째, 청년기는 성년기의 준비 단계가 아니라 어떤 의미에서는 한 인간이 발전하는 과정의 최종 단계로 인식되어 명백히 30세 이후 인생은 내리막길이었다. 둘째, 청년 문화는 '선진 시장 경제국들'에서 지배적이었거나 지배적인 현상이 되었다. 이것은 한편으로는 청년 세대들이 구매력의 상당 부분을 차지하게 되었기 때문이며, 다른 한편으로는 각각의 새로운 성인 세대들이 자의식적인 청년 문화에 속한 채 사회화되었고 그러한 경험의 흔적을 지녔기 때문이다. 특히 청년 세대는 놀라운 속도의 기술 변화 덕분에 보수적이거나 또는 적응력이 떨어지는 나이의 사람들에 비해서 상당한 이점을 갖게 되었다. 셋째, 청년 문화의 독특성은 그 문화의 놀라운 국제주의였다. 미국의 압도적인 문화적 헤게모니를 반영했던 청년 문화는 특히 소비 사회에서 유행의 힘을 통해 확산됨으로써 그 이전 시대에는 존재할 수 없었던 전 지구적인 청년 문화가 탄생되었던 것이다(같은 책: 451~454쪽).

홉스봄이 제시한 청년 문화의 특징은 우리 사회에서도 거의 그대로 나타난다. 우리 사회에서 정치적으로 탈각된 청년 문화는 1992년을 기점으로 나타났다. 1991년에 강경대 사망과 이로 인한 분신 정국은 학생 운동의 퇴조를 알리는 전조였으며, 1992년에는 '신세대의 대통령'으로 불리면서 청년 세대에게 커다란 영향을 주었던 서태지가 등장하였다. 컬러텔레비전과 함께 성장하였던 신세대들은 막강한 구매력과 새로운 라이프 스타일, 문화 감수성을 토대로 대중문화를 이끌어 가기 시작하였으며, 문화 자본도 이들을 겨냥한 문화 상품을 만들지 않을 수 없었다. 기성세대와는 다른 가치관을 가진 청년 세대들이 대중문화를 주도함에 따라 우리 사회의 주류적 가치관도 점차 변모하였다.

1990년대 중반을 전후로 신세대의 정체성에는 뚜렷한 변화가 일어났다. 1996년에 국내 최초로 '사이버스페이스 독립선언문'이 등장했던 것에서 나타나듯이 이 시기에 휴대 전화와 PC 통신이 대중화되기 시작했으며, 2000년에는 초고속 인터넷망 시대가 열렸다. 디지털 테크놀로지가 보편화되면서 이를 일상적으로 수용할 수 있는가에 따라 기존의 신세대와 'N세대'가 구분되었다(이동연, 2004: 145쪽).

N세대는 기성세대들이 익숙하지 않았던 컴퓨터와 PC 통신, 인터넷 등 첨단 멀티미디어를 수단으로 시공간에 구애받지 않고 필요한 정보를 수용하면서 자신들의 새로운 정체성을 형성하였던 진정한 의미에서의 '세계 시민'이었다. 이들은 자신들의 정체성이 표현된 '아이디'를 갖고 특정한 사회 변화와 사건들에 대해 온라인 게시판과 커뮤니티 등을 통해 의견을 적극적으로 개진하고 있다. 1990년대 초 신세대가 대두된 이후 이들을 지칭하는 용어가 X세대, Y세대, N세대, W세대, P세대, PDG(포스트 디지털)세대 등으로 바뀌고, 이들의 문화적 취향을 오렌지족, 폭주족, 펑크족, 레이브족, 다운시프트족, 펌킨족에서 스노우캣 현상, 폐인 현상, 플래쉬몹 현상에 이르기까지 다양하게 지칭하는 것에서 보이듯이 청년 세대는 매우 빠르게 변화하고 있으며, 다양한 가치관을 갖고 있다.

그러나 이들은 공통적으로 개인적 욕구의 무제한적인 자율성을 추구하고 있으며, 이를 부정하거나 무시하는 권위주의와 가치 체계에 반대하고 있다. 그것은 1990년대 말부터 유행하고 있는 수많은 안티 사이트들을 통해서 확인할 수 있다. 안티 사이트는 무엇을 반대하거나 비판하는 안티, 패러디하는 안티, 그리고 또 다른 무엇을 제시하고 다른 길을 모색하는 안티 등 다양하지만 시민 사회의 다양한 이슈와 문제들을 적극적으로 제기하고,

시민들을 동원하는 공론장의 역할을 수행하고 있다(서이종, 2002: 78~79쪽).

신세대들이 대두된 지 불과 10여 년밖에 되지 않았지만 우리 사회에서 청년 세대는 사회의 인습, 도덕 등을 파괴하면서 새로운 사회와 문화를 이끌어 가는 주역으로 떠올랐다. 청년 세대는 기존의 가치와 신념 체계와 대결하고 그것을 해체하는 과정에서 자신들의 정체성을 형성하였다.

가치관이 변화하면서 이를 뒷받침할 수 있는 새로운 문화와 사상들도 적극적으로 수용되고 있다. 여기에서는 들뢰즈Deleuze 와 가타리Guattari를 중심으로 새로운 사상의 흐름만을 간략하게 살펴보려고 한다. 요즘 인문학적 담론에서 가장 많이 언급되는 이들의 사상이 철학·문학·예술 등 다방면에 폭넓게 영향을 주고 있는 이유 중의 하나는 우리 사회의 가치관 변화와 관련되어 있다.

이성중심주의에 기초해 있던 서양 철학은 '욕망'을 욕망 자체로서 파악할 수 없었다. 플라톤에게 전형적으로 나타나는 바와 같이 철학은 영혼을 유혹하는 육체적 욕망을 이성으로 극복하고 육체에 결여되어 있는 영혼으로 나아가는 움직임이었다. 니체는 이성중심주의의 철학적 패러다임을 근본적으로 전복시킴으로써 우리의 몸과 욕망, 그리고 삶에 관해 전혀 다른 사유의 길을 열어놓았다(이진우, 2004: 120~121쪽).

니체의 관점에서 프로이트Freud의 정신분석학을 계보학적으로 재구성하였던 들뢰즈와 가타리는 무의식이 정신적인 과정에 속하며 그것은 볼 수 없고 들을 수 없는 심층에 있는 어떤 것이라는 생각에 반대하고, 무의식은 우리의 현실 생활 속에서 우리의 신체에, 우리의 사회 관계에 붙어서 움직이는 것이라고 보았다(윤수종, 2003: 238쪽).

이렇듯이 우리의 삶에서 뗄 수 없는 관계에 있는 무의식은 욕망하며 오직 욕망할 줄밖에 모른다. 그래서 이들은 욕망을 '기계', 즉 끊임없이 무엇인가를 생산하는 것으로 보고 있다. '욕망기계'는 목적도 없고 원인도 없는 욕망으로서 외부의 다른 것과 접속할 때 비로소 작동할 뿐만 아니라 접속하는 항에 따라 다른 본성을 갖게 된다. 욕망기계는 스스로를 변형하고, 자신이 할 수 있는 것을 극대화하기 위해 다른 기계와 접속한다는 점에서 개방적이다(이진우, 2004: 135~136쪽).

이들은 욕망기계가 자유롭게 흐름과 이동을 하면서 또 다른 기계나 에너지 원천 기계를 만나 생산, 등록, 소비를 이룩하느냐 않느냐의 조건에 따라 '기관들 없는 몸'과 '기관들로 가득 찬 몸'으로 구분하였다. 이들이 우려하는 것은 생산하는 욕망기계가 몸의 표면에서 하나의 기관으로 고착화되는 것이다. 생산하는 욕망기계가 흐름과 이동을 통하여 다른 기계와 만남을 형성하기 시작하면서, 기관들 없는 몸은 끊임없이 욕망기계를 기관화하려는 영토화와 영토화되는 것으로부터 벗어나려는 탈영토화의 운동을 지속한다(장시기, 2000: 260~261쪽).

이들의 욕망론은 욕망에 초점을 맞추어 일상적 수준에서 작동되는 자본주의의 억압적 메커니즘을 분석하고, 욕망을 통해 자본주의의 모순을 극복할 수 있는 가능성을 제시하려는 것이었다. 자본주의는 과거와 같이 욕망의 무의식적 흐름을 가시적으로 차단하기보다는 탈코드화와 탈영토화를 통해 욕망의 흐름을 한껏 해방시키면서도 탈영토화된 욕망의 흐름을 포획하여 자본주의 현실원칙에 예속시키고 있다(권순택, 2003: 109쪽).

주체의 욕망도 타자의 욕망도 아닌 그 자체가 '주체'인 욕망은 그 조건, 운동, 투여 방식에 따라 사회적 결정이 일어나며, 욕망 그 자체가 직접적으로 사회에 투여됨으로써 사회 질서와 그로부터의 탈주를 동시에 만들어낸다. 이들이 사회 변혁을 가능케 할 잠재력으로서 개인이 갖고 있는 욕망에 천착하는 것은 개인의 무의식적 욕망의 분출만이 기존 사회적 생산의 질서와 억압, 코드화에 의한 제한과 금지를 돌파하여 새로운 영토, 새로운 사회 질서를 창출해낼 수 있기 때문이다(같은 글: 112쪽).

한마디로 말해 욕망이 혁명적인 것은 새로운 권력의 획득이나 장악을 원해서가 아니라, 모든 금지를 금지하기를 원하기 때문에 혁명적인 것이다. 이들이 말하는 소수자, 유목민nomad 등의 개념적 장치들은 문자 그대로 수적으로 소수인 집단이거나 공간적으로 정착하지 못하고 돌아다니는 주민을 뜻하는 것이 아니라 탈주의 노선을 걷는 자로서 대의 민주주의나 대의 기구를 통한 정치적 대표성의 구조에 포섭되지 않는 특이하고도 차이 나는 집단들을 일컫는다(윤성우, 2006: 138~141쪽). 이렇듯이 욕망을 통해 기존의 사회 체제를 혁명하려는 이들의 사상이 우리 사회에 영향력을 행사한다는 것은 기존의 가치관을 부정하는 의미를 갖는다.

3. 정보화와 섹슈얼리티

최근 정보통신 기술은 인터넷-방송-통신 미디어를 디지털 컨버전스 형식으로 융합하고 있으며, 언제 어디서나 전 세계를 하나로 잇는 네트워크에 접근 가능한 유비쿼터스 시대를 만들어가고 있다. 미디어를 인간의 확장이라고 보았던 맥루한McLuhan은 인쇄 매체에서 벗어나 전자 시대가 본격화될 때 "갖가지 미디어를 통해 우리가 이제까지 감각이나 신경을 이미 확장해온 것처럼, 인간의 의식을 집약적·조직적으로 기계가 대신하는 새로이 창조된 인식 방법이 이제 모든 인류 사회로 확장되는 마지막 단계에 접어든 것이다."라고 하여 새로운 미디어 출현의 역사적 의미를 강조한 바 있었다(McLuhan, 1997: 20쪽).

그가 말한 바와 같이 미디어가 인간의 감각을 확장해왔으며, 모든 테크놀로지가 새로운 인간 환경을 창조해온 것이 사실이라고 한다면 어떤 사회에서든 새롭게 등장하는 미디어들은 인간의 사고와 행동 양식, 그리고 세계를 인식하는 방법 등을 바꾸어왔다고 할 수 있다. 특히 정보화 사회에서 살아가는 대다수 인간들은 인터넷과 휴대 전화 없이는 원활한 일상생활이 불가능할 정도로 우리 삶은 근본적으로 변화하고 있다. 시공간의 제약을 받지 않고 언제 어디서든 온라인 네트워크에 접속할 수 있는 유비쿼터스 시대의 도래는 인간의 삶을 더욱 빠르게 변화시킬 것이다.

성 의식의 변화가 정보통신 기술에서 비롯된 것은 아니지만 새로운 미디어들은 성 의식과 관행 등을 더욱 빠르게 변화시키는 중요한 원인으로 작용하고 있다. 예를 들면 누구나 쉽게 접근할 수 있는 초고속 인터넷망은 원할 경우 포르노 사이트만이 아니라 P2P 사이트 등을 통하여 거의 무료에 가까운 비용으로 포르노[1]를 다운로드 받을 수 있게 만들었다.

또한 많은 연예인들이 상업적 목적으로 누드 사진을 찍고, 이를 인터넷과 휴대 전화 등을 통해 서비스하고 있다. 이러한 풍토는 평범한 사람들에게도 널리 퍼져 배우자나 이성 친구 등의 누드를 찍어 다른 사람들과 공유하는 사이트들도 생겨났다. 심지어 디지털 카메라와 휴대 전화에 있는 디카 기능을 이용하여 원하지 않는 사람들의 누드와 포르노 동영상을 찍어 몰래 유포하는 이들도 있다. 이렇듯이 각종 첨단 미디어들은 연령이나 지위에 관계없이 누구나 성에 관한 정보를 쉽게 가질 수 있는 환경을 제공하였다.

사실 인터넷의 발전은 포르노와 깊은 관계를 맺고 있었다. 미국 사회에서 인터넷이 본격적으로 대중화되던 1990년대 중반 포르노는 최대의 쟁점이었다. 1995년부터 미국에서 포르노 규제 방안이 논의되기 시작하였으며, 1996년 2월 클린턴 대통령에 의해 포르노를 규제하기 위한 법안인 '통신품위법안Communications

---

[1] 포르노그라피(이하 포르노로 줄임)는 음란이나 외설적이라고 생각되는 표현에 대한 검열의 필요성 때문에 만들어진 개념이다. 포르노가 검열의 필요성 때문에 생겨난 용어라는 것에서 암시하듯이 부정적으로 인식하는 경향이 많다. 그러나 이 글에서 포르노라는 용어는 중립적으로 사용하였다. 이러한 입장은 포르노를 규제하는 근거가 되는 외설의 기준을 설정하기 어렵다는 점과 외설에 대한 태도가 사람마다 상이하다는 점을 고려한 것이다. 아울러 '음란'하고 '외설'적인 내용을 담고 있다고 해도 포르노는 엄연히 현실 사회에서 부정할 수 없는 문화적 현실태로 존재하고 있다는 사실과 포르노 역시 정치적·사회적 구조와 긴밀한 관계를 맺고 있다는 점도 고려한 것이다. 포르노 검열에 대한 윤리학적 및 미학적 기본 가정들을 검토한 한 연구에 따르면 윤리학적 입장에서는 포르노를 검열하는 것이 타당하다고 하더라도 그 입장은 미학적 가정으로는 바르지 않거나 최소한 논쟁의 여지가 있다고 한다(이해완, 2002).

Decency Act'이 발효되었다. 그러나 이 법안에 대해 온라인 서비스 제공업자, 콘텐츠 서비스 제공업자는 물론 인터넷 사용자, 매스컴, 인권 단체들이 인터넷상의 표현의 자유를 침해한다고 반대하였다. 이들은 이 법이 발효되던 날 소송을 제기하였으며, 1996년 6월 연방법원 하급심은 통신품위법에 규정된 인터넷을 포함한 포르노 규제 조항이 위헌이라는 가처분 결정을 내렸던 것이다(김영수·조규범, 1999: 31~32쪽).

미국의 대표적인 시청률 조사기관인 닐슨 미디어 리서치의 조사에 의하면 이 시기 인터넷에서 가장 인기 있는 사이트는 플레이보이와 펜트하우스였다. 1996년 12월 말부터 1997년 1월 말까지 1개월 동안 이 사이트에 접속한 사람은 하루 평균 220만 명으로 집계되었는데, 이는 당시 세계 인터넷 이용자의 수를 4,000만 명 정도로 볼 때 매우 높은 조회율이었다(성동규·김왕석, 1997: 228쪽).

이러한 추세를 반영하듯이 미국에서 인터넷 포르노 산업은 빠른 속도로 성장하고 있다. CNN이 미국립조사위원회의 보고서를 인용해 보도한 바에 따르면 2002년 미국의 인터넷 포르노 산업 규모는 10억 달러였지만 2007년에는 50억에서 70억 달러까지 성장할 것으로 예상하였으며, 2002년 현재 130만여 포르노 사이트가 운영되고 있으며, 2억 6,000만여 웹페이지가 성적인 내용을 담고 있다고 한다(YTN 뉴스, 2003년 12월 11일). 인터넷 포르노 산업이 빠르게 성장하고 있는 것과는 달리 미국의 전통적 포르노 산업은 사양길에 접어들고 있다고 한다. 업계 관계자들에 따르면 2006년 미국의 전통적 포르노 시장 규모는 120억~130억 달러 정도로 추산된다(『한국경제신문』, 2007년 1월 5일). 이러한 경향은 다른 국가들에서도 비슷하게 나타나고 있다.

최근 빠르게 확산되고 있는 웹 2.0은 과거 대체로 상업적 목적으로 포르노를 제공하던 양상을 크게 변화시키고 있다. 그것은 사용자들의 참여와 개방성을 통해 스스로 정보 및 네트워크를 창조하고 공유한다는 특징을 갖고 있는 웹 2.0이 인터넷 사용자들을 단순한 사용자나 소비자가 아니라 생산자이며 평가자로 변모시키고 있기 때문이다. 유비쿼터스 환경의 증대와 뛰어난 인터넷 인프라 구축 등으로 사용자들은 온라인에 참여할 수 있었고, 온라인에서 더욱 많은 것을 원했던 사용자들이 낳은 결과가 웹 2.0이었다.

이러한 변화에 따라 일반인들 중에서도 누드 사진과 포르노 동영상 등을 제작하여 이를 인터넷에 올리는 사람들도 출현하고 있다. 이를 단적으로 보여주는 것이 UCC(user-created content)이다. UCC가 새로운 문화 트렌드라는 사실은 2006년 12월 미국의 시사주간지 『타임』이 '2006 올해의 인물'로 '유You'를 선정하고 블로그나 미디어 영역에서 영향력을 키워가는 평범한 사람을 바로 올해의 주인공이라고 발표한 데에서도 확인된다. 이러한 UCC 확산을 반영하듯이 한국에서도 수많은 UCC 전문 사이트들이 등장하였으며, 포털 사이트들도 동영상 UCC 관련 서비스들을 강화하고 있다. UCC 동영상의 짧고 강력한 영향력을 감안할 때 일반인들이 만드는 UCC는 더욱 확산될 것으로 추정된다.

UCC가 확산됨에 따라 UCC 포르노도 빠르게 확산되고 있다. 2006년 7월 현재 나우콤의 아프리카라는 UCC 전문 사이트에는 하루 평균 4만 개 이상의 실시간 방송이 생겨났다 사라지며, 500 개의 방송용 방이 동시에 만들어져 방송되고 있었으며, 이용자들이 많은 On-air방은 대부분 최신 개봉 영화거나 포르노물 상영관이었다고 한다(『아이뉴스24』, 2006년 7월 10일). UCC가 확산됨에 따라 UCC를 표방하는 포르노 사이트들도 등장하고 있으며, 이러한 사이트들은 사용자들이 직접 사진이나 동영상을 올리고 공유한다는 점에서 기존의 포르노 사이트와는 현저하게 다른 차이점을 보이고 있다. UCC의 확산에 따라 UCC를 보다 쉽게 제작할 수 있는 기능을 가진 비디오카메라와 디지털카메라, 휴대 전화 등 각종 미디어들이 개발되어 판매되고 있다.

적지 않은 인터넷 사용자들이 포르노를 보는 데 만족하는 것이 아니라 직접 자신과 애인, 배우자 등의 누드 사진을 찍고, 포르노 영상물을 제작하여 인터넷 등을 통해 유포하는 것은 정보화 사회의 문화적 특성을 고려할 때 어찌 보면 자연스러운 현상이다. 정보화 사회의 문화적 특성은 첫째로는 인간들의 사고와 행동 양식이 다원적 가치를 지향하고 있다는 점에서 찾을 수 있다. 다원적 가치 체계하에서는 이질적 요소 간의 자유 결합을 허용하는 구성적 사고 경향이 권장되며, 이것은 윤리 도덕을 포함한 관념 세계에 이르기까지 매우 광범하다(김종길·김문조, 2004: 104쪽).

다원적 가치 추구가 중시되는 정보화 사회에서 사람들은 개방적이고 자유로운 성적 담론을 활성화시키고 있다. 이러한 사고의 유연화는 '무엇이든 가능하다Anything goes'는 행동 양식도 확산시키고 있다. 이에 따라 피해 대상이 명백한 범법 행위를 제외한 여러 위반 행위가 인권이나 개성 존중을 이유로 관용될 수 있는 가능성이 더욱 높아지고 있다(같은 글: 106쪽). 인터넷에서 제한 없는 성적 표현, 사이버 섹스, 사이버 성폭력, 사이버 성매매와 같은 성적 일탈 현상을 쉽게 찾아볼 수 있는 것은 이러한 정보화 사회의 문화적 특성과 관련되어 있다.

둘째로는 인터넷에서 사람들은 현실 공간에서의 실제적 성관계에서는 가능하지 않은 성적 쾌락을 추구할 수 있다는 점이다. 예를 들면 사용자의 참여가 불가능하였던 일반적인 포르노와는 달리 방송국 형태로 제공되는 포르노 동영상이나 채팅 등에서는 사용자가 원하는 것을 상대방에게 쉽게 요구할 수 있기 때문에 현실 이상으로 성적 흥분과 쾌락을 제공받을 수 있다(이미정, 2004: 70쪽). 또한 비대면성과 익명성이 가능한 사이버 공간에서는 사용자들의 요구가 더욱 강하게 나타날 수 있다. 그것은 현실 공간과 달리 사이버 공간은 외적 권위와 제재로부터 비교적 자유로울 뿐 아니라 익명성과 비대면성이라는 특성 때문에 현실의 내가 아닌 되고 싶은 '나', 즉 새로운 정체성을 갖게 된 나는 현실에서는 가능하지 않았던 성 욕망을 표현하고 추구할 수 있다(류지한, 2004: 101~102쪽). 또한 인터넷상에서 욕망이 증폭됨에 따라 서비스 제공업체와 동영상 콘텐츠를 올리는 사람들이 사용자의 필요와 선호를 고려하기 때문에 성취하고 싶은 성 욕망은 더욱 커지게 된다(최양수, 2005: 40쪽).

셋째로는 정보화 사회의 주역이 청년 세대라는 점이다. 인터넷에서 유통되는 많은 정보들이 이미지로 구성되어 있다는 것에서 알 수 있듯이 청년 세대는 이성보다는 감성을 중시한다. 청년 세대의 문화적 정향은 심미주의, 개성 중시, 이벤트 지향, 볼거리 추구, 일상 파괴, 규범 이탈, 유목주의, 순간주의, 캐주얼화, 경박단소화, 참여주의, 몰입주의 등으로 요약할 수 있다. 이들은 첨단 네트워크 기기를 활용해 새로운 정보를 입수하고 교환함으로써 과거 여론의 주체였던 일방향적 미디어를 거부한 채 온라인과 오프라인을 종횡무진 드나들며 확고한 권력을 행사하고 있다. 이렇듯이 정보화 사회에서는 다중적 정체성을 가진 새로운 문화 종족들이 양산되고 있다. 이러한 문화 종족들은 국적, 연령, 성별 등을 초월하는데, 이들을 묶는 주요한 기재는 이미지와 스타일이다. 가치의 변화들로 인해 이미지와 스타일은 보이지 않는 접합점이자 집단 감성의 본질적 특성으로 나타나고 있는 것이다(김종길·김문조, 2004: 119~111쪽).

한국이 IT 강국으로 인정받고 있는 것에서 나타나듯이 우리 사회의 정보화 수준은 매우 높은 편이다. 대체로 인정하고 있듯이 정보화 사회의 주역은 청년 세대이다. 이들이 정보화 사회를 주도하고 있음에도 불구하고 우리 사회는 이들을 편견을 가지고 바라보았다. 그 편견은 크게 두 가지로 정리할 수 있다. 하나는 청년 세대가 항상 기성세대와의 대당對當 관계 속에서 구별되었다는 점이고, 다른 하나는 세대 문제는 특정한 사회 현상이나 사건에 의해 그 가치 판단이 일방적으로 내려졌다는 점이다. 이 때문에 세대에 대한 지배 담론은 항상 '신세대와 구세대'라는 연령별 이분법과 '좋음과 나쁨'이라는 가치론적인 이분법 속에서 구성되었다(이동연, 2004: 136~137쪽).

청년 세대는 강한 성적 호기심과 욕망 등을 갖고 있지만 우리 사회에서 이들은 이를 충족시킬 수 있는 합법적인 방법을 가지고 있지 않다. 특히 우리 사회는 청소년을 정신적으로 미숙한 존재로 규정하기 때문에 성을 포함한 그들의 문화를 대체로 부정적으로 인식하고 있다. 이런 점에서 현실 공간에서 청년 세대의 성은 금기와 위반의 영역이며, 숙명적으로 언더그라운드에서, 포르노로서만 존재하는 '어둠의 왕국'이다(고미숙, 2001: 81~82쪽).

현실 공간과 달리 사이버 공간에서는 애인을 사귀고 결혼도 하며, 현실에서는 불가능한 성 욕망을 충족시킬 수 있다. 예를 들면 법적으로 금지되어 있는 '18금禁' 게임을 하고 있는 19세 미만의 청소년들도 적지 않다. 게이머의 성 욕망을 충족시키려는 목적으로 만들어진 18금 게임 중에는 욕망 충족을 극대화하기 위해 '새로운 것에 대한 추구'는 물론 현실에 없는, 현실에서 이루어질 수 없는 상황으로 끌고 가면서 현장감을 충족시키는 것도 있다(박상우, 2000: 62~66쪽).

인터넷에서 얼마나 많은 청년 세대들이 포르노 동영상을 업로드하고, 보고 있는지, 그리고 성 욕망을 충족하는지는 알 수 없다. 그러나 중학생들도 포털 사이트 등에 포르노 동영상을 올리고 있는 것을 볼 때 상당수 청년 세대들이 사이버 공간에서 그들의 성 욕망을 실현하고 있을 것으로 추측된다.

사이버 공간을 통한 청소년 이성 교제의 실태를 조사한 한 연구에 따르면 실제로 적지 않은 중고생들이 인터넷을 통해 성 욕망을 해소하고 있다. 즉 대다수의 중고생들이 사이버 공간에 접속하고 있고, 이들 중 과반수 이상이 사이버 이성 교제를 위해 모르는 이성과 접속한 경험이 있었다. 또한 이들은 채팅 중에 음란한 대화나 행위를 하는 불건전 대화방을 본 경험이 자주 있고, 이런 대화방에 참여해본 경험도 적지 않았다. 아울러 사이버 공간을 통해 알게 된 이성으로부터 채팅 중 욕설이나 음란한 말·행위로 인한 피해는 10명 중 7명, 원치 않는 성관계 강요나 성추행 피해는 4명 중 1명, 강간 피해는 10명 중 1명이 조금 안 되었다. 뿐만 아니라 사이버 공간을 통해 알게 된 이성과 성관계를 맺은 청소년은 10명 중 3명 정도였고, 이들은 대부분 만난 지 1일 이내에 관계를 가졌으며, 10명 중 4명 정도는 성인과 관계했으며, 10명 중 3명 정도는 성관계 후 금품을 받았다고 한다(오영근·이춘화, 2001: 203~204쪽).

4. 이중적 성 윤리관 비판

앞에서 가치관의 변화와 정보화 사회를 특징짓는 첨단 미디어들이 상호 작용하면서 우리 사회의 성 윤리관이 빠르게 변화하고 있다는 사실을 살펴보았다. 성 윤리가 빠르게 변하는 현실에서 새로운 성 윤리관의 정립은 시급한 과제로 대두되었다. 그러나 우리 사회의 주류적 성 윤리관은 한편으로는 현실과는 동떨어져 있으며, 다른 한편으로는 현실에 기반을 둔 것처럼 보이지만 실제로는 성을 왜곡하고 있다.

특히 우리 사회에서 막강한 권력을 행사하고 있는 정부와 언론에 의해 이중적 성 윤리관이 조장, 확산되고 있다는 사실에 문제의 심각성이 있다. 푸코가 지적하였듯이 언어적 의사소통, 애정 관계, 경제적 관계 등을 포함하는 모든 인간관계에 폭넓게 확산되어 있는 권력 관계는 타인의 행위를 지향하고자 한다(박승규, 2002: 92쪽). 타인의 행위를 지향하고자 하는 권력이 이중적 성 윤리관을 갖고 있을 때 사회 전반에 걸쳐 이중적 성 윤리관이 확산될 가능성이 커진다.

주지하는 대로 유교 윤리에 근간을 둔 우리 사회의 전통적 성 윤리는 매우 보수적이었으며, 이러한 보수적 성 윤리는 여전히 형식적으로는 주류적 가치관으로 자리하고 있다. 보수적 성 윤리를 형식적으로 중시하고 있는 것과는 달리 각가지 성매매 업소들이 주택가와 학교 가까운 곳에 존재하고 있는 것이 우리 사회의 실상이다. 2004년 9월 성매매 방지와 피해자 보호, 그리고 성매매 알선 처벌을 요지로 하는 '성매매 특별법'이 시행되고 있음에도 불구하고 성매매 산업의 규모는 오히려 커지고 있다.

보수적인 성 윤리관이 지배적이었던 우리 사회에서 성매매 산업의 번창은 정부 정책으로부터 비롯되었다. 군사 쿠데타로 정권을 잡은 박정희 전 대통령은 자유당 정권과의 차별화 방안의 일환으로 각종 사회 정화 조치를 시행하였으며, 1961년에 제정된 성매매를 금지하는 '윤락행위등방지법'은 이러한 방안의 하나였다. 그러나 이 법이 제대로 시행되기도 전인 1962년 이 법의 적용을 유보하는 특별 구역을 지정하였는데, 100여 개의 특별 구역 중 60%가 기지촌이었다. 기지촌 육성은 두 가지 목적을 가지고 있었다. 하나는 미군들의 주머니 속에 있는 달러였으며, 다른 하나는 여성의 성을 국가 안보를 위한 수단으로 활용하는 것이었다. 1969년 닉슨 독트린 이후 주한 미군 감축이 추진되자 박정희는 주한 미군의 주둔을 보장하기 위한 자구책의 일환으로 기지촌 환경 개선에 적극적으로 나섰다. 이것이 '기지촌 정화운동'이며, 그는 이를 위해 청와대 직속기구로 '기지촌 정화위원회'까지 설치하였다(오미영, 2003: 114~116쪽).

1960년대 달러와 안보를 위해 정책적으로 매매춘을 용인, 권장하였던 정부는 1970년대 들어 본격적으로 매매춘을 외화 벌이의 수단으로 이용하였다. 이른바 '기생 관광'이 그것이다. 정부는 국제관광협회에 '요정과'를 신설하여 사실상 매춘 허가증인 '접객원 증명서'를 발부하였을 뿐 아니라, 군수나 보안 과장 등의 주재로 '기생'들을 대상으로 한 달에 한 번씩 "여러분은 애국자다. 여러분은 이름은 나타나지 않지만 외화 획득의 주역이다. 사회에서 양색시라 경멸해도 긍지를 가지라."는 요지의 교양 강좌를 개최하였다. 1973년 당시 문교부 장관이었던 민관식이 일본 방문 중 "한국 여성은 경제 건설에 필요한 외화를 획득하기 위해서 몸을 바치고 있으며 특히 한국의 기생 호스티스가 대거 일본에 진출해서 몸을 바치며 밤낮으로 분투하는 애국 충정은 훌륭한 것이다."라는 발언을 하여 사회적 물의를 불러일으켰던 것도 이러한 맥락에서 나온 것이다. 이들이 벌어들인 외화가 70년대 한 해 8억 달러가 넘었다고 한다(안일순, 1993: 150쪽; 손덕수, 1998: 93쪽). 1970년대 정부 정책에 의해 기초가 마련되었던 성매매 산업은 1980년대 접어들어 정치 폭력배나 심지어는 경찰 공권력의 비호를 받으면서 급속하게 팽창되었다.

이렇듯이 정부가 성매매 산업을 정책적으로 권장하였음에도 불구하고 공식적으로는 여전히 보수적 성 윤리를 표방하고 있

다. 그것은 1995년 법정 기구로서 출범한 '정보통신윤리위원회'
에서 찾아볼 수 있다. 이 위원회는 형식적으로는 민간 기구지만
실제적으로는 정보통신부가 이 위원회의 설립과 운영에 관한 모
든 사항을 관장하고 있는 국가 기구이다. 이 위원회는 설립 목적
에 따라 불건전 정보 유통 방지 및 건전한 정보통신 윤리 확립을
위한 심의 및 시정 요구, 청소년 유해 매체물 심의 결정 및 관리,
인터넷 내용 등급 서비스 등을 시행하고 있다. 2001년부터 시행
되고 있는 '인터넷 내용 등급제'는 불건전 정보 유통 방지와 청
소년 보호를 위해 유해한 내용의 경우 인터넷 홈페이지에 픽스
(PICS: Platform for Internet Content Selection)라는 전자적인 부호
를 표시하도록 하고, PC방, 학교, 도서관 등의 컴퓨터에 이를 인
식할 수 있는 차단 소프트웨어를 설치하여 인터넷 접속을 선별,
차단하도록 하고 있다. 정보 제공자가 등급을 표시하지 않을 경
우 그 사이트는 유해 매체물로 여겨져서 강제로 차단된다.

인터넷 내용 등급제는 만들어질 때부터 인터넷에 대한 국가
검열을 제도화함으로써 표현의 자유를 침해한다는 비판을 받아
왔다. 등급제에 따르면 18세 이상 성인의 경우 잔인한 살인 장면
은 볼 수 있지만 성기가 드러난 모습이나 성행위를 하고 있는 모
습은 볼 수 없다. 이 기준에 따르면 미켈란젤로의 다비드상이나
쿠르베의 「세계의 기원」이라는 뛰어난 예술 작품도 '음란물'로
간주되어 감상할 수 없다(홍성태, 2002: 60쪽).

2001년에 있었던 '엑스존'이라는 커뮤니티의 자진 폐쇄 사건
은 이 위원회의 윤리적 기준이 낡고 편협한 성 윤리관에 근거하
고 있다는 것을 잘 보여주었다. 이 커뮤니티는 동성애에 관한 올

바른 정보를 제공하고, 동성애자의 인권을 옹호하기 위해 만들어졌지만 내용 등급제에 따르면 이 커뮤니티는 '퇴폐 2등급'으로 차단의 대상이었다. 엑스존은 이 위원회로부터 내용 등급제의 전자적 표시를 강요받은 후 자진 폐쇄하였다(같은 글, 62쪽).

뛰어난 예술 작품도 성기를 드러냈다는 이유만으로 인터넷에서 볼 수 없다거나 동성애 사이트라는 이유만으로 퇴폐 2등급에 해당한다는 사례 등은 정보통신윤리위원회가 시대의 변화를 수용할 수 없는 전근대적인 윤리관에 기초하고 있다는 것을 잘 보여준다. 불건전 정보 유통의 방지와 청소년 보호를 위해 불법과 유해 콘텐츠에 대해 적절한 규제가 필요하다는 데에는 이견이 없다.

그러나 국외는 물론 국내에서 하루에도 수없이 많은 사이트들이 만들어지고 없어지는 현실에서 내용 등급제를 시행하는 것은 사실상 불가능하다. 설사 등급을 정한다 하더라도 몇몇 사람들의 자의적 또는 기계적 판단에 의거할 수밖에 없다. 사회적으로 합의할 수 있는 기준 없이 인터넷 등급을 정한다는 것은 국가 검열을 제도화하는 것에 불과하다. 성매매 산업을 국가의 이익을 위해 정책적으로 권장하였던 국가가 불건전한 정보 유통을 차단하고 청소년을 보호한다는 명분으로 보수적 성 윤리관을 강요할 때 거의 모든 것이 급변하는 우리 사회에서 올바른 성 윤리관을 정립하기는 더욱 힘들 수밖에 없다.

커다란 영향력을 행사하고 있는 언론도 정부와 마찬가지로 이중적인 성 윤리관을 갖고 있다. 현재 민영 방송인 MBC와 SBS는 물론 공영 방송인 KBS도 불륜과 외도를 주요 소재로 하는 드라마들을 아침뿐 아니라 저녁 시간대까지 방영하고 있다. 이러한 드라마들이 많은 것에서 나타나듯이 지상파 방송 3사에서 방영하는 선정적 장면과 선정적 장면의 단위 시간(10분) 당 빈도수는 지속적으로 증가하고 있다. 이는 시청자들이 선정적 프로그램을 선호하는 것과 관련이 없지는 않다(이유숙, 2005: 32~33쪽). 우리 사회에서 쉽게 볼 수 있는 불륜과 외도를 드라마 소재로 선택하는 것 자체가 문제되는 것은 아니지만 사람들의 호기심에만 영합하는 드라마는 성에 대한 편향된 관점을 갖게 함으로써 인간관계를 왜곡하고, 더 나아가 사회 전체를 퇴폐화할 수도 있다.

선정주의적인 경향은 일간 신문에서도 쉽게 찾아볼 수 있다. 『문화일보』의 연재소설 「강안남자」는 그 단적인 예이다. 2006년 청와대는 이 소설의 외설성을 이유로 이 신문의 구독을 중단해 언론 자유 논란까지 불러일으켰다. 신문의 성과 관련된 보도의 특성은 다음과 같이 정리할 수 있다. 첫째, 기사의 주요 소재로 10대의 매매춘, 원조 교제, 연예인의 매매춘, 주부의 매매춘 등을 집중적으로 다루고 있다. 둘째, 선정성에 입각한 상업주의를 추구하는 경향이 강하다. 셋째, 주로 사건 중심으로 이루어지고 있다. 넷째, 기사의 보도 시각이 보수적 남성주의에 입각하고 있다 (김선남, 2001ㄱ: 30~31쪽).

신문의 매매춘 관련 기사를 분석한 한 연구에 따르면 신문의 보도 성향은 그 자체로서도 문제가 될 수 있을 뿐 아니라 다음과 같은 부정적 결과를 야기할 수 있다고 한다. 첫째, 매매춘 문제를 전통적인 보수주의 시각에서 접근할 경우 가부장적 가치를 확대 재생산할 가능성이 크다. 둘째, 신문이 매매춘 현상을 단지 표면적인 사건 전달에 치중할 경우 이 문제의 사회적 중요성 내지는 구조적 원인에 대한 심층적인 진단을 회피함으로써 결과적으로 문제의 본질을 호도, 은폐, 축소할 수 있다는 것이다(같은 글: 58쪽).

스포츠 신문에서는 이러한 선정성이 더욱 강하게 나타나고 있다. 스포츠 신문의 선정성이 본격화된 것은 1990년 『스포츠 조선』이 창간되면서부터이다. 이 신문이 창간된 이후 제한된 신문 수요 시장에서 보다 많은 독자를 확보를 위해 스포츠 신문들은 더 자극적이고 말초적인 내용으로 지면을 구성하게 되었다. 그 결과 스포츠 신문은 소위 소프트 포르노의 전형이고, 음란, 폭력성을 선도하는 매개적 기능을 수행하며, 저질 섹스 상품의 광고 정보지가 되었다(김선남 외, 2003: 38쪽).

스포츠 신문의 선정성과 관련하여 특히 쟁점이 되는 부분은 연예인들을 다루는 기사이다. 스포츠 신문은 연예인의 사생활이나 품행, 성격 등을 파헤치는 데 특별히 많은 지면을 할애하며, 연예인의 특정 신체 부위를 과다하게 노출시킨 사진들을 게재하고 있다(같은 글: 36쪽).

최근 스포츠 신문의 선정성은 더욱 커지고 있다. 거의 모든 스포츠 신문사들이 운영하고 있는 인터넷 홈페이지는 성인⑲, 걸⑲, 게임⑲ 등의 메뉴를 통해 야설, 음란 망가, 여성의 누드 사진, 동영상 등 거의 포르노에 가까운 정보를 제공하는 것은 물론 심지어 음란 채팅, 섹스 기구, 퇴폐 향락 업소 광고 등을 버젓이 게재하고 있다. 스포츠 신문의 선정성이 이를 즐겨 읽는 청소년에게 미칠 수 있는 사회적 폐해는 세 가지로 정리할 수 있다. 첫째,

스포츠 신문은 선정적인 내용으로 청소년들을 자극하여 돌출적인 성적 행동을 유발시킬 수 있으며, 둘째, 가부장적 성 가치관을 재생산할 뿐만 아니라 왜곡된 성 문화 형성을 주도할 가능성이 있으며, 셋째, 외모 중심적인 왜곡된 대중문화를 만들어낼 수 있다는 것이다(김선남, 2001ㄴ).

우리 언론은 실제로는 여성을 성적 쾌락의 도구로 생각하도록 만들고, 성 충동을 부추기며, 성을 쾌락 추구를 위한 단순한 소비 행위로 간주해 저질의 성 문화를 조장하는 대표적인 기업들이지만 다른 한편으로는 성 윤리관의 변화와 성 개방 풍토의 확산을 우려하는 전통적 성 윤리관을 표방하고 있다.

예컨대 IMF의 재정 지원 이후 대량 실업 사태로 실직하는 남성이 많아지자 언론은 '남성의 위기' 담론을 양산함으로써 가부장 체제의 복원을 시도하였다. 언론은 여성들에게 남편의 권위에 순응하는 전통적인 아내상을 주문하는 한편 남편의 출세와 성공을 위해 도움을 주고, 기죽은 남편의 사기를 높여줄 수 있는 아내가 될 것을 강요하였던 것이다(임인숙, 2006: 82~83쪽). 변화하는 사회에 조응할 수 있는 새로운 인간상이나 남녀 관계를 모색하는 것이 아니라 가부장 체제로의 복원을 시도한 언론의 성 윤리관은 현실에 부합될 수 없는 것이었다.

정부와 언론의 이중적 성 윤리관은 방향성을 상실한 우리 사회의 성 문화를 더욱 혼미하게 만드는 원인으로 작용하고 있다. 그럼에도 불구하고 정부와 언론이 이중적 성 윤리관을 강요하는 이유는 무엇일까? 우리는 "자본주의는 욕망을 해방시키지만, 이것은 자본주의의 한계와 자본주의 자체의 해체의 가능성을 규정하는 사회적 조건들 아래에서만 가능하다. 따라서 자본주의는 자기를 이 한계로 밀어붙이는 동향에 대하여 필사적인 힘으로 저항하기를 그치지 않는다."는 들뢰즈와 가타리의 말에서 이중적 성 윤리관의 원인을 유추해볼 수 있다(Deleuze & Guattari, 1997: 213쪽).

이와 비슷한 진단은 우리 사회에서도 이미 2001년에 나왔다. 즉 이윤의 증대와 착취의 효율성에 도움이 되는 선에서는 청년 세대와 대중 일반의 욕망을 부풀리지만 이러한 욕망을 감당하기 어려울 때는 대중, 특히 주변으로 내몰리고 있는 사람들의 삶의 방식을 도덕적으로 공격함으로써 신자유주의의 허물을 덮고 책임을 면하게 만들어준다는 것이다(문화과학 편집위원회, 2001: 110쪽).

5. 새로운 성 윤리의 정립을 위한 실마리

성 윤리관이 급변하고 있으며, 첨단 미디어들을 통해 성과 관련된 지식과 정보가 자유롭게 유통되는 우리 사회에서 새로운 성 윤리의 정립은 매우 시급한 과제로 떠오르고 있다. 많은 사람들이 성 욕망을 중시하고, 그를 실현할 수 있는 방안을 여러 방면에서 모색하고 있지만 자신들의 성에 관한 태도와 행동 양식에 확신을 갖고 있지 못하기 때문이다. 현재 우리의 성 논의는 성관계는 결혼한 사람하고만 가능하다는 순결 이데올로기로부터 성적 충동이 생길 경우 상대방의 의사에 관계없이 성을 강제

할 수 있다는 성폭력 이데올로기까지 극단들 사이에 놓여 있다. 또한 급변하고 있는 성 의식에 현실이 조응하지 못하는 경우도 적지 않다. 2005년 제주대신문사가 제주대 남학생과 여학생 200명씩 총 400명을 대상으로 조사한 바에 따르면 응답자 중 75.2%가 혼전 성관계를 할 수 있으며, 75.6%가 교내 콘돔 자동판매기 설치에 찬성한다고 답변하였지만, 결국 교내 설치는 이루어지지 않았다는 사실은 변화하는 성 의식과 현실과의 괴리를 보여주는 사례이다(『한겨레』, 2005년 12월 29일).

성 의식이 크게 바뀌고 있으며, 가치관도 변화하고, 이를 뒷받침할 수 있는 정보화 사회에서 새로운 성 윤리의 정립은 매우 시급한 과제이다. 여기에서 새로운 성 윤리를 제안하려는 것은 아니다. 다만 새로운 성 윤리 정립이라는 난제에 대해 상호 주관적인 이해와 동의를 위한 논의의 실마리를 제공하려고 한다. 성에 관한 다양한 관점과 입장이 제시되고 있는 상황에서 구체적인 대안과 방안을 제시하는 것이 어려울 뿐만 아니라 설사 제시할 수 있다 하더라도 사회적 합의를 얻기 어렵기 때문이다.

새로운 성 윤리의 실마리는 우리가 살고 있는 정보화 사회의 특성과 관련되어 있다. 맥루한은 텔레비전 출현 이후에 인간들은 새로운 인식 태도를 갖게 되었으며, 이전의 인간과 전혀 달랐다고 하였다(McLuhan, 1997: 448쪽). 이것은 인쇄 매체의 등장이 인간들을 시각 하나에 의존하게 함으로써 감각의 균형을 상실하게 한 것과는 달리 텔레비전은 모든 감각을 사용하게 함으로써 인간과 사회 전체를 변화시켰다는 것이다. 그에 의하면 미디어는 문화적 정체성을 변화시키는 근본적인 원인이다. 인쇄 문화 지배 아래 있었던 근대 사회가 이성적이고, 자율적이며, 중심화되고 안정된 개인을 양산했다면 정보화 사회에서는 근대적 주체와는 전혀 다른, 심지어 그것에 대립되는 다양한 정체성을 가진 인간들이 나타나고 있다(김정탁, 1999: 124쪽).

전 세계가 네트워크로 연결된 정보화 사회에서 만들어진 인공적 또는 가상적 공간은 이제까지 인간들이 살아온 현실 개념을 완전히 바꾸고 있다. 기계와 인간의 인터페이스를 구현하는 사이버 공간은 우리가 일상적으로 경험하는 물리적 공간과는 분명히 다른 무한한 공간 속에 동시에 존재할 수 있음을 경험하게 되는 공간으로서 고성능 컴퓨터와 광범위한 통신망에 의해 만들어진다.

디지털화된 정보에 의해 인위적이고도 자의적으로 구성된 세계와 인간과의 관계는 이제 더 이상 현실과 허구, 본질과 가상, 주체와 객체라는 전통적인 이분법의 관계로 해명할 여지를 완전히 해체시켜버렸다. 현실은 탈물질화된 객체들과 관련된 사이버 공간으로, 전통적 의미의 주체는 탈중심화되고 분산된 다중적인 주체로 전환되었다(홍경자, 2005: 464쪽).

정보화 사회에서 인간들은 물리적인 한계 속에 존재하던 과거의 인간들과는 다르게 다양한 정체성을 갖고 무한한 공간 속에 동시에 존재할 수 있게 되었을 뿐만 아니라 하이퍼텍스트에서 볼 수 있듯이 텍스트의 단순한 수용이라는 수동적인 태도를 벗어나 읽은 바를 선택하고, 선택된 것을 조직하고 관계 지으면서 텍스트의 의미에 대한 능동적, 독립적 그리고 자율적 구성을 수행할 수 있게 되었다. 복잡하고 유동적인 관계망인 하이퍼텍스트 공간에서는 그 구조상 텍스트 자체가 여러 텍스트의 짜임으로 구성되어 있어서 텍스트를 짠 인간에게조차 그 궁극적 의미를 귀속시킬 수 없다(같은 글: 460쪽).

성 욕망과 행위는 사회와 시대, 그리고 개인에 따라 상이한 형태로 나타난다. 성은 사적인 체험이지만 사회적 상호 작용 속에서 형성되기 때문에 역사적 맥락과 관련을 가져야 비로소 그 의미를 갖게 된다. 이런 점에서 새롭게 정립해야 할 성 윤리는 인간들이 탈중심화되고 있으며, 다중적인 존재일 수 있다는 사실을 인정하는 것으로부터 시작되어야 한다.

탈중심화되고 있다는 것은 우리가 사회로부터 부과받아온 성과 관련된 도덕적 언명들과는 다른 다양한 가치 체계가 존재할 수 있으며, 다중적 존재라는 것은 나를 포함한 인간들이 갖고 있는 성 욕망이 다를 뿐만 아니라 이들이 능동적, 독립적 그리고 자율적으로 성을 추구할 수 있다는 것을 의미한다. 기존의 성과 관련된 도덕적 언명들의 도덕적 정당성에 대해서도 의문이 제기되지만 이러한 도덕적 언명들이 현실 개념이 바뀌고 있는 정보화 사회에서는 그대로 실천되기 어렵다는 점에서 결국 새로운 성 윤리는 시간과 공간의 개념을 바꾸면서 정치, 경제, 사회, 문화 등 우리 삶의 모든 조건을 바꾸고 있는 정보화 사회에 맞게 새롭게 정립되어야 한다.

새로운 성 윤리를 정립하는 작업은 고통을 수반할 것이다. 정보화 사회에 살고 있는 우리는 그 이전 시대의 인간들과 다르며, 또 다른 세계에서 살고 있는 존재로서 새로운 성 윤리를 정립하기 위해서는 성을 포함한 사회의 기존 가치와 사회 체계 자체에 의문을 제기하지 않으면 안 되기 때문이다. 우리 사회에서 성 논의는 활발해졌지만 성과 관련된 도덕적 언명들 자체가 문제로 대두되는 일은 드물다. 대표적인 권력 기관인 정부와 언론은 한편으로는 성 확산을 조장하면서도 다른 한편으로는 전통적인 보수적 성 윤리를 강요하고 있다.

이러한 모순은 학계에서도 쉽게 찾아볼 수 있다. 한 연구자가 지적하였듯이 특히 청소년의 성을 다룬 대부분의 연구들은 청소년 보호라는 명분 아래 청소년을 성적 주체로 인정하지 않는다 (홍봉선, 2002: 443쪽). 그러나 우리가 거부하려고 해도 기존의 인습과 가치 체계는 이미 파괴되고 있다. 심지어 우리는 우리가 알아왔던 인간에 대한 이해마저도 전면적으로 재구성해야 할지도 모른다. 일시적으로 고통을 외면하는 것이 가능할지 모르지만 고통을 회피하려고 하면 더욱 큰 고통이 따르게 될 것이다.

도움받은 글

1. 도덕 교과서와 교육과정 도서류

교육부(1998), 『도덕과 교육과정』, 교육부고시 제1997-15호[별책6].
교육인적자원부(1999), 『중학교 교육과정 해설(Ⅱ)-국어, 도덕, 사회』.
교육인적자원부(2000), 『고등학교 교육과정 해설: 도덕』.
교육과학기술부(2008), 『중학교 교육과정 해설Ⅱ-국어, 도덕, 사회』.
교육과학기술부(2008ㄱ), 『고등학교 교육과정 해설: 도덕』.
교육과학기술부(2012), 『도덕과 교육과정』, 교육과학기술부고시 제2011-361호[별책6].
서울대학교 사범대학 1종도서 『도덕·윤리』연구개발위원회(1996), 『고등학교 윤리』, 교육부.
서울대학교 사범대학 국정도서편찬위원회(2009), 『중학교 도덕 1』, 교육과학기술부.
서울대학교 사범대학 국정도서편찬위원회(2009), 『중학교 도덕 2』, 교육과학기술부.
서울대학교 사범대학 국정도서편찬위원회(2009), 『중학교 도덕 3』, 교육과학기술부.
서울대학교 사범대학 국정도서편찬위원회(2009), 『고등학교 도덕』, 교육과학기술부.
서울대학교 사범대학 국정도서편찬위원회(2009), 『고등학교 시민 윤리』, 교육과학기술부.
서울대학교 사범대학 국정도서편찬위원회(2009), 『고등학교 전통 윤리』, 교육과학기술부.
서울대학교 사범대학 국정도서편찬위원회(2009), 『고등학교 윤리와 사상』, 교육과학기술부.
서울대학교 사범대학 국정도서편찬위원회(2009), 『고등학교 도덕: 교사용 지도서』, 교육과학기술부.
서울대학교 사범대학 국정도서편찬위원회(2009), 『고등학교 윤리와 사상: 교사용 지도서』, 교육과학기술부.

2. 논문 및 저서

강정인·안외순(2000), 「서구 중심주의와 중화주의 비교 연구」, 『국제정치논총』 40(3).
고미숙(2001), 『한국의 근대성, 그 기원을 찾아서: 민족·섹슈얼리티·병리학』, 책세상.
권순택(2003), 「사이버공간에서의 저항문화: 들뢰즈와 가타리의 미시정치학을 중심으로」, 『기독교교육정보』 7.
김덕주(2002), 「부패방지를 위한 국제적 협력의 논의 동향과 전망」, 『주요국제문제분석 2002-16』.
김대오(2007), 「아리스토텔레스 윤리학의 현대적 계승-매킨타이어의 덕 윤리」, 『서양고전학연구』 65.
김대용(2001), 「한국 대중문화의 교육적 의미」, 교육철학회 엮음, 『문화개방과 교육』, 문음사.
김대용(2003), 「학교교육에서 성교육의 문제」, 『교육철학』 30.
김대용(2008), 「현대 한국 교육에서 유교 연구는 의미를 갖고 있는가?」, 『현상과 인식』 32(3).
김동춘(2002), 「유교와 한국의 가족주의-가족주의는 유교적 가치의 산물인가?」, 『경제와 사회』 55.
김문식(2004), 「우리 속의 중화사상」, 『오늘의 동양사상』 11.
김미영(2005), 「성리학에서 '공적 합리성'의 연원」, 김경수 등, 『동서철학의 기원과 형성-개념체계의 기원과 형성』, 철학과 현실사.

김병환(2000), 「21세기 유학의 과제와 전망-유학 사상과 생태 문제를 중심으로」, 『중국학보』 42.

김복순(2008), 「소녀의 탄생과 반공주의 서사의 계보-최정희의 『녹색의 문』을 중심으로」, 『한국근대문학연구』 18호.

김상봉(2005), 『도덕 교육의 파시즘: 노예도덕을 넘어서』, 도서출판 길.

김상환(1999), 「디지털 혁명은 존재론적 혁명이다」, 『철학과 현실』 40.

김상환 외(2000), 『니체가 뒤흔든 철학 100년』, 민음사.

김상환(2005), 「탈근대의 동양과 서양: 현대 철학사에 대한 헤겔식 농담」, 『철학과 현실』 64.

김선남(2001ㄱ), 「한국 신문의 매매춘 관련 기사 분석」, 『언론과 정보』 7.

김선남(2001ㄴ), 「일탈조장, 선정성 벗어나야」, 『신문과 방송』 366.

김선남·장해순·정현욱(2003), 「스포츠신문의 선정성에 관한 연구」, 『언론과학연구』 3(1).

김성환(2007), 「유교 종주국 복귀 노리는 '동아시아 사상 제패'의 속내」, 『신동아』 574.

김영수·승미영(2001), 『이 시대의 헤로인, 아줌마』, 제일기획.

김영수·조규범(1999), 「사이버 스페이스에서의 표현의 자유: 미국수정헌법 제1조의 적용과 해석을 중심으로」, 『미국헌법연구』 10.

김영식(1991), 「물질·운동·변화 등에 관한 주희의 견해」, 『철학사상』 1.

김영식(1994), 「이황의 이기론과 신유학 전통상에서의 그 위치」, 『퇴계학보』 81.

김영식(1996), 「주희의 '기氣' 개념에 관한 몇 가지 고찰」, 『민족문화연구』 19.

김용헌(2002), 「격물치지: 사물의 이치를 따져 보는 공부」, 한국사상사연구회(엮음), 『조선유학의 개념들』, 예문서원.

김원열·서유석(2008), 「한국의 미래와 윤리 패러다임」, 『시대와 철학』 19(3).

김은실(1999), 「한국 근대화 프로젝트의 문화 논리와 가부장성」, 『당대비평』 8.

김정탁(1999), 「라스웰과 맥루한을 넘어서」, 『한국언론학보』 43(5).

김종길·김문조(2006), 『디지털 한국 사회의 이해』, 집문당.

김창룡(2006), 『청렴한국 아름다운 미래』, 한길사.

류지한(2004), 「정보화 시대의 사이버 성 윤리」, 『국민윤리연구』 57.

문종길(2006), 「고등학교 심화 선택 교과서에 진술된 환경 윤리 내용 분석과 비판-『윤리와 사상』, 『전통 윤리』를 중심으로」, 『환경철학』 5.

문화과학 편집위원회(2001), 「누가 음란을 두려워하랴-성 복지와 숭고의 미학을 위해」, 『문화과학』 28.

박노자(2002), 『좌우는 있어도 아래는 없다』, 한겨레신문사.

박노자(2005), 『우승열패의 신화』, 한겨레신문사.

박병기(2006), 「중·고등학교 도덕(윤리)과 교과서 개발 방향-고등학교 선택과목 윤리와 사상 교과서 개발을 중심으로」, 『탐구공동체교육』 6.

박상우(2000), 『게임, 세계를 혁명하는 힘』, 씨엔씨미디어.

박상우(2000), 「부패가 경제성장에 미치는 파급효과」, 『한국경상논총』 18(1).

박영신(2008), 「'초월'의 추방, 그 문화의 정황」, 『현상과 인식』 32(3).

박용수(2004), 「국제 반부패 동향과 한국」, 『한국동북아논총』 30.

박재완(1997), 「부패와 반부패정책의 경제적 함의」, 『공공경제』 2(1).

박호성(1992), 「유럽 근대 민족 형성에 관한 시론」, 『역사비평』 19.

박태균(2009), 「박정희 정부 시기를 통해 본 발전국가 담론에 대한 비판적 시론」, 『역사와 현실』 74.

박현욱(2006), 『아내가 결혼했다』, 문이당.

방은령·신효영(2006), 「결혼에 대한 청소년들의 의식 조사」, 『한국심리학회 연차학술대회발표 논문집』.

배석원(2001), 「한국 도덕·윤리 교육의 형성과 구조: 교육 기조, 교육 내용, 교원 양성을 중심으로」, 한국철학교육자연대회의. 『한국『도덕·윤리』교육백서』, 한울.

백종현(2003), 『윤리 개념의 형성: 현대 한국사회의 철학적 문제』, 철학과 현실사.

서유석(2008), 「동서양 문명의 만남을 바라보는 관점들-오리엔탈리즘과 전통 지상주의에 대한 비판」, 『시대와 철학』 19(3).

서이종(2002), 『인터넷 커뮤니티와 한국사회』, 한울아카데미.

설한(2000), 「'아시아적 가치' 논쟁: 보편성과 특수성」, 『동북아연구』 5.

성동규·김왕석(1997), 「인터넷 포르노그라피, 그 표현의 자유와 한계」, 『한국언론학보』 22(4).

성영신(1998), 「소비와 광고 속의 신체 이미지와 에로티시즘」, 오생근·윤혜준(공편), 『성과 사회』, 나남출판.

손덕수(1998), 「산업사회에서의 향락산업과 매매춘」, 『여성문제연구』 23.

송갑준(2002), 「이단: 우리 도를 어지럽히는 자들」, 한국사상사연구회(엮음), 『조선유학의 개념들』, 예문서원.

송영배(1990), 「유교 사상의 역사적 이해와 반성」, 『철학연구』 26(1).

송영배(1999), 「한말 유학의 양대 조류: 정통의 화이론과 유교개조론」, 『한국학보』 25(3).

송재소 역주(1981), 『茶山詩選』, 창작과 비평사.

신일섭(2008), 「1978년 '교육지표 사건'의 역사적 의의」, 『민주주의와 인권』 8(3).

신주백(2005), 「국민교육헌장의 역사(1968-1994)」, 『한국민족운동사연구』 45.

신주백(2005ㄱ), 「국민교육헌장 이념의 구현과 국사 및 도덕과 교육과정의 개편(1968-1994)」, 『역사문제연구』 15.

신지영(2005), 「들뢰즈에게 어떤 윤리를 기대할 수 있는가?」, 『비평과 이론』 10(2).

안일순(1993), 「내가 겪은 양공주, 미군범죄의 세계」, 『월간 말』 90.

연세대학교 언어정보개발원(1999), 『연세 한국어사전』, 두산동아.

오미영(2003), 「군사주의와 여성의 섹슈얼리티」, 『여성연구논집』 14.

오영근·이춘화(2001), 『사이버공간을 통한 청소년이성교제 실태연구』, 한국청소년개발원 연구보고서.

유문무(2009), 「아시아 국가 반부패정책 비교-한국의 반부패 전략 개선을 중심으로」, 아시아연구』 11(3).

위수일(2005), 「한국기업의 윤리경영 정착화 방안」, 『경영교육논총』 37.

윤사순(2006), 『유학의 현대적 가용성 탐구』, 나남출판.

윤성우(2006), 「포스트구조주의의 욕망론: 들뢰즈를 중심으로」, 『프랑스학연구』 36.

윤수종(2003), 「무의식 분석의 새로운 시도: 가타리의 문제제기를 중심으로」, 『경제와 사회』 57.

윤태범(1998), 「위기의 관료사회, 구조적 부패와 개혁방안」, 『당대비평』 4.

윤현진 외(2004), 『도덕과 교육내용 적정성 분석 및 평가』, 한국교육과정평가원.

윤현진 외(2006), 『고등학교 도덕과 선택 중심 교육과정 개선 방안 연구』, 한국교육과정평가원.

윤현진 외(2008), 『고등학교 도덕과 교육과정 해설 연구 개발』, 한국교육과정평가원.

이동연(2004), 「세대문화의 구별짓기와 주체형성: 세대담론에 대한 비판과 재구성」, 『문화과학』 37.

이동원(1997), 「한국문화의 현대적 변용과 여성의 사회적 지위 및 역할의 변화」, 『가족과 문화』 9.

이동희(2003), 「동아시아적 컨텍스트와 인권 그리고 보편윤리」, 『사회와 철학』 5.

이미정(2004), 『변화하는 성 윤리와 포르노그라피』, 정보통신정책연구원 연구보고서.

이병진·조성민(2001), 『학교에서의 반부패교육 프로그램 개발』, 교육인적자원부.

이상성(2006), 「고등학교 도덕·윤리 교육과 동양 윤리」, 『동양철학연구』 47.

이상호(1994), 「현대신유학이란 무엇인가」, 한국철학사상연구회 논전사분과, 『현대신유학 연구』, 동녘.

이상환(2001), 「국제적 반부패 논의와 반부패 국제비정부기구의 역할: 국제투명성기구의 활동을 중심으로」, 『세계지역연구논총』 16.

이상환(2006), 「국제적 반부패 논의에 대한 고찰: 한-중-일의 시각 비교」, 『세계지역연구논총』 25(1).

이성규(1992), 「중화사상과 민족주의」, 『철학』 37(1).

이성식(2011), 「가부장적 가정의 청소년비행에 미치는 영향에 있어서의 성별 차이」, 『한국청소년연구』 22(3).

이수연(1999), 「라캉의 사랑 개념과 불륜 드라마의 사랑 담론」, 라캉과 현대정신분석학회, 『우리 시대의 욕망 읽기-정신분석과 문화』, 문예출판사.

이승환(2003), 「주변부인으로 철학하기」, 한신학술원, 『우리 것으로 학문하기』, 한신대학교 학술원.

이승환(2004), 『유교 담론의 지형학』, 푸른숲.

이영경(1999), 「고등학교 윤리 교과서의 '윤리 교육적' 문제점 분석」, 『국민윤리연구』 42.

이영경(2005), 「고등학교 『윤리와 사상』 교과서에서 '한국 윤리' 내용의 문제점과 개선 방향」, 중등교육연구』 53(3).

이영경(2006), 「7차 교육과정 중학교 도덕 교과서 내용의 문제점 분석」, 『윤리교육연구』 11.

이용주(2003), 『주희의 문화 이데올로기: 동아시아 사상 '전통'의 형성』, 이학사.

이유섭(1999), 「동성연애와 도착증」, 라캉과 현대정신분석학회 편, 『우리 시대의 욕망 읽기: 정신분석과 문화』, 문예출판사.

이유숙(2005), 「텔레비전 선정성 요인에 관한 연구」, 『주관성 연구』 10.

이임순 외 4인(2010), 「한국 청소년들을 대상으로 한 성행태 조사: 2007년 3차 조사」, 『대한산부회지』 53(6).

이정우(2005), 「들뢰즈와 가타리의 '동물-되기'」, 『철학과 현실』 64.

이정우(2008), 『신족과 거인족의 투쟁: 이데아와 시뮬라크르』, 한길사.

이진우(2004), 「욕망의 계보학: 니체와 들뢰즈를 중심으로」, 『니체연구』 6.

이재준(2010), 「도덕 교육과 도덕과 교육의 딜레마」, 『교육사상연구』 24(1).

이창식(2005), 「청소년들의 성관계 의향 수준과 예측 변수에 관한 연구: 이성 친구가 있는 고등학생과 대학생들을 중심으로」, 『한국청소년연구』 16(2).

이철승(1999), 「오늘날 '중국 전통 철학'을 연구하는 '한국인'의 의미에 대해」, 『시대와 철학』 10(1).

이철승(2004), 「근현대 중국 사상계의 문화 의식에 배태된 중화사상」, 『오늘의 동양사상』 11.

이철승(2006), 「중국의 동아사아공동체론: 현대 중국 사상계의 '유학열儒學熱'에 나타난 동아시아 공동체의식」, 『오늘의 동양사상』 15.

이철승(2006ㄱ), 「현대 중국의 사상 흐름에 대한 한국 철학계의 연구 동향」, 『동양철학』 25.

이철승(2006ㄴ), 「현대 중국사상계에 나타난 '중국학열'과 신중화사상」, 『중국학보』 54.

이해완(2002), 「포르노그라피와 재현의 문제」, 『미학』 33.

임인숙(2006), 「한국 언론의 부권상실론의 변화와 정치성」, 『가족과 문화』 18.

임종현·신현기(2009), 「국제 반부패 논의와 유럽연합과 독일의 대응」, 『한독사회과학논총』 19(4).

장근호(2000), 「경제성장과 부정부패: 경제·사회적 요인에 관한 실증분석」, 『재정논집』 15(1).

장승희(2005), 「고등학교 전통 윤리에 대한 체계적 분석 및 평가」, 『중등교육연구』 53(2).

장시기(2000), 「탈근대성의 인식론: 들뢰즈-가타리의 몸 철학」, 『비평과 이론』 5(2).

장은주(2007), 「유교적 근대성과 근대적 정체성-한국적 '혼종 근대성'의 도덕적 지평에 대한 비판적 탐구」, 『시대와 철학』 18(3).

장(윤)필화(1999), 『여성·몸·성』, 또 하나의 문화.

전국도덕교사모임(2001), 『반부패 교육을 위한 효과적인 교수-학습 프로그램 연구』, 교육인적자원부.

정약용(1818), 『牧民心書』, 다산연구회 역주(1998), 『역주 목민심서』, 창작과 비평사.

정일준 편역(1999), 『자유를 향한 참을 수 없는 욕망: 푸코-하버마스 논쟁 재론』, 새물결.

정태연·이윤미(2004), 「청소년에 대한 한국인의 사회적 표상 및 성 고정 관념」, 『한국심리학회지: 여성』 9(3).

정원규 외(2006), 「기업의 사회적 책임(CSR) 평가체계 추론을 위한 이론적 고찰」, 『21세기 정치학회보』 16(1).

조난심 외(2005), 『도덕과 교육과정 개선 방안 연구』, 한국교육과정평가원.

조난심 외(2006), 『초·중등학교 청렴교육 내용 체계화 연구』, 한국교육과정평가원.

조경란(2003), 『중근 근현대 사상의 탐색-캉유웨이에서 덩샤오핑까지』, 삼인.

조경란(2009), 「중국 민족주의의 구조와 성격」, 『시대와 철학』 20(4).

조경란(2010), 「현대 중국 민족주의 비판 –동아시아 인식을 중심으로」, 『역사비평』 90.

조성을(2005), 「조선후기 실학의 부정방지책-목민심서를 중심으로」, 『한국사연구』 130.

조영미(1999), 「한국 페미니즘 성연구의 현황과 전망」, 한국성폭력상담소 엮음, 『섹슈얼리티 강의』, 동녘.

조은·조주현·김은실(2002), 『성해방과 성정치』, 서울대학교 출판부.

조주현(1999), 「섹슈얼리티를 통해 본 한국의 근대성과 여성 주체의 성격」, 한국성폭력상담소 엮음. 『섹슈얼리티 강의』, 동녘.

조준현 외(2007), 「동아시아 경제발전에서 유교문화의 역할과 유교자본주의론의 비판적 재평가」, 『인문연구』 53.

차미란(2004), 「도덕 교육의 목적으로서의 지행합일」, 『도덕교육연구』 15(2).

최양수(2005), 『정보화 시대의 문화변동』, 정보통신정책연구원 보고서.

최인철(2002), 「기업윤리의 실태와 과제」, 『임금연구』 10(3).

하상규(1999), 『공자 교육 사상의 개념적 이해』, 문음사.

한국방송진흥원(2000), 『텔레비전 프로그램의 선정성 분석(1997-2000)』, 한국방송진흥원 보고서.

한국역사연구회 현대사연구반(1991), 『한국현대사3: 1960·1970년대 한국사회와 변혁운동』, 풀빛.

한형조(1996), 『주희에서 정약용으로: 조선유학의 철학적 패러다임 연구』, 세계사.

홍원식(2007), 「동아시아 생태담론에 대한 비판적 검토」, 『동양철학연구』 51.

홍봉선(2002), 「청소년의 성주체성에 관한 연구」, 『한국사회복지학회 2002년 춘계학술대회자료집』.

홍성태(2002), 「사이버공간, 시민사회, 윤리의 정치: 인터넷 내용등급제와 정보통신윤리위원회 문제를 중심으로」, 『사이버커뮤니케이션학회 2002년 춘계학술대회자료집』.

홍윤기(2001), 「한국 도덕·윤리 교육의 이념적 혼돈과 정체성 위기」, 한국철학교육자연대회의, 『한국 『도덕·윤리』 교육백서』, 한울.

홍윤기(2002), 「비판적 사고와 인성-불가결한 인성 요인으로서 비판적 지성과 도덕성을 위한 변호」, 『철학연구』 58.

홍정근(2006), 「초중고에서의 동양윤리 교육의 문제점과 개선방향-도덕·윤리과 교과서를 중심으로」, 『국민윤리연구』 63.

홍현선(2002), 「부패방지법과 부패방지위원회의 역할」, 『형사정책연구』 13(2).

황경식(1996), 「서구 철학사상의 유입과 그 평가-서양 윤리학의 수용과 그 영향」, 『철학사상』 6.

杜維明(2004), 『對話與創新』, 廣西師範大學出版社. 김태성 역(2006), 『문명들의 대화』, 휴머니스트.

小島毅(2005), 「예교 연구의 현대적 의의」, 김시업·마인섭 엮음(2005), 『동아시아학의 모색과 지향』, 성균관대학교 출판부.

溝口雄三·伊東貴之·村田雄二郎(1995), 『中國という視座』, 平凡社. 동국대 동양사연구실 역(2001), 『중국의 예치 시스템』, 청계.

Arrington, R. L.(1998), Western Ethics: An Historical Introduction. Blackwell Publishers Ltdl. 김성호 역(2003), 『서양 윤리학사』, 서광사.

Belliotti, R. A.(1993), Good Sex: Perspectives on Sexual Ethics. University

Press of Kansas. 구승회 역(2000), 『좋은 섹스란 무엇인가』, 민음사.

Baudrillard, J.(1986), La société de consommation: ses mythes ses structures. Éditions Denoel. 이상률 역(1991), 『소비의 사회』, 문예출판사.

Davis, M.(2002), The New Culture of Desire: The Pleasure Imperative Transforming Your Business and Your Life. The Free Press. 박윤식 역(2003), 『욕망의 진화』, 21세기북스. ·

Deleuze, G. et Guattari, F.(1972), Capitalisme et schizophréne : L'anti-Oedipe. Les Editions de Minuit. 최명관 역(1997), 『앙띠 오이디푸스: 자본주의와 정신분열증』, 민음사.

Frischauer, P.(1974), Knaurs Sittengeschichte der Welt. Verlag Schoeller & Co. 이윤기 역(1992), 『세계풍속사(하)』, 까치.

Foucault, M(1976), Historie De La Sexualité: La voloneté de savoir. Gallimard. 이규현 역(1997), 『성의 역사: 앎의 의지』, 나남출판.

Giddens, A.(1992), Transformation of Intimacy: Sexuality, Love and Eroticism in Modern Societies. Stanford University. 배은경 · 황정미 역(1996), 『현대 사회의 성·사랑·에로티시즘: 친밀성의 구조 변동』, 새물결.

Hirschberger, J.(1981), Geschichte Der Philosophie Neuzeit und Gegenwart 11., Herder. 강성위 역(2002), 『서양철학사(하)』, 이문출판사.

Hobsbawm, E.(1994), Age of Extremes: The Short History Century, 1914-1991. Michael Josehp, 이용우 역(1997), 『극단의 시대: 20세기 역사(하)』, 까치.

Huber, M.(2006), Ist der Mensch noch frei? Patmos Verlag GmBH & Co. 원석영 역(2007), 『의식의 재발견: 현대 뇌과학과 철학의 대화』, 프로네시스.

Lakoff. G., Johnson, M.(1999), Philosophy in the Flesh: The Embodied Mind and Its Challenge to Western Thought. Basic Books. 임지룡 외 역(2002), 『몸의 철학』, 박이정.

Llinás, R.(2002), I of the Vorte. MIT Press. 김미선 역(2007), 『꿈꾸는 기계의 진화: 뇌과학으로 보는 철학 명제』, 북센스.

McLuhan, M.(1964), Understanding Media: The Extensions of Man. McGraw-Hill. 박정규 역(1997), 『미디어의 이해: 인간의 확장』, 커뮤니케이션북스.

Meadows, D., Randers, J., Meadows, D., Limits to Growth: The 30-Year Global Update. Chelsea Green Publishing Co., 2004. 김병순 역(2012), 『성장의 한계』, 갈라파고스.

Niebuhr, R.(1960), Moral Man and Immoral Society: A Study in Ethics and Politics. Charles Scribner's. 이한우 역(1992), 『도덕적 인간과 비도덕적 사회』, 문예출판사.

Reich, W.(1975), The Mass Psychology of Fascism. Penguin. 오세철·문형구 역(1986), 『파시즘의 대중심리』, 현상과인식.

Sahakian, W. S.(1968), History of Philosophy. Barnes & Noble Books. 권순홍 역(1996), 『서양철학사』, 문예출판사.

Said, E.(1978), Orientalism. Pantheon Books. 박홍규역(2003), 『오리엔탈리즘』, 교보문고.

Schmid, A.(2002), Korea Between Empires 1895~1919. Columbia Universtity Press. 정여울 역(2007), 『제국 사이의 한국 1895~1919』, 휴머니스트.

Turner, B. S(1996), The Body and Society. Sage Publications. 임인숙 역(2002), 『몸과 사회』, 몸과 마음.

Valent, P.(2009), In Two Minds: Tales of a Psychotherpist. UNSW Press. 허수연 역(2011), 『누구나 10초 안에 살인자가 될 수 있다』, 생각연구소.